职业教育改革创新示范教材 II

汽车及备件营销

QICHE JI BEIJIAN YINGXIAO

主 编 李 晶

人民交通出版社
China Communications Press

内 容 提 要

本书是职业教育改革创新示范教材之一,其主要内容包括:汽车销售概述、汽车销售服务礼仪、确定客户的需求、新车的展示、成交及售后服务、汽车备件管理与营销、客户的跟踪与管理、汽车销售顾问的自我管理与提升。

本书可作为职业院校汽车整车与配件营销专业、汽车运用与维修专业的教材,也可作为相关行业的岗位培训教材。

图书在版编目(CIP)数据

汽车及备件营销 / 李晶主编. —北京: 人民交通出版社, 2012.4

ISBN 978-7-114-09580-1

Ⅰ. ①汽… Ⅱ. ①李… Ⅲ. ①汽车－市场营销学－高等职业教育－教材②汽车－配件－市场营销学－高等职业教育－教材 Ⅳ. ①F766

中国版本图书馆 CIP 数据核字(2012)第 000711 号

职业教育改革创新示范教材Ⅱ

书　　名: 汽车及备件营销
著 作 者: 李　晶
责任编辑: 钟　伟
出版发行: 人民交通出版社
地　　址: (100011)北京市朝阳区安定门外外馆斜街 3 号
网　　址: http://www.ccpress.com.cn
销售电话: (010)59757969、59757973、85285659
总 经 销: 人民交通出版社发行部
经　　销: 各地新华书店
印　　刷: 北京交通印务实业公司
开　　本: 787×1092　1/16
印　　张: 14.25
字　　数: 320 千
版　　次: 2012 年 4 月　第 1 版
印　　次: 2012 年 4 月　第 1 次印刷
书　　号: ISBN 978-7-114-09580-1
定　　价: 28.00 元
(有印刷、装订质量问题的图书由本社负责调换)

职业教育改革创新示范教材编委会

（排名不分先后）

主　　任：简玉麟（武汉市交通学校）

副 主 任：曹建波（武汉市交通学校）

袁立新（湖北黄冈交通学校）

徐太长［湖北交通职业技术学院（中职部）］

高德胜（武汉市东西湖职业技术学校）

杨　进（武汉市汽车应用工程学校）

刘　涛（武汉市第三职业教育中心）

龙善寰（武汉机电工程学校）

李　强［湖北十堰职业技术（集团）学校］

余明星（武汉市交通学校）

程　骏（武汉中交盛世图书有限公司）

委　　员：张宏立、刘惠明、宋波舰、任晓农、蔡明清、何爱民、冯汉喜、

何本琼、易建红、彭万平（武汉市交通学校）

朱帆、吴晓冬（湖北黄冈交通学校）

黄远军、刘小锋、黄刚［湖北交通职业技术学院（中职部）］

邹雄杰、黄丽丽、宗传海、李晶（武汉市东西湖职业技术学校）

周琴、林琪、牛伟华、白建桥、童大成（武汉市汽车应用工程学校）

董劲松、叶婷婷、晏雄波（武汉市第三职业教育中心）

彭无尘、胡罡、宋天齐、孙德勋（武汉机电工程学校）

唐棠、余立明、周松兵［湖北十堰职业技术（集团）学校］

前言 FOREWORD

《国家中长期教育改革和发展规划纲要(2010—2020年)》中提出:大力发展职业教育,把职业教育纳入经济社会发展和产业发展规划,把提高质量作为重点;以服务为宗旨,以就业为导向,推进教育教学改革。实行工学结合、校企合作、顶岗实习的人才培养模式;满足人民群众接受职业教育的需求,满足经济社会对高素质劳动者和技能型人才的需要。

职业教育的发展已作为国家当前教育发展的战略重点之一,但目前学校所使用的教材普遍存在以下几个方面的问题:

(1)学生反映难理解,教师反映不好教;

(2)企业反映脱离实际,与他们的需求距离很大;

(3)不适应新一轮教学改革的需要,汽车车身修复、汽车商务、汽车美容与装潢等专业教材急缺;

(4)立体化程度不够,教学资源质量不高,教学方式相对落后。

针对以上问题,结合人民交通出版社汽车类专业教材的出版优势,我们开发了"职业教育改革创新示范教材"。本套教材以"积极探索教学改革思路,充分考虑区域性特点,提升学生职业素质"的指导思想,采用职教专家、行业一线专家、学校教师、出版社编辑"四结合"的编写模式。教材内容的特点是:准确体现职业教育特点(以工作岗位所需的知识和技能为出发点);理论内容"必需、够用";实训内容贴合工作一线实际;选图讲究,易懂易学。

该套教材将先进的教学内容、教学方法与教学手段有效地结合起来,形成课本、课件(部分课程配)和习题集(部分课程配)三位一体的立体教学模式。

本书由武汉市东西湖职业技术学校李晶担任主编。

限于编者的经历和水平,书中难免有不妥或错误之处,敬请广大读者批评指正,提出修改意见和建议,以便再版修订时改正。

职业教育改革创新示范教材编委会

2012年1月

目录 CONTENTS

第一章 汽车销售概述

Chapter

学习目标

通过本章的学习,你应能:

1. 理解顾问式汽车销售的概念;
2. 认识汽车销售岗位的基本内容;
3. 知道汽车销售的基本过程。

世界上许多优秀的销售大师销售的第一个产品都是汽车,如美国的顶尖销售大师齐格勒,日本的国家级销售高手本田村木,欧洲的保险销售专家德莱美隆,他们都是国家级荣誉的获得者。如果一个国家没有销售人员,它就不是商业化的现代社会的国家。这些专家一致认为,如果一个销售人员可以将汽车销售好,那么世界上就没有什么东西是他销售不好的了。

可见,销售汽车并不是一件简单的事情。我们面对的是完全不同的客户,这些客户在不同时间和不同状态下,会有不同的需求和表现。作为销售高手,既要满足客户的需求,又要达到销售的目的;既要让不同层次的客户满意,又要为公司赢得利润。

第一节 顾问式汽车销售概述

我们不是在向客户卖车,而是在帮客户买车。顾问式销售,顾名思义就是站在专业角度和客户利益角度提供专业意见和解决方案以及增值服务,使客户能作出对产品或服务的正确选择并发挥其价值,在顾问式销售过程中建立了客户对产品或服务的品牌提供者的感情以及忠诚度,有利于进一步开展关系销售,达到较长期稳定的合作关系,从而能形成独具杀伤力的市场竞争力。

为了更好地理解顾问式销售，下面我们通过一个故事来进行说明。

一条街上有三家水果店。一天，有位老太太进了第一家店来买水果，问："有杏子卖吗?"店主说："老太太，买杏子啊？您看我这杏子又大又甜，刚进的货，新鲜的很呢！"没想到老太太一听，竟扭头走了。店主纳闷着呢，哎，奇怪啊，我哪里做得不对得罪老太太了？（第一家店的营业员刚一介绍，老太太扭头就走，所以第一家店一斤杏子也没卖出。）

老太太接着来到第二家水果店，同样问："有杏子卖吗?"第二位店主热情地说："老太太，您要买杏子啊，我这里杏子有酸的也有甜的，那您是想买酸的还是想买甜的呀?""我想买一斤酸杏子"，老太太说。于是，老太太买了一斤酸杏子就回去了。（第二家店卖出了一斤。）

第二天，老太太又来到这条街，公路对面的第三位店主马上迎上去，把老太太接到店里："老太太您好，今天还是买酸杏子吗?"老太太说："是啊。"店主在给老太太秤杏子时问道："在我这买杏子的人一般都喜欢甜的，可您为什么要买酸的呢?""哈哈，最近我儿媳妇怀上孩子啦，特别喜欢吃酸杏子。""哎呀！那要特别恭喜您老人家快要抱孙子了！有您这样会照顾的婆婆，可真是您儿媳妇的福分啊！""嗯，怀孕期间最要紧的当然是吃好、胃口好、营养好啊！""是啊，怀孕期间的营养是非常关键的，要多补充些高蛋白的食物，多吃些维生素丰富的水果，生下的宝宝会更聪明些！""是啊！那哪种水果含的维生素更丰富些呢?""猕猴桃含维生素最丰富！""那你这有猕猴桃卖吗?""当然有，您看我这进口的猕猴桃，个儿大汁多，含维生素多，您要不先买一斤回去给您儿媳妇尝尝！"这样，老太太不仅买了一斤杏子，还买了一斤进口的猕猴桃，而且以后几乎每隔一两天就要来这家店里买各种水果。（第三家店不仅卖出了杏子还卖出了猕猴桃，并且让老太太成为店里常客。）

这三家水果店的店主代表了三种不同的销售人员，第一个店主是王婆卖瓜式销售，只是告诉客户自己产品的特点，而不了解客户需要什么；第二个店主懂得通过简单的提问找出客户的一般需要；而第三个店主不仅了解和满足了客户的一般需求，而且还挖掘创造了客户的深层次需求，在这个阶段，销售人员从销售员的角色转向作客户信赖的顾问，帮助客户分析问题解决问题，获得客户的信任。顾问式销售的特点是深入了解产品的特点，能够挖掘出客户的深层次需求，能够将产品的特性转化成顾问感兴趣的好处与利益。

目标和愿望决定了客户遇到的问题和挑战，客户有了问题和挑战就要寻找解决方案，解决方案包含需要购买的产品和服务以及对产品和服务的要求，这几个要素合在一起就是需求。客户要买的产品和购买指标是表面需求，客户遇到的问题才是深层次的潜在需求，如果问题不严重或者不急迫，客户是不会花钱的。因此，潜在需求就是客户的燃眉之急，任何购买背后都有客户的燃眉之急，这是销售核心的出发点，而潜在需求产生将会决定表面需求。所以，顾问式销售的核心是把握客户的需求，帮助客户找到深层次的潜在需求，并且满足其深层次的需求。顾问式销售过程如图 1-1 所示。

寻找客户需求 ➡ 满足客户需求 ➡ 达成双赢目标 ➡ 创造忠诚客户

图 1-1 顾问式销售过程

一 顾问式汽车销售

1 传统的汽车销售

在传统的汽车销售中，由于市场和消费者的不成熟，销售的竞争往往是价格的恶性竞争，销售过程关注更多的是产品 Product、价格 Price、渠道 Place、促销 Promotion（以下简称“4P”），汽车销售只是卖出汽车或服务换取报酬，没有关注客户的真实需求，汽车销售人员的兴奋点在所销售的汽车产品上，强调的是销售人员和企业的盈利，忽视了销售过程中对客户的服务，也忽视了客户的利益，这种销售我们称为传统汽车销售。随着市场竞争的加剧，这种销售方式和销售理念将逐渐淡出，取而代之的是顾问式汽车销售。

2 顾问式汽车销售

实际上，销售顾问不是向客户销售车辆，而是帮客户选择购买车辆，客户花钱买的不单是汽车本身，而是汽车带给他们的好处，同时还更在意购买汽车产品过程中所享受到的服务。随着汽车销售市场和消费者的不断成熟，汽车销售也由 4P 观念转向 4C 观念（客户需求 Customer-need、成本 Cost、便利性 Convenience、与客户的沟通 Communication），汽车市场的竞争也由价格竞争转向服务的竞争。现在，汽车销售是在满足客户需求的基础上进行的，根据客户需求，提供汽车产品及服务换取应得的报酬，同时让客户在购买汽车的过程中感到满意，实现客户与汽车销售企业的双赢。这种销售，我们称为顾问式汽车销售。顾问式汽车销售的前提是要发现客户的潜在需求，并通过汽车销售过程中的服务满足客户的这些需求，最终创造企业、销售人员、客户的共赢局面。

3 顾问式销售与传统销售的差异

顾问式销售与传统销售的差异如图 1-2 所示。

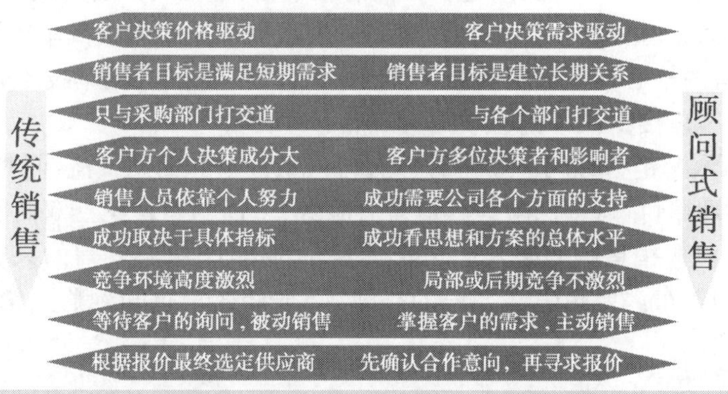

图 1-2 顾问式销售与传统销售的差异

顾问式销售与传统销售流程对比如图 1-3 所示。

从图 1-3 中不难看出，顾问式销售与传统式销售所用的销售流程都是一样的，所不同的

是，销售人员在每个阶段所用的时间和耗费的精力比例不同。顾问式销售注重的是前期准备工作，包括销售资料、名片及销售工具的准备，并尽可能多的收集客户方面的资料。顾问式销售重视客户需求的了解与分析，做到满足客户需求，排除客户异议，帮助客户选择最适合的产品。在这种销售模式下，由于前期工作的充分到位，从而大大减少了在议价成交阶段所耗费的时间和精力，使销售顾问更容易与客户达成协议。所以，顾问式销售最重要的目的在于强化销售流程，提升销售成交比例。

随着市场和消费者的逐渐成熟，企业已经从恶性的价格竞争转变到良性的服务竞争（图1-4）。传统销售理论认为，客户是上帝，好产品就是性能好、价格低，服务是为了更好地卖出产品；而顾问式销售认为，客户是朋友，是与销售者存在共同利益的群体，好产品是客户真正需求，服务本身就是为了与客户达成沟通。可以看出，顾问式销售将销售者定位在客户的朋友、销售者和顾问三个角色上。因此，如何扮演好这三种角色，是实现顾问式销售的关键所在。

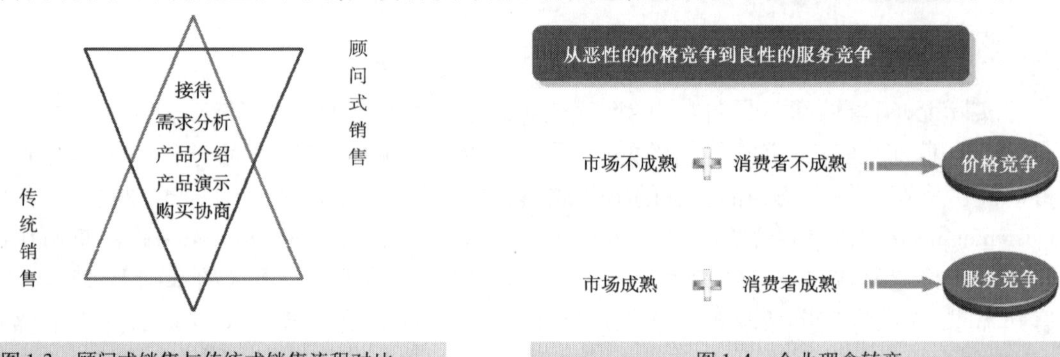

图1-3　顾问式销售与传统式销售流程对比

图1-4　企业理念转变

4 顾问式汽车销售的特征

从顾问式销售活动的过程来看，具有以下四个突出特征。

（1）权威性。新型的顾问式销售模式要求顾问式销售人员即销售顾问拥有丰富的汽车知识和投资理念，从而使客户得到的建议更具有权威性，进而得到客户的信赖。

（2）咨询说服性。通过提供汽车技术咨询来说服客户是顾问式汽车销售的重要手段，也是顾问式汽车销售的核心。汽车销售顾问要运用自己所掌握的汽车技术知识，运用销售技巧劝说客户，促使客户接受汽车销售顾问的观点。

（3）双向性。汽车销售顾问需要与客户进行信息沟通和情感交流，同时还要向客户提供诸如汽车咨询、代理赔付、购买保险等其他售后服务，从而与客户建立双向的长期关系。

（4）互利性。汽车销售顾问必须首先取得客户的信任，引起客户的兴趣，客户才会接受销售顾问所推荐的汽车。要想引起客户的兴趣，必须让客户感知到购买销售顾问建议的汽车是很适合自己的。

5 顾问式汽车销售的意义

作为现代营销观念的典型代表，顾问式销售有着现代营销观念的很多特征。现代营销强调买方需求，即通过产品与创意，传递产品和与产品有关的所有事情，来满足客户需要。

而顾问式销售的出发点也在于客户的需求,其终结点在于对客户信息研究、反馈和处理。在销售过程中,经销商在厂商和用户中起到桥梁作用,实现信息流的有效传递,一方面将厂商信息有效地传递给用户,另一方面,经销商作为产品流通中最接近消费者的一个环节,最了解用户需求,应该实现对用户需求的有效收集和及时地反馈给厂商。

一般说来,顾问式销售给客户带来最大的好处就是使客户在收集信息、评估选择和购买决定这三个过程中得到一个顾问,从而减少购买支出;同时,通过面对面的感情直接交流,给客户带来情感收入。顾问式销售给企业带来的利益在于能够最大程度的引起客户的消费需求,增加企业销售机会;同时,让客户产生好的购后反应。"一个满意的客户是企业最好的广告。"因此,满意的客户群能够促进企业的长期发展。顾问式销售使企业和客户之间建立了双赢的销售关系。

顾问式销售贯穿于销售活动的整个过程。顾问式销售不是着眼于一次合同的订立,而是长期关系的建立。顾问式销售在实务中的应用,不仅要求销售人员能够始终贯彻以客户利益为中心的原则,而且要求销售人员坚持感情投入,适当让利于客户。这样,一定能够达到双赢效果,使公司的发展得到良性循环。

作为现代营销的最先进理念,开展顾问式销售对专业的销售人员也提出了一定的要求。对销售人员来说,销售就是一种职业,是一种做人的挑战,是一种激烈的竞争,是一种自我管理,所以,专业的销售人员在力量、灵活性及耐力等方面要具有较高的素质。

二 汽车销售的三大要素

汽车销售的三个要素是客户对汽车产品及服务的信心、客户对汽车产品及服务的需求、客户是否具备购买力,我们将其概括为信心、需求、购买力(图1-5)。

客户只有有了需求,才会考虑购买相应的产品和享受相应的服务。有了需求后,还要考虑对产品和服务的信心。有了需求但没有对产品和服务的信心,同样不会有购买意愿。有了需求和信心后,如果没有足够的购买力,同样不能购买产品和享受服务,也就不会产生销售。所以,构成销售的三个要素缺一不可。在汽车销售的过程中,销售人员的主要工作就是挖掘和创造客户的需求,同时建立客户对汽车产品及服务的信心,进而促使客户购买,最终达成汽车销售的完成。

比如一位家长因接送孩子上学的需要考虑购买一辆汽车(需求),他首先会根据自己的经济情况(购买力)确定所购买车辆的价格区间,然后会根据自己掌握的信息考虑汽车的品牌和在哪家4S店购买(对产品和企业的信心)。在汽车销售的这三个要素当中,汽车销售人员能够影响的往往是客户购买的信心和挖掘客户真实的需求,而对于购买力的影响往往作用较小。

图1-5　汽车销售三个要素

1 信心

信心是属于我们要控制的范围。客户对产品的信心往往建

立在产品本身、品牌、企业信誉、服务人员等因素上。所以企业和汽车销售人员最需要做的就是建立客户对产品的信心,否则客户就不会购买我们品牌的车辆,或者不通过我们店的销售人员购买。

2 需求

需求是属于我们能有影响的范围。客户的需求分为感性需求、理性需求、主动需求、次要需求等。客户表面上告诉我们的需求,往往是他本人真是需求的一部分。所以挖掘客户的真实需求,对客户进行需求分析,帮助客户购买到真正符合他的汽车产品,也是汽车销售人员的专业职能所在。据调查,大多数客户是不知道自己的真实需求的,他们购买汽车产品的决定感性需求占的比例很大。所以汽车销售人员要学会创造客户的需求并分析客户的需求,帮助客户一起分析购车的用途、用车的成本、购买后给客户带来的价值等因素,体现汽车销售人员作为销售顾问的价值,帮助客户买到真正称心如意的汽车。

3 购买力

购买力是我们要注意关心的范围。客户的购买力取决于他的“决定权”和“使用权”。汽车销售的完成,一定要看客户的购买力,要帮客户一起分析他的购买力。同时让客户去影响共同决定购买力的人或者建议客户采用汽车贷款和汽车金融、汽车置换的方式提前消费汽车。

三 顾问式汽车销售服务需要具备的工作理念

理念可以指导工作,理念可以帮助摆正工作心态,作为一名汽车销售顾问,应该具备哪些先进的工作理念呢?汽车经销店的利润来源于销售和售后,不论是售前还是售后,汽车销售顾问无时无刻不在经历销售自己、销售服务、销售公司、销售品牌的各个过程中。因此,汽车销售人员在与客户接触的各个关键点,应全力提高客户的满意度,取得客户的信赖,发现潜在客户的需求并满足这些需求,创造双赢的局面,这就是商家倡导的“客户关怀”的顾问式销售理念(图1-6)。

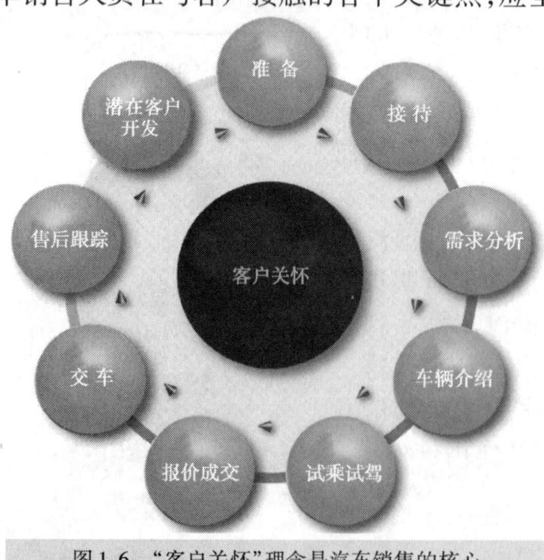

图1-6 “客户关怀”理念是汽车销售的核心

通过前面的分析发现,顾问式汽车销售更关注客户的需求和满足客户的需求,强调销售过程的服务和让客户满意。客户满意(Customer Satisfaction)是评价销售活动质量的尺度,销售人员应与客户建立良好的关系,不断扩大自己的销售业务,高质量的产品和高质量的销售服务是达成客户满意的关键因素。

越来越多的汽车销售企业设置了客户关怀专员这个岗位,客户满意度成为每个汽车品牌和厂家都在关注的一个工作指标，客户满意度的提升将会给企业带来极大的利润提升空间，因此，汽车销售人员一定要将提升客户满意度这个工作理念时刻放在自己的工作过程中。

客户满意度是"客户的期望"与"客户的实际体验"相对比的结果（表 1-1）。它不是一个绝对值，而是一个相对值，客户满意度与客户期望和现实中客户所获得的现实体验有很大关系。客户满意度不是一个瞬间值，而是一项需要长期进行的管理工作，它只会在踏实的日常管理中不断提升。

客户满意度方程式　　表 1-1

客户的期望 > 客户的实际体验	1. 感觉不满，转移阵地； 2. 经验积累，另寻他选
客户的期望 = 客户的实际体验	1. 无其他厂商，继续来往； 2. 寻找更满意的厂商。 3. 关系无法长久维持
客户的期望 < 客户的实际体验	1. 感觉满意，持续来往； 2. 经验积累，口碑形成

（一）客户满意度的"蝴蝶效应"

客户满意度已经贯穿到企业与客户接触的各个环节，会给企业带来直接的效益。

（1）100 个高度满意品牌的客户会带来 25 个新客户，使企业实现直接成本最小化销售。

（2）每一个高度满意品牌的客户会与 3 ~ 8 人分享愉快经历，促进企业知名度、美誉度传播。

（3）获得一个新品牌客户的成本是保持一个高度满意品牌客户成本的 5 ~ 8 倍，企业应努力降低客户获取成本。

（4）每收到一次客户强烈抱怨及投诉就意味着有 20 名有同感的客户存在。

（5）96% 的不满客户并不打算投诉，但这些不投诉的客户会把不满告诉 8 ~ 10 人。

（6）以客户为中心导向的公司利润比非以客户为中心导向的公司利润高出 40% ~ 60%。

（二）客户满意度的三个构成要素（图 1-7）

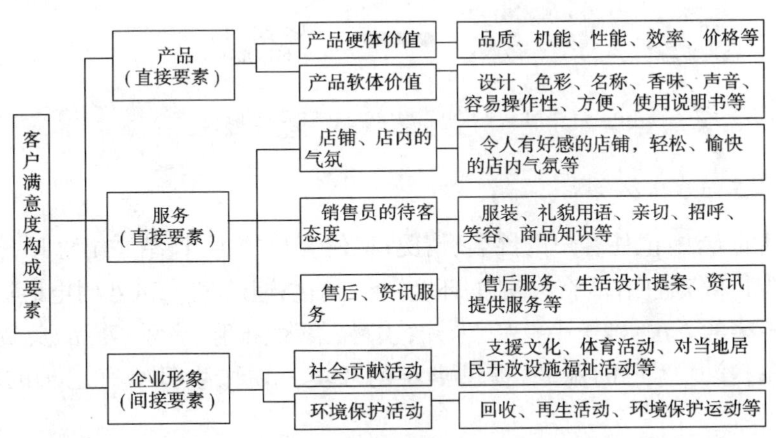

图 1-7　客户满意度的三个构成要素

（三）客户满意度的提升

提升客户满意度，关键要转变观念，主要体现在以下三个方面。

1 客户期望值与客户满意度

客户购买产品或服务时常会体验到满意、失望、感动等心理感觉。这些心理感觉，就是客户内心的期望值与获得实际感觉值比较得出的一种心理体验。客户根据已有的体验，掌握的信息或通过别人的介绍对即将要购买的产品和服务有一种内心的期待，这种内心的期待值我们称为客户的期望值。企业或工作人员实现给予客户的各种体验我们称为客户实际的体验值，期望值与实际体验值的比较，客户可以有三种不同的心理感觉（图 1-8）：失望、满意、感动。

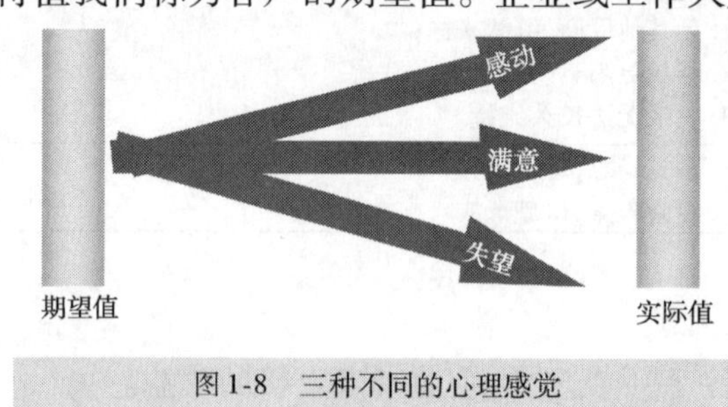

图 1-8 三种不同的心理感觉

客户的心理感觉与我们的销售有着密不可分的联系，让客户感动会促进最后销售的达成（图 1-9），所以我们要尽量超越客户的期望值。

只有超越客户期望值的产品和服务才能造就忠诚的客户，如何超越客户的期望值呢？根据对期望值的理解，我们发现要想让客户满意或感动有两种方法：一是适当降低客户的期望值，二是提高给客户的实际值。工作中，两种方法都可以采用。

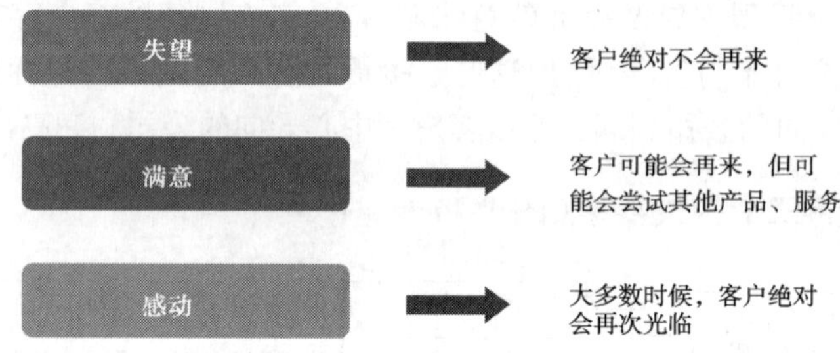

图 1-9 客户心理感觉对销售的影响

❶ 超越客户期望值的方法

（1）不花钱的方法：记住客户的姓名、情况；记住客户的生日、结婚纪念日，打电话表示祝贺；态度热情、保持微笑、工作勤奋；整洁的环境，个人清洁；迎送客户；24 小时电话随时有人接听。

（2）花钱不多的方法：赠送小礼品、卡片；饮料、茶水、报刊、音乐、药品、免费的工作午餐；统一制服，形象；接送客户的服务；提供幽雅的环境；节日、生日给有记录的客户送鲜花、礼物。

❷ 超越客户期望值的程度

给客户的实际体验不是越高越好，建议比客户期望值超越一点点就好。因为客户的期望值会在体验中不断提高，一次超越太多会增加企业的营销成本，也达不到让客户惊喜的目的。客户期望值来源于其以往的经验，期望值不会一直保持在同一水平，客户先前来汽车经销店有香槟喝，客户很满意，那么下一次再给客户香槟喝他们会感觉到这是应该的，他们会期望更好的服务。

2 关键时刻(MOT)的概念

在竞争日益激烈的市场，产品本身所能带给客户的感动已经不是非常明显，在众多的汽车销售公司里，由于每种品牌、每种型号的汽车，都以完全相同的规格出厂，汽车本身的品质事实上都是大同小异的，无论是性能或是价格。那么，怎样使客户在众多的汽车销售公司里选择你的公司购买呢？这就取决于客户是否能在销售人员那里得到超越期望值的感动。在提供服务给客户，以期望取得客户的满意和感动时，我们提出这样一个概念：关键时刻(MOT)的概念。

为了更加具体深刻地了解关键时刻的重要性，我们列举一个案例。

黄女士决定买一辆车，而且还想买一辆好车，最初，她定下的目标是一辆日产车，因为她听朋友说日产车质量较好。在跑了大半个北京城、看了很多售车点并进行反复的比较，她却走进了她家附近一个新开的上海通用汽车的特约销售点。接待她的是一个姓段的客户服务员。一声亲切的“您好”，接着是规范地请坐、递茶，让黄女士感觉相当温暖。仔细听完黄女士的想法和要求后，段先生陪她参观并仔细地介绍了不同型号别克轿车的性能，有时还上车进行示范，请黄女士体验。对于黄女士提出的各种各样的问题，段先生都耐心、深入浅出地给予回答，并根据黄女士的情况与她商讨最佳购车方案。黄女士特别注意到，在去看车、试车的路上，正下着雨，段先生熟练地撑起雨伞为黄女士挡雨，却把自己淋在雨里。在看车、试车的过程中，黄女士不仅加深了对别克轿车的了解，还直接感受到了汽车特约销售点服务员的热情，她很快就改变了想法，决定买一辆别克汽车。

约定提车的那一天，正好是中秋节。黄女士按时前来，但她又提出了新的问题：她自己开车从来没有上过公路，况且又是新车，不知如何是好。段先生想了想，说：“我给您开回去。”由于是中秋节，又已经接近下班时间，大家都赶着回家，路上特别堵。短短的一段路，竟然用了近两个小时，到黄女士家时，已经是晚上六点半了。在车上，黄女士问：“这也是你们别克汽车销售服务中规定的吗？”段先生说：“我们的销售服务没有规定必须这么做，但是我们的宗旨是要客户满意。”黄女士在聊天当中得知段先生还要赶往颐和园的女朋友家吃饭，所以到家后塞给他点钱，一段时间后，黄女士发现汽车的油耗远大于段先生的介绍，每100km 超过了 15L。他又找到了段先生询问原因，段先生再一次仔细讲解了别克车的驾驶要领，并告诉她节油的“窍门”，还坐在黄女士旁边，耐心的指导她如何操作。一圈兜下来，油量表指示，每 100km 油耗才 11L 上下，黄女士和其他别克车主一样，与段先生成了熟悉的朋友。她经常会接到段先生打来的询问车辆状况和提供咨询的电话。上海通用汽车也会按时寄来季刊《别克车主》。黄女士逢人便说：“别克车好，销售服务更好！”

分析：段先生用自己的行动把黄女士这个原本打算买一辆日产车的新客户变成了忠实于别克汽车的老客户。首先，接待新客户方面，段先生做到了让客户感觉温馨、亲切，为接下

来与客户建立关系奠定了基础。其次,切实为客户着想,哪怕是牺牲自己的时间也要帮助客户解决难题,使客户满意。再次,客户遇到任何麻烦,都能耐心细致地给客户讲解。最后,要与客户保持沟通,询问产品的使用情况。

在汽车实际销售时,与客户互相接触的每一刻,都具有其重要作用,我们将这“每一刻”称之为关键时刻。关键时刻贯穿于我们整个销售过程,正是这些小小的一刻给客户留下了小小的印象,许许多多小而深刻的印象最后形成了客户的决定(图1-10)。

由此可见,客户最终的购买决定是由许许多多个真实的每一刻决定的。重视汽车销售活动中每个小小的一刻,让客户留下小小的印象,从而在购买时做出小小的决定。这些小小的决定,最终会影响客户的购买决心,可见,汽车销售人员在销售过程中时刻关注客户需求的细节是多么重要。

3 舒适区的概念

日常生活中,做一些每天自己都在做的事情,我们感觉到毫无压力;回到自己家里,我们会感觉到很舒适。这是因为这些事和空间是我们所熟知的,我们称这些自己熟知的事情和空间是我们的舒适区(图1-11)。在自己的舒适区内,人们会感觉很舒适。反之,在舒适区外时,人们会有一种不确定、未知的感觉。比如去别人家做客,我们就会感到拘谨,因为自己的家是自己的舒适区,而别人家是别人的舒适区。

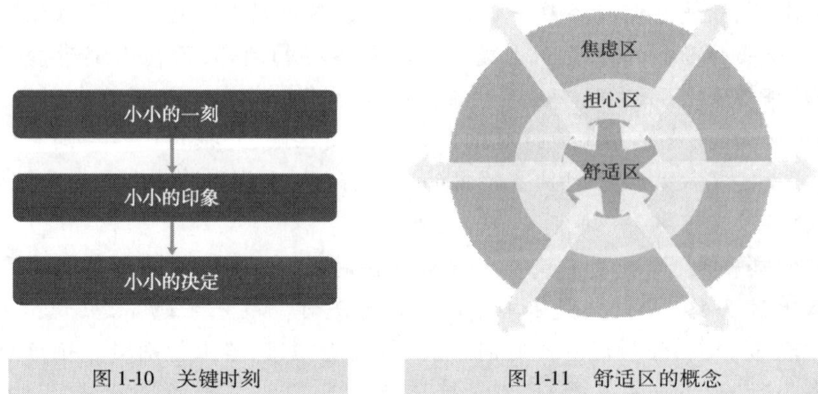

图1-10 关键时刻

图1-11 舒适区的概念

客户进入展厅后,由于没有熟悉认识的人,对环境也感觉陌生,这种状况很可能会导致焦虑情绪的产生;客户在与销售人员还未产生信任关系时,客户会担心选错品牌,担心价格贵了,担心产品是否会有瑕疵等,此时客户处在担心区内;在舒适区这阶段,由于客户与销售顾问已经建立了一定的信任关系,客户对于销售顾问的建议和服务也就产生了信心。

把这个概念引入到汽车销售服务中,我们就会发现,汽车经销店的销售展厅对汽车销售顾问来说是舒适区,对客户来讲就是客户的担心区或者焦虑区,客户会感觉不自在,所以站在客户的角度考虑,销售人员要通过自己的热情服务尽快将销售展厅变成客户自己的舒适区,让客户尽快地放松下来,令客户尽享宾至如归的感受。

舒适区的概念是一个重要的销售理念,它的目的就是提供无压力的销售环境。汽车销售顾问应该尽可能地减少客户在焦虑区和担心区的时间,尽快地让客户处于舒适区,并尽量

扩大客户的舒适区。在三个阶段内，销售顾问分别应该做到以下内容。

(1)在客户的焦虑区内要关心客户。在焦虑区内，销售顾问要做到关心客户，建立良好的第一印象，拉近关系，让客户感觉到你们可以成为朋友。

(2)在客户的担心区内要影响客户。在担心区中，你对客户真诚的态度，对各种产品的了解，对市场的熟悉，以及你的专业知识，都开始慢慢对客户产生一种影响力。

(3)在客户的舒适区内要控制客户。在舒适区中，销售顾问需要更多的了解客户，了解其购买需求，并为其提供合理建议，满足客户的需求，增加客户对销售顾问的信任感。所以，销售顾问要以最快的速度使客户达到舒适区，客户一旦进入舒适区，那么接下来的销售工作就比较容易展开了。

让客户快速建立信任，打消顾虑的方法有很多，需要我们在实践中不断总结提高。就如何使客户快速进入舒适区，从以下几个方面举例说明(表1-2)。

让客户感到舒适的方法　　表1-2

方法	内容
问候寒暄	①客户进店后，立即问候致意；②带着微笑问候客户；③即使正在做其他工作，也要向客户问候致意；④如招待家里的客人那般邀请客户参观展厅
名片的管理	①随身携带名片；②将地图印在名片上；③保持自己的名片无折损、脏污；④妥善保管对方的名片
平易近人的招呼	①记住客户姓名，说话时称呼对方的姓名；②不要以貌取人，平等对待客户；③说话时彬彬有礼，吐字清晰；④正确回答客户的提问；⑤提供资料；⑥适时灵活地随声附和
客户第一	①等客户入座后自己再坐下来；②客户不吸烟时，自己也不吸烟；③为来店客户提供饮料；④送客户离店时，陪同客户直到离去，并说“非常感谢，再见。”
破冰的语言	①“看您开车过来的，您开车多少年了”；②“咱们先坐下来喝水休息下，慢慢聊”；③“您平时有哪些方面的兴趣爱好啊？”
请客户自由参观	①对客户说：“如果有需要咨询，请随时叫我”；②不要一直跟着客户，而是在一旁留心观察，等候客户；③当客户表示想问问题时，主动上前提供询问
倾听	①首先要倾听客户说话；②留心倾听客户说话的内容；③等客户说完之后再讲述自己的意见；④倾听客户讲话时，姿势得体礼貌

四 顾问式汽车销售的原则

通过上面的分析，我们可以总结出顾问式汽车销售的原则。

1 汽车销售的最终目标

汽车销售的最终目标是实现企业、销售人员和客户的共赢。在这个原则的执行中，要与超越客户期望值、建立客户的长期忠诚联系起来。

2 善用舒适区的概念

在汽车销售过程中，要善于将舒适区的理念应用到销售实际中，解决客户心中的不安，

建立客户自己的舒适区，减少与客户沟通的障碍。用大家公认的标准、价值观联系起来，用对客户的坦诚赢得客户的信任和信心。

3 时刻把握客户的需求

在汽车销售过程中，识别并挖掘客户的真实需求是第一位的工作，汽车销售人员要善于辨别并理解客户的真实需求。在整个销售过程中，要将注意力集中在分析客户的需求上，努力解决和满足客户的需求。

4 帮助客户做出正确的决定

顾问式销售与传统式销售的最大区别是，传统式销售只是一味地卖出产品或服务换取报酬，而顾问式销售是在满足客户需求的基础上进行的，根据客户的需求提供产品及服务换取应得的报酬。顾问式销售不是推销车辆，而是帮助客户做出购车的决定。

5 超越客户期望值

提高客户满意度会增加销售的成功几率，汽车销售人员在销售的每个环节和细节要时刻想到关怀客户，超出客户期望值，以此激发客户的热情，建立长期的客户关系，并通过客户的相互介绍提升销售业绩以及企业口碑。

知识拓展：客户关怀案例

新春祝福　客户关怀

——汽车4S店贺卡推介方案

一、项目背景

本方案是充分利用邮政贺卡和数据库姓名地址两者优势而设计的组合营销方案。

为提升“××（汽车品牌或汽车销售公司品牌）”在××（地区名）的产品形象，推动产品销售增长、培养客户忠诚度、提高产品品牌知名度，希望能将“××（汽车品牌或汽车销售公司品牌）”广告与我局具有悠久历史的贺卡业务完美结合，达到良好的宣传效果。对此，我局向贵公司推荐如下贺卡产品及方案设计。

二、项目介绍

1. 宣传主题——企业形象宣传和车型宣传（可与保险公司、汽车美容公司进行联合宣传）

贺卡作为邮政商函广告的成熟载体之一，具有直击目标消费者的特点，正切合汽车行业的营销战略。

2. 宣传载体

普通型贺卡、信卡型贺卡＋宣传单页或贺卡型贺卡＋宣传单页。

3. 设计推荐方案

售前：

(1)可将试驾邀请函夹寄在针对私家车市场所邮寄的贺卡中。邀请函直接寄到目标客户手中，体现对客户的尊重以及邀请客户进行试乘试驶的诚意，提升汽车品牌形象。

(2)在贺卡中夹寄邮资收件人总付的售前调查问卷，可以有效避免用户因需支付邮费而不积极回函的弊端，方便收集回函，既给企业的新产品研发提供了来自用户终端的第一手资料，为今后制定企业的方针及发展方向提供重要的参考依据，更可避免宣传费用的浪费。

售中：

普通型贺卡正面印制××汽车形象，在收件人地址栏填写××汽车售后服务部地址，在售车现场交给用户，让用户在使用贵公司产品的过程中，有任何问题都可随时反馈给售后服务部。体现贵公司无微不至的服务。

售后：

在贺卡中夹寄售后调查问卷，保险公司的参保优惠活动以及汽车美容公司的洗车券等内容宣传页，建议再配合有奖征集、促销等手段及邮资收件人总付等方式，提高用户的参与积极性，使回函效果更佳，通过老客户的口碑带来新客户。

4. 邮寄对象

××商用车型的目标受众姓名地址来源：

(1)全省各级政府机关单位相关部门姓名地址信息。

(2)宾馆酒店、客运公司、旅行社等单位姓名地址信息。

(3)汽车俱乐部以及从前品牌的换购升级客户等。

××私用车型的宣传品发送姓名地址来源：

(1)企业自有的老客户姓名地址，从中筛选出即将更换私家车的客户姓名地址信息。

(2)爱好户外活动和旅游的中高收入人群。

(3)交通欠发达地区的别墅地址信息。

(4)户外活动社团、中小规模的企业、汽车俱乐部、驾校信息等。

三、项目的优势和特点

中国邮政贺卡是仅有的一种可以在全国范围内邮寄兑奖的明信片(图1-12)。它集贺卡、抽奖、广告、集邮鉴赏和收藏为一体，是特殊的广告媒体，由国家邮政局统一

BYD 比亚迪汽车 BYD AUTO　　一路同驰骋

2009 新年快乐

尊敬的客户：

值此新年来临之际，漳州中发比亚迪4S店向您拜年了！

漳州中发比亚迪位于蓝田开发区邮政大楼，占地4000平方米，是厂家授权的漳州唯一销售服务店，拥有宽敞明亮、高雅、布局完美的汽车展厅；设有专业规范的售后服务体系，确保为每一位顾客提供优质的售后服务以及舒适的购车环境。比亚迪汽车——股神巴菲特的投资选择，F3现已销售突破20万辆、10月荣获全国轿车销量冠军，F6五星尊贵座驾荣获中国主流媒体联盟新车大奖、国际车展新车大奖、中国工业设计外观金奖。公司员工统一经过比亚迪总部严格的全方位系统培训及考核合格，是一支团结奋进、具有专业的销售技术及优质的服务团队。

公司秉承"以人为本、持续改善、顾客满意"为宗旨。勇于创新的经营理念并通过人性化的管理创造市场、引领市场、激发市场动力、树立行业典范，为公司所有的客户提供优质的服务，欢迎各位朋友光临指导！

为庆祝元旦、春节，漳州中发比亚迪4S店隆重推出优惠购车活动：您可以凭借此贺卡，到漳州中发比亚迪4S店购车，为您提供除厂家首次保养外，另赠送1次免费保养服务。

谨祝：新年快乐，工作顺利，万事如意！平安幸福！

漳州中发比亚迪4S店

地址：蓝田开发区邮政大楼

（市交警支队往北80米）

服务热线：2100999

图1-12　贺卡样本

开奖及兑奖。每年辞旧迎新之际，中国邮政贺卡在开展公关、客户巩固、客户开发、员工关怀等方面都有着突出的功能和作用，是展示自身形象、推广品牌理念及产品的上佳选择。贺卡在这个项目中的运用，使其明显具有以下优势。

(1)针对性强，效果明显，档次高，宣传性强。

(2)传播范围广，效应长久且深入人心。

(3)贺卡形式新颖，邮寄方便，可兑奖可收藏。

(4)加强了相关行业企业的战略合作。

第二节　汽车销售岗位

一 汽车4S店的认识

1 什么是汽车4S店

汽车4S店是集汽车销售、维修、配件和信息服务为一体的销售店。4S店是一种以“四位一体”为核心的汽车特许经营模式，包括整车销售(Sale)、零配件(Spare Part)、售后服务(Service)、信息反馈(Survey)等。它拥有统一的外观形象、统一的标志、统一的管理标准，只经营单一品牌的特点。汽车4S店是一种个性突出的有形市场，具有渠道一致性和统一的文化理念，4S店在提升汽车品牌、汽车生产企业形象上的优势是显而易见的。

4S店是1998年以后才逐步由欧洲传入中国的。由于它与各个厂家之间建立了紧密的产销关系，具有购物环境优美、品牌意识强等优势，一度被国内诸多厂家效仿。4S店一般采取一个品牌在一个地区分布一个，或相对等距离的几个专卖店，按照生产厂家的统一店内外设计要求建造，投资巨大，动辄上千万，甚至几千万，豪华气派。4S店是集汽车销售、维修、配件和信息服务为一体的销售店，一家投资3000万元左右建立起来的4S店在5～10年之内都不会落后。在中国，4S店还有很长一段路要走。4S店模式这几年在国内发展极为迅速。汽车行业的4S店就是汽车厂家为了满足客户在服务方面的需求而推出的一种业务模式。4S店的核心含义是“汽车终身服务解决方案”。

现在还有6S店一说，除了包括整车销售、零配件、售后服务、信息反馈以外，还包括个性化售车(Self-hold)、集拍(Sale by amount：集体竞拍，购车者越多价格越便宜)。6S店的兴起，得益于网络的发达。6S店是一种利用互联网发展起来的销售模式，整车销售、零配件、售后、信息反馈与普通4S店结构完全一样，所不同的是个性化售车和集拍。

2 汽车4S店的组织结构

汽车4S店是汽车一站式终身购物企业，从结构上看，可以分为销售部、售后服务部以及管理部(图1-13)。

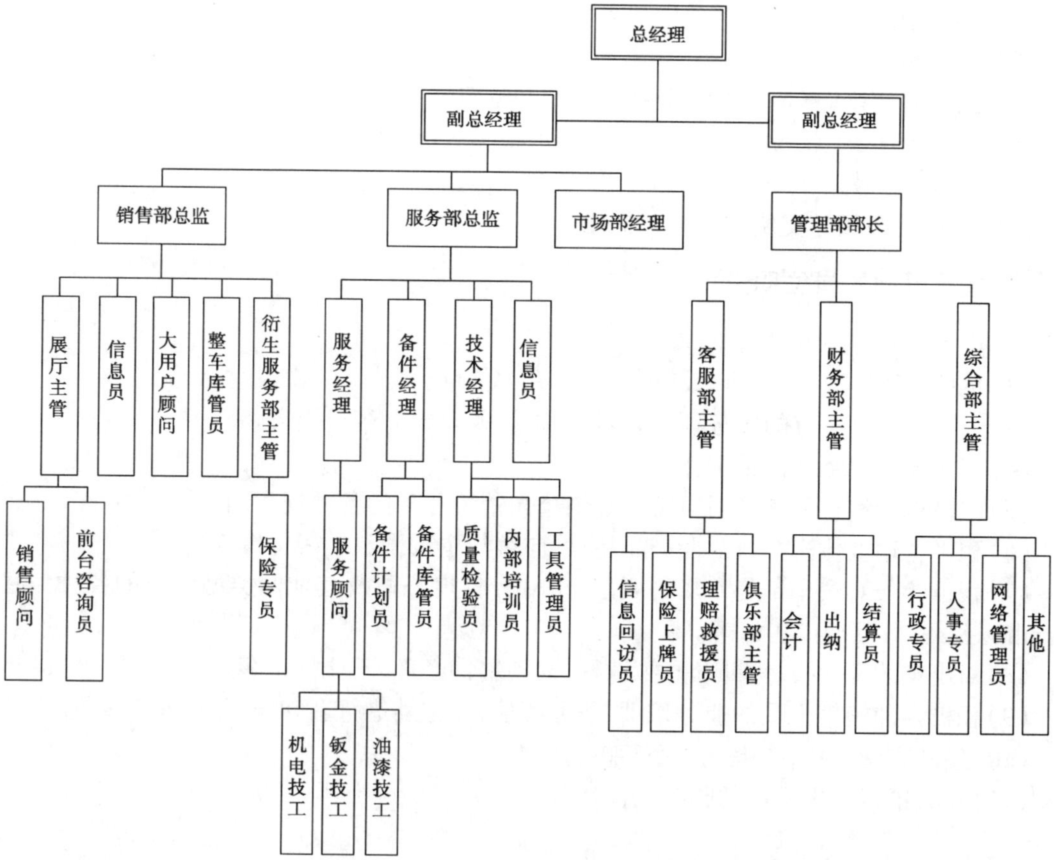

- 总经理
  - 副总经理
    - 销售部总监
      - 展厅主管
        - 销售顾问
        - 前台咨询员
      - 信息员
      - 大用户顾问
      - 整车库管员
      - 衍生服务部主管
        - 保险专员
    - 服务部总监
      - 服务经理
        - 服务顾问
          - 机电技工
          - 钣金技工
          - 油漆技工
      - 备件经理
        - 备件计划员
        - 备件库管员
      - 技术经理
        - 质量检验员
        - 内部培训员
        - 工具管理员
      - 信息员
    - 市场部经理
  - 副总经理
    - 管理部部长
      - 客服部主管
        - 信息回访员
        - 保险上牌员
        - 理赔救援员
        - 俱乐部主管
      - 财务部主管
        - 会计
        - 出纳
        - 结算员
      - 综合部主管
        - 行政专员
        - 人事专员
        - 网络管理员
        - 其他

图 1-13　汽车 4S 店的组织结构

二 汽车销售人员的工作职责

汽车销售服务企业设立专门的汽车销售部门，通过专门的汽车销售服务人员提供客户接待、产品介绍、相关购车手续的办理等服务，以此获得客户的满意。这里仅以汽车销售服务部门的两个典型岗位为例进行说明。

1 销售经理的岗位职责

在总经理的领导下，负责销售部的销售工作，带领销售人员完成销售任务。

(1)每日向销售总监分别汇报前一日工作和当日工作安排。

(2)传达上级领导的指示和要求，并监督实施。

(3)安排好销售顾问每天工作和交车事宜。

(4)帮助销售顾问做好接待客户工作，力争不断提高成交率。

(5)要求销售顾问每天打回访电话，跟踪每一位潜在客户。

(6)依照制度安排好每位试乘试驾人员进行试车,并注意安全。

(7)负责展厅及车辆卫生。

(8)定期安排销售顾问进行职业技能培训和学习。

(9)掌握竞争车型情况,及时向公司领导汇报。

(10)负责协调好展厅所有人员的工作联系。

(11)完成上级领导交给的其他工作任务。

2 销售顾问的岗位职责

(1)负责面向客户的销售工作。

(2)热情接待客户,认真听取和记录客户有关信息。

(3)为客户提供所有的服务项目,做好跟踪服务及建立客户档案。

(4)定期向销售经理汇报工作。

(5)严格执行汽车品牌公司对特约经销公司销售业务的各项规章制度。

(6)积极主动宣传汽车产品及产品特点,向客户主动发放销售宣传资料。

(7)积极参与对汽车销售市场的调研与开拓,收集公司及其他同类型汽车的各种信息,进行市场预测,并反馈销售经理。

(8)对出现的客户投诉等问题要及时反馈到销售经理,不能推诿客户。

(9)积极参加销售人员的业务培训、业务考核,并主动进行新知识、新思想的学习。

(10)经常查阅资料,了解汽车经营市场情况。

(11)完成销售经理交给的临时工作任务。

三 汽车销售顾问应具备的工作能力

一个优秀的汽车销售人员需要具备态度、知识、技巧三个方面的综合能力(图1-14),还

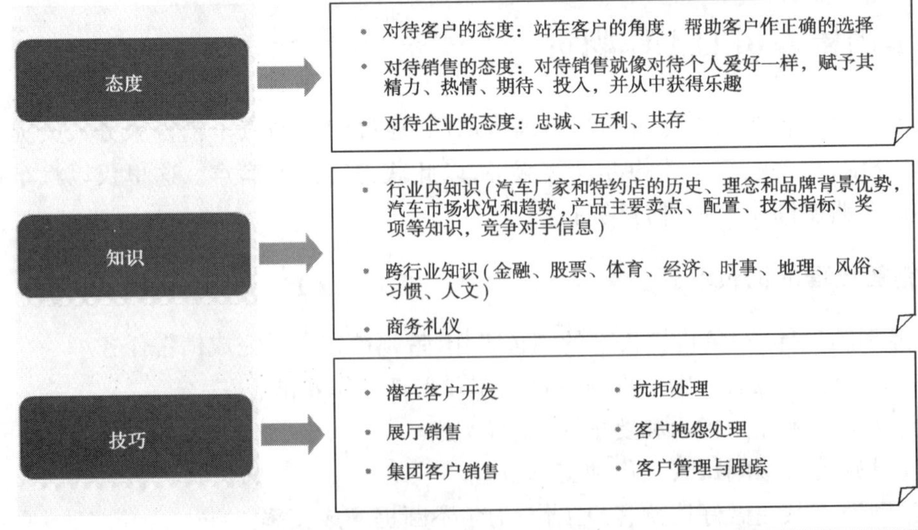

图1-14 销售顾问应具备的工作能力

必须在日常工作中不断学习、总结和提高,及时更新专业知识和销售理念。只有不断进步,才能适应市场需求。

从汽车经销企业对员工的要求来看,每个汽车销售人员都需要具备图1-15所示的几方面必备的品质。

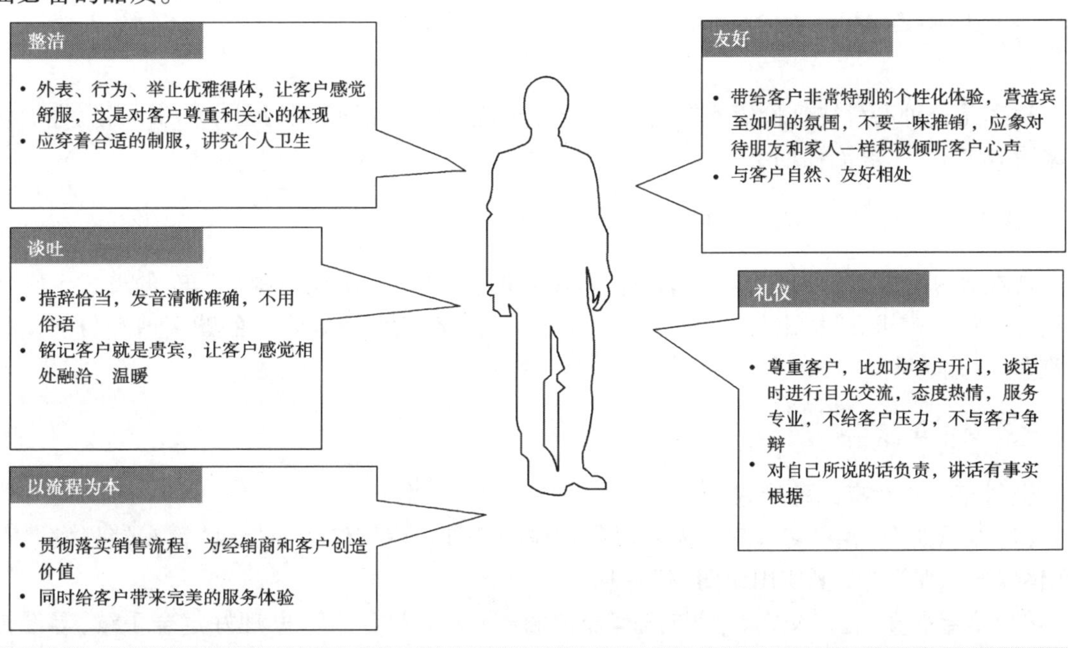

图1-15　企业对销售员工要求的必备品质

除此之外,成为汽车经销企业中一个优秀的销售人员还应具备图1-16所示的几项重要品质。

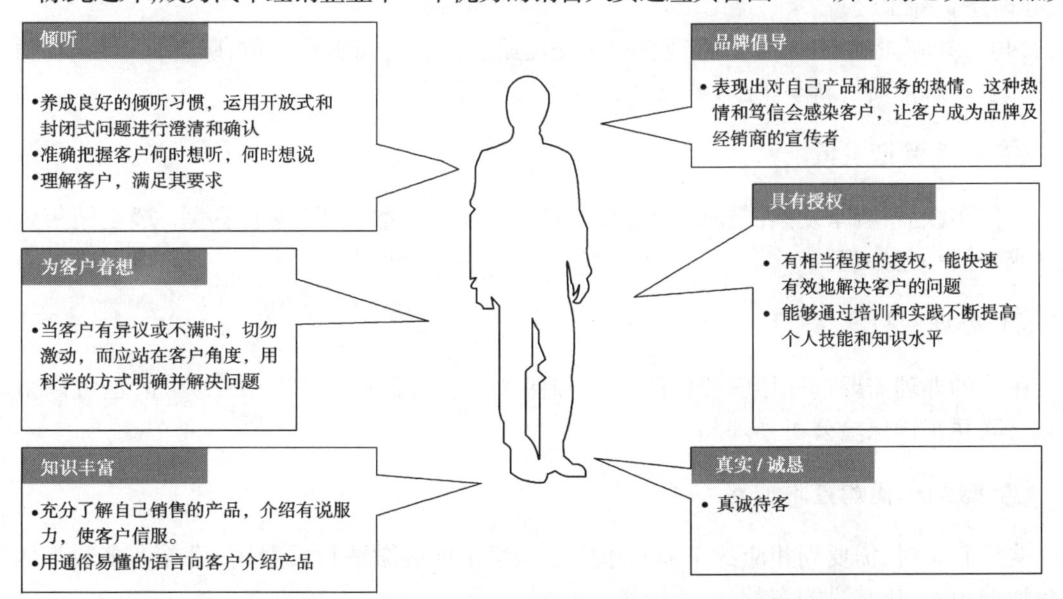

图1-16　企业对销售员工要求的重要品质

第三节　汽车销售流程概述

一 客户购车的一般流程

汽车是一种高科技且价值比较高的产品，其购置过程涉及较多的程序和手段，从客户角度来看，购车的一般流程如下。

1 选车

现在，每座城市各种形式的汽车销售企业有很多，最近还出现了网上购车的形式。客户会根据自己的需求、价格定位、品牌喜好查找购买自己喜欢的车。常见的购买地点目前还是以汽车4S店为主。

2 交付车款

交付车款一般有四种形式。

（1）全款购车：客户交车款时需要提供相应的证件。汽车经销商提供“汽车销售发票”、“车辆保修手册”、“车辆使用说明书”等材料。

（2）定金购车：客户交定金后与汽车经销商签订《定购合同》，办理好定金手续，等经销商现车到了之后，客户交清车款，再按正常手续提车。

（3）按揭购车：客户首先交首付款，然后再签订合同，等待银行审批、银行放贷后，办理牌照、办理还贷等手续。

（4）二手车置换购车：客户将现有车辆交由第三方进行二手车评估，确定是否置换，确定后将二手车所得支付新车车款，再办理正常手续购车。

3 工商验证发票

交付车款后，购车发票需要到就近的工商管理部门盖章验证，这个手续一般由销售顾问代办或陪同一起办理。

4 办理保险

保险的办理需要选择相应的保险公司和保险品种，可以选择在4S店办理，也可以由客户自己联系车辆保险公司办理。

5 缴纳车辆购置附加费

购买新车时，需要到相应的车辆购车附加费缴纳网店缴纳相关费用，目前大多数车辆购置附加费由4S店算进购车款，代为缴纳。

其他的流程还有领取机动车牌照、办理备案手续等。

以上是汽车购买的一般程序，办理时，一定要注意流程顺序和携带相应的证件，如果客户自己办理会比较麻烦，现在一般是有汽车销售顾问陪同办理或者代为办理，客户只需要选定车辆、办理好车款手续并提供个人证件。汽车销售就是帮助客户购车并让客户体验到优质的销售服务的工作。

二 汽车销售的一般流程

目前，每个汽车品牌都有自己的销售流程，但是主体上都是根据顾问式销售流程结合本汽车品牌特点发展而来的，我们将在后面几章对目前的汽车销售流程进行一个详细的学习。销售流程是汽车销售一个重要的工具和载体，理解并严格执行销售流程可以提高工作效率，减少客户的抗拒和投诉，并可有效提升客户的满意度。以"客户关怀"为理念的顾问式汽车销售流程是实现客户、销售顾问、企业共赢的有效工具，提供了正确的行业规范和业务标准，同时也为经销商提供了一个很好的销售和售后管理平台。

知识拓展：

梅赛德斯—奔驰汽车销售流程

1. 售前准备

通过提供客户关心的品牌和产品方面的实用信息，以及安排到店选购的预约，得到销售机会。通过提供迅速、专业、有价值的服务促使客户光临经销商。有效地利用客户数据库、经销商管理系统的信息，为客户光临经销商做好充分准备，促进客户的生成。

2. 到店接待

给客户留下良好的第一印象。无论客户外表或背景怎样，对所有客户一视同仁，以同样方式让所有客户感受"梅赛德斯—奔驰销售体验"的独特之处。每一位员工都知道如何让客户感到舒适、受欢迎和被重视，并相应的行动起来。

3. 需求分析和产品展示

关注客户的谈话以及发现他的要求、需要和期望，通过运用提问技巧（公开、目标明确、事后总结）检查、讨论和明确客户的需要。基于需求分析，推荐符合要求的产品给客户，提供产品销售工作流程的估算（产品到货前所需要的时间）。静态展示主要采用FAB销售法，描述产品的好处、优点，激发客户想要拥有梅赛德斯—奔驰产品的热情。

4. 试乘试驾

通过与客户个人需求和偏好相匹配的试乘试驾体验，让客户感到欣喜，感到舒适，并建立客户对选择梅赛德斯—奔驰产品的信心。继续介绍车辆的相关配置，提供个性化的产品价值。在回到经销店时，促使客户进入销售流程的下一个步骤。

5. 报价和议价

确认客户对产品和配置的选择，有效地回答客户提出的任何问题，积极推荐贷款和车辆

保险,使定价和贷款透明化。

6. 潜在客户跟进

与每位客户保持联系,让客户对在经销商的经历记忆犹新,了解客户的决策状态,确定客户对报价的态度,确定跟进客户的方法,向客户提供他需要的补充欣喜,帮助客户做出购车决策。

7. 达成交易

通过详尽介绍手续文件的各个要素,提高透明度和信任感,避免客户在等待的时候感觉到无聊。通过有效的期望管理,避免客户对交车时间产生不满。尽可能在交车前完成所有手续——保证客户应享受交车活动,将注意力完全集中在新车上。

8. 交车和售后跟踪

使交车成为一次令人兴奋和难忘的体验,契合客户的期望。欢迎客户成为梅赛德斯—奔驰家庭的尊贵一员。确保客户知道如何充分发挥新车性能,从而获得口碑和最高的满意度,告知客户维修保养相关信息。顺畅地将客户介绍给售后服务顾问,增强客户对经销商服务能力的信心。确认客户对新车感到满意,如果不满意,立即着手调查并解决问题。不间断地回访客户,建立牢固和长久的关系,为客户提供持续的、令人欣喜的服务。

第二章 汽车销售服务礼仪

学习目标

通过本章的学习,你应能:

1. 叙述汽车销售服务过程中需要的服务礼仪规范;
2. 知道汽车销售过程中服务礼仪的重要性以及如何塑造良好的个人职业形象和企业形象;
3. 分析汽车销售过程中服务礼仪的规范和细节,明确销售接待和销售拜访的礼仪要求;
4. 正确完成汽车销售服务礼仪的训练,改善仪态举止,提高服务技能;
5. 正确掌握客户的前期接待要点。

第一节 汽车销售服务礼仪概述

汽车销售服务礼仪是汽车销售过程中很重要的一部分。它不仅关系到汽车的销量,并将直接影响到销售顾问的形象建立,经销商的企业形象建立,乃至整个汽车品牌的形象的建立。

销售服务礼仪渗透在销售过程中的各个环节,每个小细节都将影响客户对销售顾问的印象。所以,掌握规范的汽车销售服务礼仪,可以使销售顾问了解专业知识、提高职业技能,同时增加客户对销售顾问的信任,获得客户的认可。在汽车产品同质化的今天,客户除了关注汽车本身外,还更加在意购买汽车过程中所享受到的服务,优质和差异化的服务往往是客户决定购买车辆的关键因素。我们可以从下面一个故事中感知销售过程中,礼仪服务的魅力和价值。

在一个炎热的午后，有位穿着汗衫，满身汗味的老农夫，伸手推开厚重的汽车展示中心玻璃门，他一进入，迎面立刻走来一位笑容可掬的柜台小姐，很客气地询问老农夫："大爷，我能为您做什么吗？"

老农夫略带腼腆地说："不用，只是外面天气热，我刚好路过这里，想进来吹吹冷气，马上就走了。"

小姐听完后亲切地说："就是啊，今天实在很热，气象局说有32℃呢，您一定热坏了，让我帮您倒杯水吧"，接着便请老农夫坐在柔软豪华的沙发上休息。

"可是，我们种田人衣服不太干净，怕会弄脏你们的沙发。"

小姐边倒水边笑着说："有什么关系，沙发就是给客人坐的，否则，公司买它干什么？"

喝完冰凉的茶水，老农夫闲来没事便走向展示中心内的新载货汽车东瞧瞧、西看看。

这时，那位柜台小姐又走了过来："大爷，这款车很有力哦，要不要我帮您介绍一下？"

"不要！不要！"老农夫连忙说，"你不要误会了，我可没有钱买，种田人也用不到这种车。"

"不买没关系，以后有机会您还是可以帮我们介绍啊"，然后小姐便详细耐心地将载货汽车的性能逐一解说给老农夫听。

听完后，老农夫突然从口袋中拿出一张皱巴巴的白纸，交给这位柜台小姐，并说："这些是我要订的车型和数量，请你帮我处理一下。"

小姐有点诧异地接过来一看，这位老农夫要订8台载货汽车，连忙紧张地说："大爷，您一下订这么多车，我们经理不在，我必须找他回来和您谈，同时也要安排您先试车。"

这时，老农夫语气平稳地说："小姐，你不用找你们经理了，我本来是种田的，由于和人投资了货运生意，需要买一批载货汽车，但我对车子外行，买车简单，最担心的是车子的售后服务及维修，因此我独生子教我用这个笨拙的方法来试探每一家汽车公司。这几天我走了好几家，每当我穿着同样的旧汗衫，进到汽车销售厂，同时表明我没有钱买车时，常常会受到冷落，让我有点难过……而只有你们公司，只有你们公司知道我不是你们的客户，还那么热心地接待我，为我服务，对于一个不是你们客户的人尚且如此，更何况是成为你们的客户。"

这个小故事告诉我们客户购买的除了产品，还有优质的服务，如果缺少了后者，再好的产品也抓不住市场。

一　汽车销售服务礼仪定义及重要性

1　什么是礼仪

(1)礼仪的定义：礼仪是人类社会活动中，在语言、行为方面的一种约定俗成的，符合"礼"的准则和规范，是通过谦让和恭敬，让对方感到舒适的习惯性的生活规范。

(2)礼仪的诠释(图2-1)。

(3)汽车销售服务礼仪的定义：汽车销售服务礼仪就是汽车销售服务人员在工作中，通过言谈、举止行为等，对客户表示尊重和友好的行为规范和惯例。简单地说，就是汽车销售

服务人员在工作场合适用的礼仪规范和工作艺术。

2 汽车销售服务礼仪的重要性

随着汽车市场以及汽车产品市场的进一步细化，价格在汽车营销中的作用已经进一步弱化，专业化的汽车销售与服务逐渐成为了汽车产品消费者关注的焦点。客户对企业的第一印象的好坏，全部在销售接待人员的礼仪是否得体，对客户态度是否亲切。接待客户的角色，每个企业员工都有机会参与，而汽车销售服务作为跟客户接触最多的岗位，服务礼仪的学习显得尤为重要。高品质的礼仪学习对企业和个人都会带来很大的帮助(图2-2)。

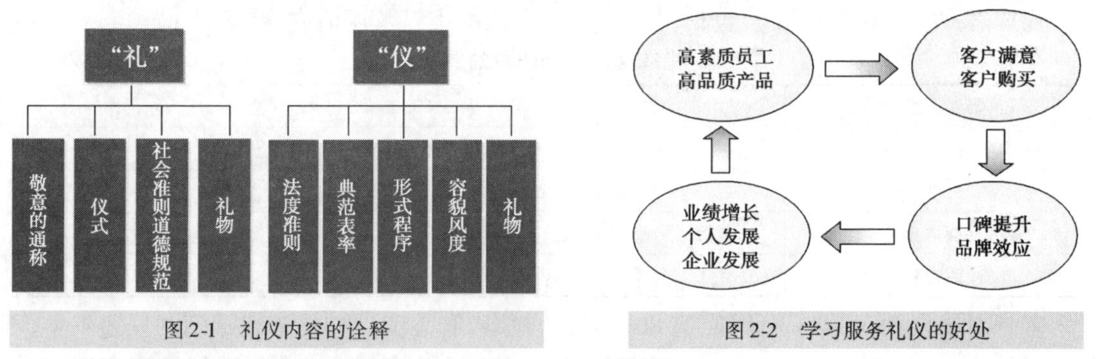

图2-1　礼仪内容的诠释

图2-2　学习服务礼仪的好处

(1)提高汽车销售服务人员的个人素质和个人涵养。

(2)更好地对服务对象表示尊重。

(3)塑造并维护企业的整体形象。

(4)使企业和个人创造出更好的经济效益和社会效益。

二 客户的第一印象

企业的形象通过销售顾问来体现。销售顾问在企业的第一线，直接面对着客户，其形象直接体现着企业的形象。如果销售顾问有着非常专业的形象，那么在客户眼里，他们所属的公司就是一个专业的公司。销售顾问给人的第一印象非常重要，如果留给对方第一印象很糟，就会给下一步工作蒙上阴影，且这种印象很难改变。所以，作为一名销售顾问，必须明白你给客户留下的第一印象是至关重要的，它往往决定着销售的成败。

1 第一印象的重要性

(1)第一印象的定义。第一印象是指观察者在第一次与对方接触时，根据对方的体态、相貌及行为举止所得的综合性与评鉴性的判断。

(2)第一印象的重要性。第一印象主要是根据对方的服装、仪表、举止等形成的印象。第一次见面的效果好坏，往往决定了是否有第二次面谈的见面机会。

与客户初次接触的前45秒，客户会对销售顾问形成基本的看法(首因效应)，然后才会对销售顾问的提议做出评判，最后才会对所推荐的汽车形成看法。

在销售过程中丢失销售的机会，75%是由于在这45秒内客户对汽车销售顾问印象不好

造成的。给客户留个好印象，获得客户的注意力，让他们对自己和所销售的汽车有兴趣都需要我们正确处理好与客户的首次接触。

日本营销大师神元一平曾说过，营销人员即使有丰富的专业知识和内涵，但不懂得塑造个人形象，无法在第一次与客户见面时就在客户心中留下良好印象，就算你再专业、再优秀，也是枉然。完美的第一印象，能使人如沐浴春风，能使他人情不自禁地打开锁闭的心扉与你侃侃而谈；完美的第一印象，甚至能以独特的个性魅力做无声的自我介绍。

2 第一印象包含的要素

构成客户第一印象的要素包括仪容、态度、言谈举止以及谈话内容（表 2-1）。

构成客户第一印象的要素　　表 2-1

要　素	内　容	百 分 比
仪容	外貌、穿着、发型、服装、配饰等	60%
态度	问候、姿势、肢体语言等	20%
言谈举止	语速、语调、语气、面部表情等	15%
谈话内容	实质内容、内容的有效性等	5%

客户对销售顾问的第一印象，有 80% 是来自仪容和态度。如果销售顾问的仪容不整，不管说了什么内容，客户就不会想在你这里购买车辆。记得随时检查自己的仪容和态度，才能给别人留下良好的第一印象，也才会有更多的客户欣赏你以及你的企业。

3 如何才能有好的第一印象

（1）自如的自我介绍。

①首先要有明确的社交意识，微笑地看着对方的眼睛，尽量表现出你很高兴见到对方。

②与人握手时要有力，但不要抓住不放。

③当你们互相走近时，要及时主动地介绍自己。

④记住他人姓名，并在交流中反复称呼。

⑤把注意力集中在谈话对象身上。

（2）使客户满意的仪容标准。

①符合工作环境的妆容。

②得体的服饰穿着，简洁大方的发型。

（3）得体的谈吐。

①注意基本礼节，不要轻易打断别人说话。

②尽量避免向客户提出反对意见，多说应景的话。

③根据对方性格选择谈话方式。

④交谈注意把握时间，礼节性的寒暄过久会让人厌倦。

⑤说话时要克制自己不良的肢体习惯，如左右晃动、眼睛看别处等。

（4）适当的身体语言。

有研究表明，在人际交往中，身体语言的信息要比有声语言信息的内涵多数倍。为了建

立良好的第一印象，心理学家建议，要注意坐和站立的姿势自然得体，还有要注意眼神的接触等等。

拓展练习

1. 哪一位同学给你的第一印象最深刻？
2. 描述一下他（她）给你的第一印象？
3. 你对他（她）的第一印象是从哪些方面得来的？

第二节 汽车销售服务个人礼仪

几千年的人类文明史证明，人们对文雅的仪风和悦人的仪态一直孜孜以求。而今随着现代社会人际交往的日渐频繁，人们对个人礼仪更是倍加关注。从表面看，个人礼仪仅仅涉及个人穿着打扮、举手投足之类的小节小事，但小节之处显精神，举止言谈见文化。个人礼仪，作为一种社会文化，不仅事及个人，而且事关全局。良好的礼仪风范，出众的形象风采，是我们自尊及尊重他人之本，更是我们立足、立业之源。

汽车销售作为一个企业的窗口岗位，又是企业面对客户服务的中心岗位，所以每一个汽车销售顾问的个人礼仪直接关系到企业形象，良好的个人礼仪是我们与客户沟通的第一要素，是建立客户信任的第一步，并且能为自身以及企业创造直接效益以及良好的形象。我们务必按照规范标准塑造良好的职业形象。

一 仪容仪表礼仪

三国时期，曹操曾经这样说过，“君子整其衣冠，尊其瞻视，何必蓬头垢面然后为贤”。这句话的意思是说，即使是谦谦君子，也要使其衣冠整齐，使与瞻视有关的内容看上去令他人感到受尊敬。这是由于礼仪的主要表现形式就是谦逊的态度，文明礼貌的语言，优雅得体的举止等。仪表非常重要，它体现你的礼貌、教养和品位格调。在工作中，良好的仪容仪表可以塑造职业形象以及企业形象，可以使客户更加信赖企业。

1 仪容仪表的定义

仪表和仪容是实施个人礼仪的第一步。

仪表是指人的外表，它包括容貌、姿态、风度以及个人卫生等方面。仪容在某种程度上也是仪表所包括的内容，泛指人的外观、外貌。

由于仪表与仪容在日常工作中最直观地呈现在客户的面前，可以直接反映出个体的整体状况。因此，仪表与仪容如何，不仅引起客户的特别关注，而且可以影响到客户对行为主体的评价。仪表与仪容的礼仪关键就是要做到符合“美”的要求，具体要做到美观、清洁、卫生、得体等。

2 汽车销售顾问个人仪表礼仪规范

我们先通过两个图片的对比(图2-3),来分析一下汽车销售顾问个人仪表的不同会带给我们哪些不同的感受。

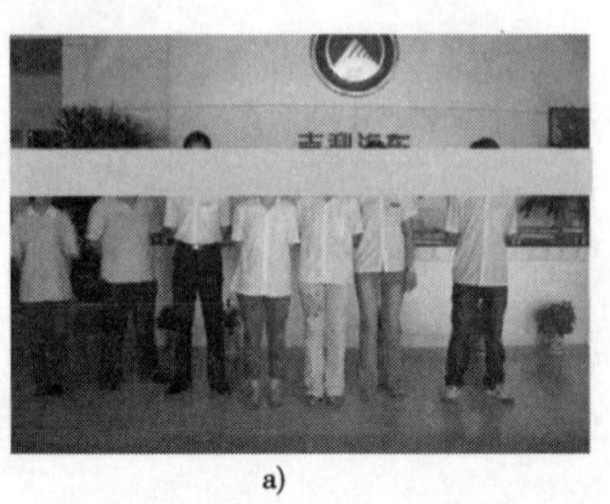

a)

b)

图2-3　汽车销售顾问仪表对比

拓展讨论:图2-3所示的两幅图片里,我们看到了什么差异?我们更愿意接受哪一种汽车销售顾问?

在当今的汽车4S店中,汽车4S店对汽车销售顾问的日常个人着装、仪容仪表都做出了明确的规范,使员工具有统一的企业品牌形象。汽车销售顾问的个人仪表礼仪要求如图2-4所示。

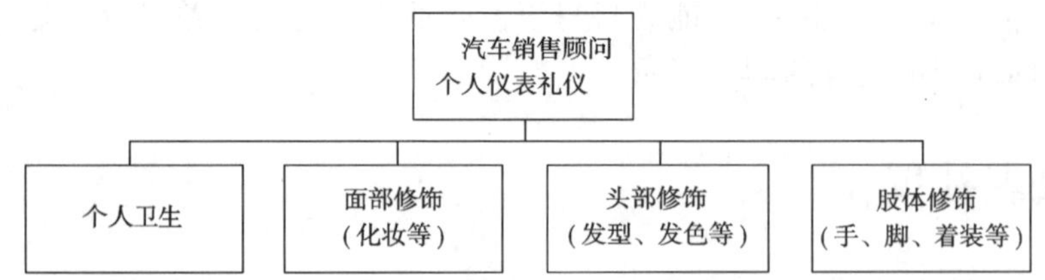

图2-4　汽车销售顾问个人仪表礼仪要求

3 男性销售顾问个人礼仪要点

男性销售顾问的个人仪容仪表礼仪主要包括面部、发型、穿着、配件、鞋袜等方面,具体要点如图2-5所示。

4 男性员工个人仪表礼仪注意细节

(1)男士发型修饰因人而异,但是发型的选择要与自己的脸型、体型、年龄、气质、职业和谐统一(图2-6)。

(2)男士面部要保持清洁、自然、精神饱满,需要戴眼镜时要选择自然、大方的款式,并保持镜片的清洁(图2-7)。

(3)男士着装要按岗位规定着装,保持服装干净、整洁,口袋不乱放杂物,保持皮鞋光亮,领带、衬衣、西装、袜子、鞋子颜色协调(图2-8)。

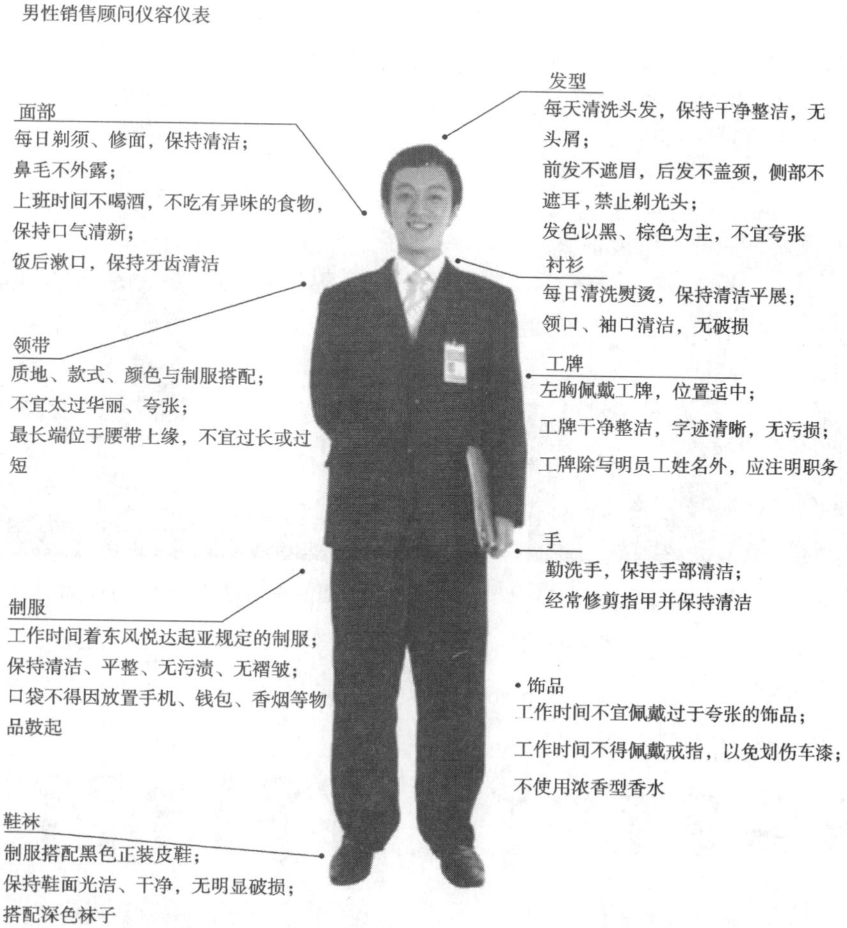

男性销售顾问仪容仪表

面部
每日剃须、修面，保持清洁；
鼻毛不外露；
上班时间不喝酒，不吃有异味的食物，保持口气清新；
饭后漱口，保持牙齿清洁

发型
每天清洗头发，保持干净整洁，无头屑；
前发不遮眉，后发不盖颈，侧部不遮耳，禁止剃光头；
发色以黑、棕色为主，不宜夸张

衬衫
每日清洗熨烫，保持清洁平展；
领口、袖口清洁，无破损

领带
质地、款式、颜色与制服搭配；
不宜太过华丽、夸张；
最长端位于腰带上缘，不宜过长或过短

工牌
左胸佩戴工牌，位置适中；
工牌干净整洁，字迹清晰，无污损；
工牌除写明员工姓名外，应注明职务

手
勤洗手，保持手部清洁；
经常修剪指甲并保持清洁

制服
工作时间着东风悦达起亚规定的制服；
保持清洁、平整、无污渍、无褶皱；
口袋不得因放置手机、钱包、香烟等物品鼓起

• 饰品
工作时间不宜佩戴过于夸张的饰品；
工作时间不得佩戴戒指，以免划伤车漆；
不使用浓香型香水

鞋袜
制服搭配黑色正装皮鞋；
保持鞋面光洁、干净，无明显破损；
搭配深色袜子

图 2-5　汽车销售顾问男性员工仪表礼仪规范

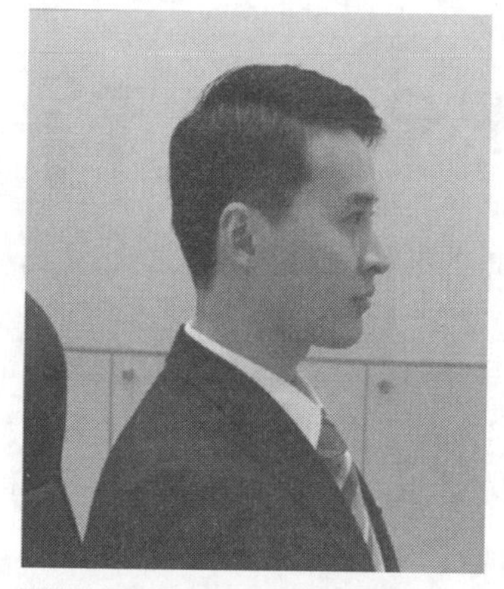

图 2-6　男性员工发型规范

图 2-7　男性员工面部规范

(4)男士佩戴领带时，要求长度齐皮带环，整洁、无污渍、无破损、无皱褶，领带节不宜太

大或太小；喜庆场合可以佩戴颜色较为鲜艳的领带，在肃穆场合，一般系黑色或其他素色领带；穿长袖衬衣需要系领带时，衬衣下摆应塞在裤子里(图 2-9)。

图 2-8　男性员工着装规范

图 2-9　领带佩戴规范

下面我们具体介绍几种领带的打法。

①平结系法(图 2-10)。

②交叉结系法(图 2-11)。

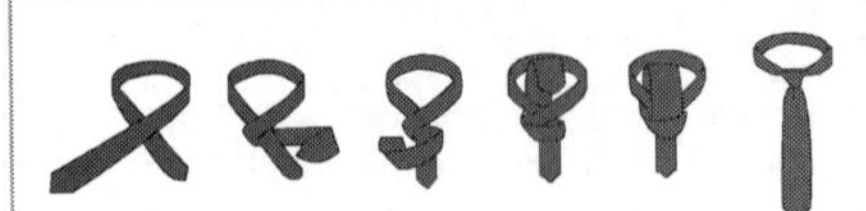

图 2-10　平结系法

图 2-11　交叉结系法

③双环结系法(图 2-12)。

④温莎结系法(图 2-13)。

图 2-12　双环结系法

图 2-13　温莎结系法

5 女性销售顾问个人礼仪要点

女性销售顾问根据性别特点需要化简单、大方的妆容，配饰和服装方面也比男性员工要稍微复杂一些。女性销售顾问个人礼仪要点主要包括发型、化妆、制服、配饰、手、鞋袜、裙装等，具体要点如图 2-14 所示。

6 女性员工个人仪表礼仪注意细节

(1)女性员工发型因人而异，原则上要与自己的脸型、体型、年龄、气质以及工作性质和

发型
每天清洗头发，保持干净整洁，无头屑；
发色以黑、棕色为主，不宜夸张；
不梳披肩发，前发不遮额；
发饰不宜过于夸张，华丽

化妆
淡妆上岗，清新自然；
使用暖色系列彩妆，接近肤色，亲切、自然；
化妆不宜过于另类；
化妆避人

工牌
左胸佩戴工牌，位置适中；
工牌干净整洁，字迹清晰，无污损；
工牌除写明员工姓名外，应注明职务

制服
工作时间着企业规定的制服；
保持清洁、平整、无污渍、无褶皱；
搭配白色制服衬衫，衣领平翻，不得竖立衣领；
保持衬衫清洁，衣领无毛躁

手
勤洗手，保持清洁；
不留长指甲，保持甲缝无污垢；
使用指甲油以透明色为原则，不得过于鲜艳、夸张

•饰品
工作时间不宜佩戴过于名贵、夸张的饰品；
数量不多于三件，品质统一为好；
工作时间不得佩戴戒指，以免划伤车漆；
不使用浓香型香水

•裙装
裙长不得短于膝上两指；
清洁、平整

鞋袜
穿黑色正装皮鞋，鞋面修饰简洁，鞋跟不宜过高过细；
裙装应着长筒肉色丝袜，不得穿黑色丝袜或穿短袜，不得光脚，保持丝袜完整，无破损

图2-14　汽车销售顾问女性员工仪表礼仪规范

谐统一，给人一种文雅庄重的感觉，头发过肩需要束起，会让客户觉得更加专业，头饰选择尽量朴素大方，不宜过大（图2-15）。

（2）女性员工面容应保持整洁（图2-16），上岗时需要化淡妆，口腔清洁无异味，如果用香水，香味不宜浓烈，清新淡雅即可。

（3）女性员工着装根据企业要求，按岗位规定着装，需要保持衣服整洁，衣袋不乱放杂物，保持皮鞋光亮，衬衣、西装、袜子、裙子、鞋子颜色搭配协调（图2-17）。

（4）女性员工佩戴丝巾时，丝巾结要平齐于领口，丝巾下部不可低于衣襟，丝巾保持干净平整、无污渍；使用蝴蝶结扣时要平整饱满，两侧翼大小适中，高度平齐于衬衣领口（图2-18）。

（5）女性员工佩戴工牌、胸卡等要符合岗位规范，佩戴符合岗位要求的饰品，腰带上面不挂配物品，佩戴饰品不超过三件为佳，不张扬，大方得体。

图 2-15　女性员工发型规范

图 2-16　女性员工面容规范

图 2-17　女性员工着装规范

a)

b)

图 2-18　女性员工佩戴丝巾规范

二 仪态举止礼仪

良好的礼仪风范包括一个人的外表和行为举止。除了修饰和着装之外，就是形体语言了，它反映了人的动作和举止，包括面部表情、姿态、体态及手势等。俗话说："坐有坐相，站有站相，走有走相"，在社交场合，仪态举止相当重要，对于销售顾问来说，姿态不雅观就是对客户的不尊重，外表再得体，如果没有专业的仪态举止，也会被认为是没有专业意识。这一环节，我们来学习汽车销售顾问应如何在仪态举止方面塑造良好的职业形象。

1 注目礼仪

汽车销售顾问在与客户会面的情况下，应该起立，放下手中正在进行的工作，与其目光接触，微笑点头示意，行注目礼。

眼神一向被认为是人类最明确的情感表现和交际信号，在面部中占据主导地位，眼睛是人类心灵的窗户，“一身精神，具乎两目”。在人的体态语言中，眼睛最能倾诉感情、沟通心灵。眼神的千变万化，表露出人们丰富多彩的内心世界。眼睛是大脑的延伸，大脑的思想动向、内心想法都可以从眼睛里看出来，所以注视客户的眼神也必须要讲究礼仪。

(1)眼神作用。眼神是重要的表情语言，能最自然、准确地展示出内心的真实的心理活动。

(2)注视角度(图2-19)。注视客户最好运用正视的眼神，可以给客户自然、大方的感觉。切记不可对客户扫视、盯视、眯视、或以无视的眼神与客户交流。

(3)注视时间。销售顾问为表达对客户的友好、尊重，注视客户的时间不宜过长或过短，否则都会显得对客户失礼。注视时间范围应该控制在交流时间的30%～60%，这也叫“社交注视”。

(4)视线落点。汽车销售顾问与客户诚恳交谈时，两眼可以注视对方的双眼，一般交谈时，视线落在客户的鼻间。

(5)目光禁忌。与客户交谈时，销售顾问切记目光不可以躲躲闪闪，刻意避开视线接触，这样会引起客户的不满，怀疑销售顾问的专业能力。

2 微笑礼仪

微笑是汽车销售顾问必须具备的技能，无论是在客户进店时、引导客户入座时，还是客户离开时，与客户保持接触的每一个环节都应当保持适当的微笑。真诚的微笑是社交的通行证，它会表明自己没有恶意，并可进一步表示欢迎和友善。因此，微笑使人感到亲切、愉快和温暖，它能给谈话带来融洽愉悦的气氛，微笑的礼仪规范如图2-20所示。

图2-19 注视客户的角度

图2-20 微笑礼仪规范

微笑礼仪的标准有：面部表情和蔼可亲、真诚友善，嘴角微微向上翘起，自然地露出6～8颗牙齿，在不发出声音的前提下轻轻一笑；微笑注重“微”字，笑的幅度不宜过大；微笑时乐观、真诚、甜美、亲切、友善、充满爱心；口与面部表情相结合，嘴唇、眼神含笑。

微笑礼仪的注意要点：面含笑意，但笑容不可太显著；微笑时要做到目光柔和发亮，双眼略微睁大，眉头自然舒展，眉毛微微向上扬起；微笑时要力求表里如一，发自内心的微笑会自然调动人的五官，否则就成了“皮笑肉不笑”；微笑一定要有一个良好的心境与情绪作为前

提，否则将会陷入勉强尴尬而笑的境地；微笑时还必须兼顾场合以及谈话的内容、情境；眼神要有胆量坦诚的正视对方，并接受对方的目光。

模拟微笑训练法：轻合双唇；两手食指伸出（其余四指自然并拢），指尖对接，放在嘴前15～20cm处；让两食指尖以缓慢匀速分别向左右移动，使之拉开5～10cm的距离。同时，嘴唇随两食指移动速度而同步加大唇角的展开度，并在意念中形成美丽的微笑；让微笑停留数秒钟；两食指再以缓慢匀速地向中间靠拢，直至两食指相接；同时，微笑的唇角再以两指移动的速度，同步缓缓收回。需要提示的是，训练微笑缓缓收住，这很重要。切忌不能让微笑突然停止。如此反复开合，训练20～30次。

3 声音的魅力

为了创造良好的第一印象，除了友善和蔼的微笑以外，值得信任的声音也是不可或缺的元素，良好地控制你的声音，是你与客户能取得良好沟通的先决条件。

所有美国总统都曾经接受过声音训练。低沉的声音，会使你显得有教养；更能吸引人的注意力并博得信任；还更能释放语言的魅力。

我们认为能够打动客户的声音有这样一些共性。

（1）发音没有浓重的地方口音，如果客户具有地方特色，在取得一定的信任后，可以适当运用地方口音；尽量保证所有字的发音都正确。

（2）语法要正确，避免让客户在理解上产生障碍。

（3）谈话的内容，应避免说出令人厌恶的字眼；不要一再使用口头禅。

（4）语速要适中，语速太快或太慢都会显得失礼，并增加沟通的难度。

（5）音调不宜过高，声音听起来圆熟和稳重，会增加客户的信任感。

4 站姿礼仪

站立是人们生活交往中的一种最基本的举止。站姿是人静态的造型动作，优美、典雅的站姿是发展人的不同动态美的基础和起点。古人要求“站如松”，就是要求站立时像挺拔的青松一样端庄、伟岸，显示出一种自然美，正确的站姿能显示出个人的自信，衬托出美好的气质和风度，并给他人留下美好的印象。

在站姿礼仪中，包含的有很多种站姿，其中迎候站姿是汽车销售服务工作中较为标准也较为常用的站姿，其他站姿基本规范也大致相同。站姿基本规范是：头正、肩平，手臂自然下垂，挺胸直腰，收腹，呼吸自然。

（1）男性汽车销售顾问的站姿规范：面带微笑，双目平视前方；头正、颈直，挺胸收腹；重心垂直在两脚之间，两脚分开与肩同宽或成立正姿势；右手自然握拳，左手握住右手手腕，自然放于小腹前（图2-21）。

（2）女性销售顾问站姿规范：面带微笑，双目平视前方；头正、颈直，挺胸收腹；重心在脚弓前端；双脚呈V字形或丁字形站立；右手握住左手手指，自然放于小腹前（图2-22）。

（3）训练正确的站姿很重要。经常训练站姿，体会正确体态，养成良好的习惯。练习时，身体可靠墙站立，或躺于平面，或顶墙贴面，以保持身体大致呈直线。

图 2-21 男性销售顾问站姿规范

图 2-22 女性员工站姿规范

5 走姿礼仪

走姿是站姿的延续动作，是在站姿的基础上展示人体的动态美。无论是在接待客户中还是在其他工作场合，走路往往是最常用最引人注目的身体语言，也最能表现一个人的风度和活力，协调稳健、轻松敏捷的走姿会展现出朝气蓬勃、积极向上的精神状态，走姿的基本标准如图 2-23 所示。

图 2-23 汽车销售顾问走姿礼仪规范

走姿的注意要点：汽车销售顾问行走时，切记不可方向不定、忽左忽右；不可体位失当、扭来扭去；不可外八字步和内八字步；不可左顾右盼、勾肩搭背；双手自然摆动，不宜放于背后或插入裤带，这些都会显得不稳重而失礼。

训练正确走姿的建议方法：可以试着将一本书放在头顶上，放稳后再松手；接着把双手放在身体两侧，用前脚慢慢地从基本站立姿势起步走。这样虽然有点不自然，但却是一种很有效的方法，关键是走路时要摆动大腿关节部位，这样才能使行走步伐轻盈。

6 坐姿礼仪

坐姿文雅、庄重，不仅给人以沉着、稳重、冷静的感觉，而且也是展现自己气质与修养的重要形式。

坐姿礼仪的规范：入座时要轻、稳；入座后上身自然挺直，挺胸，双腿自然弯曲，双肩平整放松；双臂自然弯曲，双手自然放在腿上或者沙发扶手上，掌心向下；坐在椅子上时，应坐满椅子的2/3；离座时，要自然稳当。

(1)男性销售顾问坐姿规范：头部端正，双目平视客户，两腿分开，不超过肩宽，两手放在双腿上(图2-24)。

(2)女性销售顾问坐姿规范：双目平视客户，双膝并拢，两脚同时向左或向右侧斜放，腿部与地面成侧倾角，两腿之间没有任何间隙，双手自然放在左腿或右腿上(图2-25)。

图2-24　男性销售顾问坐姿规范

图2-25　女性销售顾问坐姿规范

(3)坐姿的注意事项：入座和离座时切记轻而稳重，不宜太快，入座时最好征求客户同意；坐时不可前倾后仰或歪歪扭扭；双腿不可过于叉开，或长长的伸出；坐下后不宜随意挪动椅子；不可将大腿并拢而小腿分开，双手不可放于臀部下面；不可高架“二郎腿”；腿、脚不宜不停抖动。

7 蹲姿礼仪

当客户乘坐在展车内听取销售顾问介绍时，为了表示对客户的尊敬，销售顾问需要以标准的蹲姿向客户进行产品说明。

蹲姿基本要求：下蹲时，应自然、得体、大方，不遮遮掩掩；两腿合力支撑身体，避免滑倒；应使头、胸、膝关节在一个角度上，使蹲姿优美；女士无论采用哪种蹲姿，都要将腿靠紧，臀部向下。保持正确的蹲姿需要注意三要点：迅速、美观、大方。

(1)男性销售顾问蹲姿：不要突然下蹲；不要距离客户过近；下蹲时侧对客户；上身尽量挺直；双膝适度分开，一高一低；单腿支撑身体；久蹲时可以适当调换支撑腿，调换频率不宜

过于频繁(图2-26)。

(2)女性销售顾问蹲姿:不要突然下蹲;保持与客户适中的距离;下蹲时侧对客户;上身挺直;双腿并拢收紧,一高一低,单腿支撑身体;久蹲时可以适当调换支撑腿,调换频率不宜过于频繁(图2-27)。

图2-26 男性销售顾问蹲姿规范

图2-27 女性销售顾问蹲姿规范

(3)蹲姿注意事项:不要突然下蹲,蹲下的时候,不要速度过快,当自己在行进中需要下蹲时,要特别注意不要离人太近,在下蹲时,应和身边的人保持一定距离,和他人同时下蹲时,更不能忽略双方的距离;不要方位失当,在他人身边下蹲时,最好是和他人侧身相向,正面他人或者背对他人下蹲通常都是不礼貌的;不要毫无遮掩,在大庭广众面前,尤其是身着裙装的女士,一定要避免下身毫无遮掩的情况,特别是要防止大腿分开;不要蹲在凳子或椅子上,有些人有蹲在凳子或椅子上的生活习惯,但是在公共场合这么做的话,是不能被接受的。

8 手势礼仪

不同的手势传递不同的信息,很多手势都可以反映人的修养、性格,手势能体现人们的内心思想活动和对待他人的态度,热情和怠慢都可以在手势上明显反映出来。所以销售顾问要注意手势动作的准确与否、幅度的大小、力度的强弱、速度的快慢、时间的长短,这些在手势礼仪中都十分讲究(图2-28)。

手势礼仪要点主要包括三项:大小适度、自然亲切、避免不良手势。

(1)大小适度:在社交场合,应注意手势的大小幅度。手势的上界一般不应超过对方的视线,下界不低于自己的胸区,左右摆的范围不要太宽,应在人的胸前或右方进行。一般场合,手势动作幅度不宜过大,次数不宜过多,不宜重复。

(2)自然亲切:与人交往时,多用柔和的曲线手势,少用生硬的直线条手势,以求拉近与客户的距离。

(3)避免不良手势:与人交谈时,讲到自己不要

手势

●介绍或指引时,食指以下并拢,拇指向内侧轻轻微弯;

●手势适度,动作不宜过大,曲线柔和,次数不宜过多;

●切忌手势与表达内容无关;

●切忌用手指指人

图2-28 手势礼仪规范

用手指自己的鼻尖，而应用手掌按在胸口上；谈到别人时，切记不能用手指别人，更忌讳背后对人指点等不礼貌的手势；初见新客户时，避免用手抓头发、玩饰物、掏鼻孔、剔牙齿、抬腕看表、高兴时拉袖子等粗鲁的手势动作。

手是人体中活动幅度最大，运用、操作最自如的部分。因此，社交场合要尽情发挥它的功能，手势语是肢体语言最重要的组成部分，是最重要的无声语言，它是我们生活和工作中人际交往不可或缺的部分，所以我们一定要注意养成良好的手势礼仪规范。

第三节　汽车销售服务接待礼仪

汽车销售工作是一项与客户沟通交流频繁的工作，作为汽车销售顾问，承担着接待客户的重要工作，在帮助客户选择购买车辆的每一个瞬间都是重要的环节，每一个细节都影响着客户对汽车销售顾问的态度，进一步影响客户对销售顾问以及汽车销售企业的信任。此部分的课程内容学习汽车销售顾问在接待客户过程中应当遵守的礼仪规范。

在客户接待过程中，从客户进店到客户离店的整个过程中，包含众多的礼仪关键点，比如说迎接礼义、问候礼仪、称呼礼仪、握手礼仪、介绍礼仪、交换名片礼仪、引导礼仪、座次礼仪、交接物品的礼仪等。

一　迎接礼仪

迎接客户是给客人留下良好的第一印象的重要环节。全体销售顾问需要保持良好的精神状态，点头、微笑、目视客户并保持适度的目光接触，从而创造轻松氛围，缓解客户紧张情绪。

图 2-29　迎接礼仪规范

当有客户来到汽车 4S 店时，展厅内的销售顾问应行注视礼，在经过以客户为中心的 2m 范围内，面带微笑并问候客户“欢迎光临！”行欠身礼时，上身微微前倾，约 15°角，持续 1 ~ 3 秒，不要低头，双目注视客户，保持微笑（图 2-29）。

销售顾问此时可以微笑着询问客户：“您以前是否来过展厅或来电咨询过吗?”根据客户的答复做出相应的回答，启发客户询问，了解客户需求，为后续工作作铺垫。

二　问候礼仪

汽车销售企业员工早晨上班见面时应互相问“早上好！”一天工作良好的开端就是从早晨相互问候开始的；上班时间遇见客户，也应面带微笑主动上前问候；下班时，跟同事也应互相打招呼后再离开。

客户来到展厅，第一时间亲切的问候是给客户留下好印象的第一步。当与客户交流时，销售顾问的语言应该从“生活随意型”转到“专业型”，既要有个性化的表达沟通，又必须掌握许多有共性的表达方法。

在汽车销售过程中，与客户的寒暄问候是不可避免的，通过寒暄问候可以消除客户的紧张感，拉近与客户之间的距离。

1 寒暄问候的基本要求

(1)时间上主动先向客户问候，对方没有注意时，也不要不问候；应该站着问候；问候时针对不同的时间、地点、情况进行相应的选择改变。

(2)真诚的问候，对于沟通人与人的心理，有着重要的作用。

(3)幽默，在寒暄中加点适度幽默诙谐的成分，会加深客户对你的印象，对协调交际气氛有帮助。

(4)鼓励赞美，如果你早上起来听到几个诸如"您起来的真早啊"、"您身体保养的真好"的赞美式寒暄，就会感到这一天心情愉快，客户也一样。

2 寒暄问候注意事项

要与客户有目光接触，发自内心；寒暄问候要因人而异，不要对谁都是一个说法；要注意环境，在不同的环境，要有不同的寒暄问候语言；要注意适度，适可而止，过多的溢美之词会给人以虚伪客套的感觉。

3 问候语实例

下面以美国克莱斯勒公司标准问候语(表2-2)为例进行说明，不同时刻应运用不同的语言。

克莱斯勒标准问候语　　表2-2

时　　刻	用　　语
迎接客户时	您好！欢迎光临！
自我介绍时	您好，我是销售人员××，很高兴为您服务！
递送名片时	这是我的名片，请您多指教！
寻求客户确认时	您看这样可以吗？
让客户等候时	对不起，让你久等了！
表达歉意时	真的很抱歉！
接听电话时	您好！××授权经销商，请问有什么可以帮您？
邀请来电客户来店时	如果您方便的话，真的希望您能光临本店！
送离客户时	感谢您的光临，跟您交流真的很愉快！
邀请客户再次来店时	希望您再次光临！

三 称呼礼仪

称呼指的是人们在日常交往应酬中所使用的彼此称谓。在汽车销售工作中，选择正确、

适当的称呼，反映自身的教养，以及对客户的尊重，甚至还体现双方认识信任的程度。称呼不能乱用，用好称呼能够提高客户满意度。

选择称呼要合乎常规，要照顾被称呼者的个人习惯。在工作中，人们彼此之间的称呼是有其特殊性的，要庄重、正式、规范。汽车销售过程中常用的称呼有以下几种。

(1)职务性称呼。以客户的职务相称，以示身份有别、敬意有加，这是一类常见的称呼，如“总、经理、董事长、局长、主任”等前面加上客户姓氏。

(2)支撑性称呼。对于具有终极、高级职称者，在工作中以其职称相称呼，如“工程师、教授”等前面加上客户姓氏。

(3)行业性称呼。在工作中，有时也可以按行业进行称呼。对于从事某些特定行业的人，可以直接称呼对方的职业，如老师、医生、律师、会计等，也可以在职业前加上姓氏。

(4)性别性称呼。对于身份不清楚，场合不太严肃的情况下，一般约定俗成的按性别的不同分别称呼小姐、女士、先生等。

四 握手礼仪

握手是汽车销售顾问日常工作中经常使用的礼节，与新老客户会面时都需要使用握手礼仪。握手遵循的是“尊者优先”的原则。在客户面前，应该先由客户先伸手；在长者面前，应由长者先伸手；在上司面前，应由上司先伸手；见面的对方如果是重要客户，当他先伸手，则应该快步走近，用双手握住对方的手，以示敬意，并寒暄几句问候对方。但当我们作为主人迎接客人时，主人可以先伸手表示欢迎；男女之间握手，应由女士先伸手；握手礼仪规范如图 2-30 所示。

- 先问候，再握手；
- 手要干燥、洁净、温暖；
- 双腿直立，上身稍向前倾，右臂向前自然伸出，与身体成 60°，掌心向左，四指并拢，拇指张开与对方相握，忌握手时摇晃对方手臂；
- 握手顺序：长者优先、尊者优先、女士优先；
- 握手的力度要适中，长度以 1~3 秒为宜，忌长时间握住对方的手不松开；
- 遇女性客户时，对方先伸手方可与对方握手；
- 不要一边握手一边拍对方肩膀，握手后不要用纸巾擦手；
- 握手时应目视对方，忌东张西望

图 2-30 握手礼仪规范

握手的禁忌：喧宾夺主、贸然伸手；握手时戴手套；只顾与一人握手，忽视或冷淡同行的人；伸出手时慢慢腾腾，或者置之不理；握手后，马上擦手。

握手时，一定要注意，先问候，或者边握手边问候。比如：“您就是早上来电话预约的陈先生吧？欢迎欢迎，您看您有什么需要？”这样可以创造良好的谈话气氛。

五 介绍礼仪

1 自我介绍礼仪

自我介绍,就是在必要的社交场合,把自己介绍给其他人,以便对方认识自己。在汽车销售服务过程中,销售顾问经常要在不同的客户面前进行自我介绍,恰当的自我介绍不但能增进他人对自己的了解,而且还可能创造出意料之外的商机。销售顾问自我介绍要点如图2-31所示。

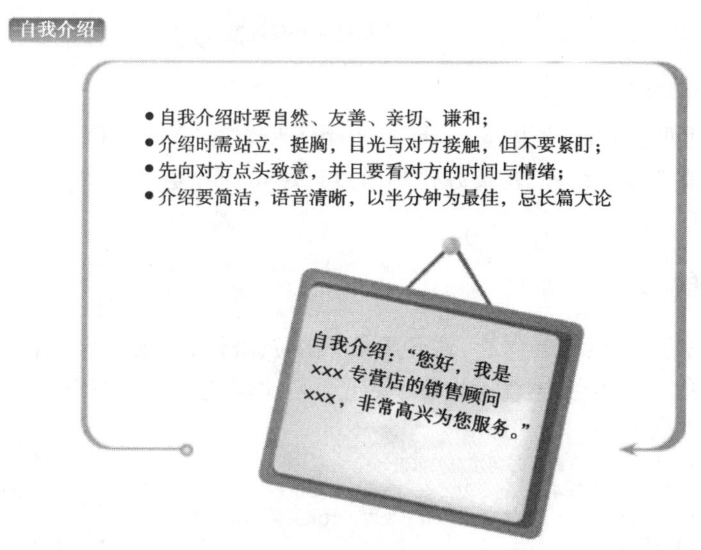

图2-31 自我介绍礼仪要点

2 介绍他人礼仪

在汽车销售服务过程当中,经常需要在他人之间架起人际关系的桥梁,比如,将售后服务顾问介绍给客户等情况。他人介绍,又称第三方介绍,是经第三者为彼此不认识的双方引荐、介绍的一种方式。他人介绍,通常都是双向的,即让被介绍的双方互相认识;有时也进行单向的他人介绍,只将其中某一方介绍给另一方。

介绍他人时,一定要掌握介绍的先后顺序,注意介绍时表达的细节,避免勉强的进行介绍。介绍他人的注意要点如图2-32所示。

六 交换名片礼仪

名片可以让客户了解你的基本信息,知道你的联系方式的重要社交工具,名片能让客户在有购买车辆的想法时,及时的与你取得联系,创造合作机会。正确的掌握交换名片的礼

介绍他人

- 介绍他人时应本着“尊者优先了解情况”的原则，将男士介绍给女士，将年幼者介绍给年长者，将职位低者介绍给职位高者；
- 介绍时应面带微笑，态度热情友好，语音清晰明快；
- 介绍别人时应站立，语言简单。

图 2-32　介绍他人礼仪规范

仪，能让客户乐于接受你的名片。

名片通常包括两个方面的内容，一是表明个人所在的公司单位，以及公司的地址等信息；二是表明个人的职务、姓名、联系方式等信息。尽可能让更多的人接受你的名片，才能尽可能多地创造商机。

1 名片递送礼仪

名片不使用时，应该良好的保存，避免折皱、破损、脏污，原则上应放在专门的名片夹里。汽车销售顾问递送名片时，要注意操作细节，递送名片规范如图 2-33 所示。

递送名片

- 名片需按汽车销售公司规定要求设计；
- 名片应保持整洁、平展，无污渍、破损；
- 名片要随身携带，放在上衣内侧口袋内，数量适当，不要使制服变形；
- 递名片时要起身，双手持名片上角，文字朝向对方，上身微微前倾；
- 要先于客户递出名片，同时要报出自己的姓名及职务；
- 递名片的顺序：先客后主、先高后低、先近后远

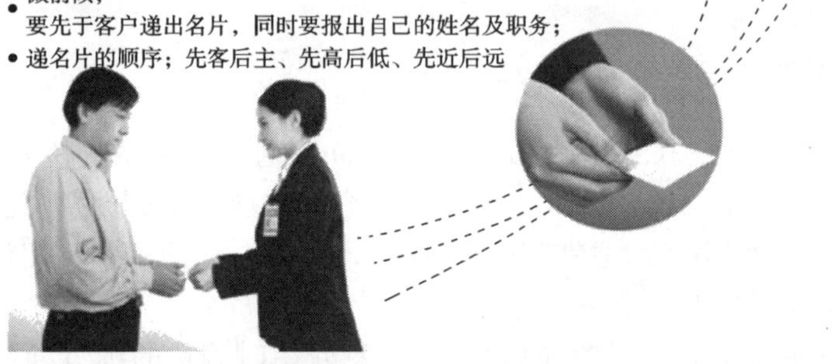

图 2-33　递送名片礼仪规范

递送名片时，可以说“请多指教”，“多多关照”，“有需要常联系”等，或者可以做自我介绍。

递送名片的注意事项：不可左手递名片；不可名片背面朝上或名片颠倒着面对客户；名片不可举得高于胸部；不可以手指夹着名片给对方。

2 接受名片礼仪

接受他人的名片的正确做法如下。

(1)起身站立,面含微笑,目视对方。

(2)双手捧接,或以右手接过。

(3)如果同时交换名片时,可以右手递名片,左手接名片。

(4)接过名片后,从头到尾认真默读一遍,意在表示重视对方;然后放入自己名片夹上端。

(5)接受他人名片时,应使用谦敬语,如“请您多关照”、“请您多指教”等。

3 索要名片

许多时候客户遗忘或者没有特意留下名片,我们便失去一个获得客户信息的方法,所以销售顾问需要及时的提醒客户或者向客户索要名片。索要名片要注意时机与方法,否则会显得勉强,给客户留下不好的印象。

索要名片的合适时机为递送名片后或者客户离开展厅前;接名片时使用双手,读出对方的称呼,遇到不认识的字时谦虚的请教对方,切忌猜字;将对方的名片恭敬的存放于名片夹内,不得在手中把玩或随意弃置。

常用的索要名片的话术:“可以有幸与您交换一下名片吗”,“您可以留下名片,以便与您及时取得联系吗”,“还不知道您的联系方法,以后有优惠活动好及时通知您”等。

七 引导礼仪

在公司销售展厅、办公场所,接待客人、洽谈业务时,有许多场合需要使用引导礼仪,比如引导客户到休息区、洽谈区,引导客户看精品备件等。掌握了解引导礼仪,会使自身的工作变得更加自如顺利,客户也会产生宾至如归的感觉。

1 引导客户注意要点

引导前一定要向客户说明引导的意愿,并征得客户的同意。为客户指引方向或向客户介绍什么东西的时候,手臂应自然伸出、手心向上、四指并拢。出手的位置根据与客户的相对位置而定,即使用与客户距离远的那条手臂。各种情况下引导客户要注意的一些要点如图 2-34 所示。

2 引导客户时走路的规则

(1)如果时间比较紧急,可快步行走,注意与客户之间的距离,切忌跑步。

(2)两人并行以右为上,三人并行中间为上;如果接待众多客户,保持在客户左前方,引导客户通过门时,应先敲门确定是否有人。

(3)引导客户乘坐电梯时,应先进入电梯,按住开门的按钮,等客户安全进入。

引导客户

- 引导客户参观展车时应以客户的兴趣点为中心展开，不宜生硬的使用六方位介绍法；
- 引导客户入座时，为客户轻轻拉开椅子，用手指示客户入座，遵照女士优先、长者优先的原则；
- 销售人员以坐在客户右侧为宜；
- 上下楼梯靠右单行行走，不可多人并排行进；
- 上楼梯时，客户在前，要提示客户到达楼层后左右转的方向；下楼梯时，客户在后，要提示客户注意脚下；
- 进入办公室时，应先为客户打开办公室门，开门时注意门　手的方向，使用与门把手同方向的手为客户开门，忌反手开门。

图 2-34　引导礼仪注意要点

(4)引导客户进入展车内参观时，先走在客户斜前方，为客户拉开车门，开门时应站在不妨碍客户上下车的位置。

八 递送饮料的礼仪

在汽车销售过程中，给客户递送饮料可以增加客户在店里的时间，增加销售成功的机会。常见的饮料递送礼仪要求如下。

(1)首先告知客户可选择的饮料品种，并询问客户的需求。

(2)饮料不宜装的太满，使用托盘递送饮料时，托盘高度以胸前为宜，手指不要碰到杯沿。

(3)客户众多时，应按逆时针方向将饮料放于客户右手边。

(4)随时注意客户饮料是否需要添加，但不要在交谈的关键时刻起立添加饮料。

九 馈赠礼品礼仪

1 选择礼品

以选择具有宣传性、纪念性、独特性、时尚性、便携性的礼品为宜。切忌选大额现金或粗制滥造、过季产品、药物、法律物品、有违他人习俗禁忌物品、广告用品等。

2 赠送礼品

具体时机为节假日、对方重要纪念日、节庆日；具体时间，作为新客户在见面之初，作为老客户在定期回访，作为新购车客户可在交车送别的时候。

3 赠送地点

公务交往在公众场合，如办公室、展厅、公司、会客厅等；谈判之余与商务交往之外的私人交往，在私人居所或约定的其他地点。

4 赠送方式

加以包装、适当说明，能亲自赠送的，亲自交到客户手上，重要的礼物可以由在场职位最高者亲自送出。

5 接受礼品

接受礼品时应落落大方，条件允许的情况下当面拆开包装，打开后加以欣赏、致谢。如果拒绝礼品时，要真诚的说明原因，如身份不允许、单位规定等，并且要致谢、致歉，态度要友好。

6 常见礼品

文具（书、邮册、纪念杂志、笔），食品（酒类、特色食品、茶叶），艺术品，鲜花等。

十 送别礼仪

一次愉快而友好的接待会给客户留下深刻美好的印象，但是如果送别客户时草草结束，那么我们之前的努力都会大打折扣，所以送别客户的礼仪我们也必须要注意。

送别礼仪的注意要点如下。

（1）当客户表达将要离去的意思时，主动起身，与客户握手致意，感谢客户光临，并欢迎客户再次来店。

（2）提醒客户不要遗忘物品，给客户提供车辆资料及其他纪念品。

（3）如果此时还没有客户名片，参照索要名片礼仪，向客户索要名片或联系方式。

（4）送客户至展厅外，如客户开车前来，要送客户到车前，告知客户离去的路线，提醒客户路上开车注意安全。

（5）微笑，挥手送别，直至客户从视线中消失（图2-35）。

图2-35　送别客户礼仪规范

与客户接触的每一步，对每一个销售顾问来说都是成功的关键因素，我们只有在工作中提高个人素质，将礼仪融入整个销售过程中，才能最大限度的取得客户的信任，才能取得最终销售的成功。这些都需要我们不断监督提醒自己，不断的训练，才能在真正的工作中运用得体、收放自如。

知识拓展：常用语言

①请；②对不起；③麻烦您；④劳驾；⑤打扰了；⑥好的；⑦是；⑧清楚；⑨您；⑩×先生或小姐；⑪×经理或主任；⑫贵公司；⑬××的父亲或母亲（称他人父母）；⑭您好；⑮欢迎；⑯请问；⑰哪一位；⑱请稍等（候）；⑲抱歉；⑳没关系；㉑不客气；㉒见到您（你）很高兴；㉓请指教；㉔、有劳您了；㉕请多关照；㉖拜托；㉗非常感谢（谢谢）；㉘再见（再会）；㉙欢迎下次光临等。

第四节　汽车销售拜访礼仪

作为一名汽车销售顾问，需要保持与客户之间的长期联系，更好地服务客户，所以会因各类公务上门拜访客户。因此，上门拜访的礼节、礼仪也是十分重要的。通过拜访，人们可以交流信息、统一意见、发展感情，不能只在有求于人的时候才想到拜访。

下面我们通过两个案例来讨论一下拜访礼仪有哪些步骤。

【案例1】

王小姐在A公司市场部工作，她准备去拜访B公司的市场部经理胡先生。王小姐事先预约的时间是本周三下午三点。事先王小姐准备好了有关的资料、名片，并对B公司及胡先生进行了了解。拜访前，王小姐对自己的仪容、仪表进行了精心、得体的修饰。到了周三，王小姐提前五分钟到达要拜访的B公司。在与胡先生的交谈过程中，王小姐简明扼要地表达了拜访的来意，交谈中能始终紧扣主题，给胡先生留下了很好的印象，最终促成了合作。

讨论：请问王小姐在拜访B公司胡经理时，在哪些方面做得比较成功，从而最终促成与B公司的合作？

【案例2】

小金是一位刚大学毕业分配到A公司的新业务员，今天准备去拜访B公司的王经理。由于事前没有王经理的电话，所以小金没有进行预约就直接去了王经理的公司。小金刚进A公司还没有公司制服，所以他选择了休闲运动打扮。到达王经理办公室时，刚好王经理正在接电话，就示意让他在沙发上坐下等。小金便往沙发上一靠，跷起二郎腿，一边吸烟一边悠闲地环视着王经理的办公室。在等待的时间里不时地看表，不时地从沙发上站起来在办公室里走来走去，还随手翻了下放在茶几上的一些资料。

讨论：请问小金在这次拜访中成功的几率高吗？如果不高，请你指出他失礼的地方？

通过以上两个案例的分析，我们可以了解汽车销售拜访客户的一般步骤如下。

（1）事先约定时间。

(2)做好准备工作。
(3)出发前至目的地路途中。
(4)进入室内。
(5)与拜访对象会面。
(6)与拜访对象商谈。
(7)告辞。

一 上门拜访前

在进行客户拜访之间,我们不妨试问自己几个问题:拜访客户的最佳时间是什么?我们可以解决客户的哪些问题?客户需要的是什么?客户具有准备购买车辆的条件吗?在拜访的各个阶段应该怎么做?可以使用哪些辅助工具,携带哪些资料?客户可能的异议是什么?带着这些问题,我们就可以做好拜访前的充分准备。

1 约定时间和地点

我们在拜访前应该事先说明拜访的目的,征得客户的同意,并约定拜访的时间和地点。切忌在客户刚上班、快下班、异常繁忙、正在开重要会议时去拜访,也不要在客户休息和用餐时间去拜访。

2 做好准备工作

(1)阅读拜访对象的个人和公司资料,挑选准备拜访时可能用到的资料。
(2)认真准备自身的穿着与仪容,大方、得体、稳重,显得准备充分。
(3)检查各项携带物品是否齐备:名片、记录本、公司产品资料、公司最新活动资料、赠送的礼品等。
(4)明确拜访目的、谈话主题,理清思路和话语。

3 出发前

(1)出发前最好与客户电话沟通确认一下,以防临时发生变化。
(2)选好交通路线、计算好出发时间及路途时间。
(3)确保比约定时间提前5~10分钟到达。

4 客户门前

(1)再次整理服装、仪容以及所需要的资料。
(2)再次理清思路,稳定情绪,放松愉悦心情。
(3)如果提前到达,不要在被访公司里溜达,不要私自进入他人办公场所。

5 常见礼仪用语

上门拜访时的常见礼仪用语有:“您好,我是×××公司的销售顾问×××。×先生(女

士)，您好！明天下午我想来拜访您一下，给您送一些我们公司最新的资料。请问您明天下午方便吗"，"您好，×先生(女士)，打扰了。感谢您抽出时间与我见面"。

二 上门拜访时

经过精心的准备，我们实施拜访的时候就更要注意礼仪的细节，否则我们之前的准备会前功尽弃，而且还会给客户留下不好的印象，有损个人及公司品牌形象。

1 进入室内

(1)面带微笑，向前台接待人员说明身份、拜访对象和目的。

(2)从容地等待前台接待人员将自己引到会客室或受访者的办公室。

(3)如果是雨天，不要将雨具带入办公室。

(4)在会客室等候时，不要看无关的资料或在自己的纸上画图，前台接待人员端上茶水时，要表示谢意。

(5)等候超过一刻钟，可向前台接待人员询问有关情况。

(6)如受访者实在脱不开身，则留下自己的名片和相关资料，请前台接待人员转交。

2 见到拜访对象

(1)如拜访对象即客户的办公室关着门，应先敲门，用食指敲门，力度适中，间隔有序的敲三下，听到"请进"后再进入。

(2)客户没有让座，不宜随便坐下。

(3)按照礼仪规范问候、握手，然后交换名片。

(4)如果客户没有吸烟，自己也不能吸烟，要尽量克制。

(5)客户请人奉上茶水时，应表示谢意，双手接过。

(6)如果是重要客户，手机调整为静音或关机，以示尊敬。

3 会谈

会谈时，注意称呼，思路要清晰，主题要明确，不忘礼貌用语，客户有异议时，不要争论，先听客户说完。注意遣词用字、语速、语气、语调。时刻注意观察客户的表情、状态。会谈过程中，如果没有急事，不接打电话。

三 拜访结束

要适当掌握拜访的时间，太早或太晚都会显得失礼，应根据对方的反应和态度来确定告辞的时间和时机。说完告辞就应该起身离开座位，不要久说久坐不走。起身告辞时，要表示"打扰"的歉意，以及感谢对方的接待，主动握手告辞。如果办公室的门本来是关闭的，出门后应轻轻把门关上。客户要相送，应礼貌地请客户留步。

第五节　电话接待服务礼仪

汽车销售工作过程中，许多工作上的沟通，与客户之间的联系都是通过电话进行的，在电话中，你和客户都无法看到对方，只能从对方的声音、谈话速度及谈话内容来了解对方的状况，通电话的内容可以决定留住客户或是流失客户，因此，拨打电话和接听电话都是销售顾问职责的重要部分，也是最困难的沟通方式。要时刻铭记自己的每一句话都代表销售顾问在客户心中的形象，代表公司的形象，还代表汽车品牌的形象，电话应答时保持良好的状态，尽可能给对方好感(图2-36)。

汽车销售顾问在接听电话时，要在声音中融入笑容。通话的人虽然看不到你本人，但是他一定会注意你的声音。你的态度应该是礼貌的；声音是适中的、清晰的、柔和的；注意力是集中的。假如你的声音好听，你试一试带着微笑说话，你会发觉，虽然对方看不到你的微笑，但他能够感觉到你快乐而和煦的心情。

图2-36　电话礼仪规范

为了更好地完成客户的电话接待礼仪服务，我们需要掌握的基本的电话礼仪如下。

(1)声音明快，音量适中，语调热情、亲切、诚恳，语气平和，态度不卑不亢，语速适中，尽量配合对方的语速。

(2)打电话时，身体坐直，调整呼吸，使声音顺畅，不可趴在桌上。

(3)通话中保持微笑、不能吃零食、不吸烟、不喝茶、不嚼口香糖。

(4)通话言简意赅，口齿清晰，表达完整。

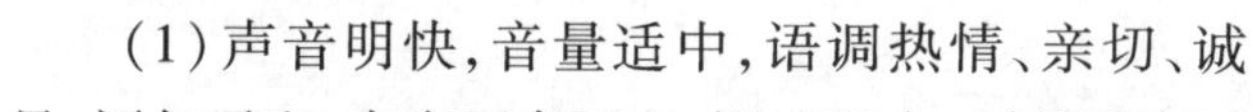

(5)对于解决不了、自己不清楚的问题，不要简单的回答不知道，需要向客户说明，并表示自己稍后会给客户答复。

(6)当通话中有客户来店时，原则上以来店客户为主，向通话对方说明情况，征得同意后挂断电话，如果遇到重要电话不能挂断时，需向来店的客户说明情况，请他稍候，然后继续通话。

(7)通话结束后，需确认对方已挂断电话后再挂机，要轻放话筒。

接打电话时牢记电话记录5W2H原则，对我们准确的收集信息有很大的帮助。When，何时；Who，何人来电；Where，事件地点；What，何事；Why，什么原因；How，怎么做；How much，费用多少。

 一 接听电话的基本礼仪

接听电话的四个基本原则：电话铃响在三声之内接起，第一声最好不要接；告知对方自己的姓名、公司、职务；电话旁边准备好笔和纸进行记录；确认记录下的时间、地点、对象和事

项等重要信息。

常见的汽车销售顾问接听电话礼仪标准如下。

(1)铃响一声以后,三声之内接起电话,如三声之内未能接起电话,需向对方表示歉意,如"不好意思,让您久等了!"

(2)电话接通后要说:"您好,×××××汽车4S店,我是销售部销售顾问×××。"

(3)通过过程中不得长时间沉默,对方会认为你没在听或者没兴趣。

(4)电话内容应记录,要求完整、简洁,记录要点包括时间、地点、任务、事件等。

(5)如果环境嘈杂听不清对方的声音需如实说明,请对方重复或留下联系方式,换个环境联系对方。

(6)如果需要对方等待时要说明情况,征得对方同意。

(7)转接电话时应了解客户需求,以免转接错误引起客户的不满,可能的情况下问清对方姓名、身份等并记录。

(8)当对方找的人不在时,要向客户说明:"请问您可以留言吗?我帮您转达。"对方留言需清晰记录;未征得同意,不得将同事的电话、行踪及联系方式提供给对方。

(9)电话结束前,要总结本次通话的重点内容,与对方确认。

(10)如果遇到对方喋喋不休,迟迟不能挂断电话时,不可直接催促对方挂机或自己首先挂机,要婉转地告诉对方"您的事情我记下了,还有其他需要帮忙的吗?""那就不占用您的宝贵时间了。"然后等待对方挂机后再挂断电话。

(11)不要使用免提接听电话。

(12)遇到打错电话时,态度要和蔼,提醒对方"对不起,您打错电话了,这里是×××××汽车4S店"。

二 拨打电话的基本礼仪

定期与客户保持电话联系,对新客户的跟踪,对老客户的回访,都是每一个汽车销售顾问的日常工作,拨打电话时也有很多需要注意的地方。

(1)事先准备好腹稿,并准备好电话记录表。

(2)打电话时尽量使用短句,句子间要停顿。

(3)打电话时要先报自己的单位、职务与姓名,说明打电话的目的。

(4)通话时尽量选择安静的环境,同时考虑不影响同事的工作。

(5)尽量拨打对方座机电话,联系不上时再拨打移动电话。

(6)选择合适的时间与对方通话,避开繁忙时间、休息时间等。

(7)通话时间最好控制在3分钟以内,如过确认需要较长时间通话,要先询问对方是否方便。

(8)当拨错电话时要主动表示歉意。

(9)如果对方不在,而事情不重要或不保密时,可请代接电话者转告。如果不方便转告的,可把自己的联系方式留下,请对方回电话,并感谢对方或代接电话者,有礼貌地说"再见"。

三 手机接听电话礼仪

很多时候，客户会通过各种方式得到销售顾问的手机号码，会直接通过手机与销售顾问取得联系，所以我们使用手机接听客户电话时，同样要注意礼仪。

(1)手机应放置在合适的位置，保持畅通，方便接听，不炫耀。

(2)不使用怪异的铃声，如果手机随身携带，最好调整到震动模式，以不漏接电话为原则，避免在接待客户的过程中被打扰。

(3)在与客户交谈过程中原则上不接听电话，遇到必须接听电话时，应向客户说明情况，并表示歉意，然后接听电话。

(4)展厅内接听手机时，说话声音要轻，内容要简短，不要影响其他同事的工作，并注意内容的私密性，接打手机时不要不停走动。

(5)会议中关闭电话铃声，原则上不接听电话。

四 接听电话的8个步骤

汽车销售顾问常用的接听电话的8个基本步骤及主要表达方式见表2-3。

汽车销售顾问接听电话的8个步骤及主要表达方式 表2-3

接听电话步骤	主要表达方式
(1)铃声响起时接听电话。 • 铃声响起1声后，3声内接听电话； • 准备好纸笔在手边	
(2)报上公司名称、你的姓名及职务。 • 清楚且有礼貌地表达	• 您好，这里是×××4S店，销售部销售顾问×××
(3)确认客户的身份。 • 如果有需要，请客户重复姓名； • 如果客户未表明身份，则询问客户	• 请问您是×××先生/小姐吗？ • 抱歉，请问您怎么称呼？
(4)与对方简短地问候。 • 使用寒暄用语	• 早上好/下午好！ • 您的车辆使用的还好吗？
(5)询问对方来电目的，并记下来电要点。 • 确认要点； • 倾听技巧	• 好的。 • 我记下了，您继续说
(6)重复要点(内容)。 • 确定正确无误； • 确定客户要找的人； • 重复名字(注意尊称)及部门，并将电话转给当事人	• 对不起，您方便再重复一次吗？ • 您是要找×××部门的×××吗？请稍候，我现在就帮您转接。 • 您好，现在再确认一下您刚才说的要求好吗？

续上表

接听电话步骤	主要表达方式
(7)挂断前,再次彼此问候。 • 衷心问候; • 将电话转接给别人; • 按保留键; • 转接电话时应注意礼貌态度	• 谢谢您的来电! • 如果您还有什么疑问,请您随时来电! • 您请稍候。 • 有位×××先生找您
(8)挂断电话。 • 确定客户先挂断电话,然后再挂电话(挂电话时轻放话筒)	• 等待对方放下电话后,再将话筒轻轻放回电话机上

五 拨打电话的8个步骤

汽车销售顾问常用的拨打电话的8个基本步骤及主要表达方式见表2-4。

汽车销售顾问拨打电话的8个步骤及主要表达方式　　表2-4

拨打电话步骤	主要表达方式
(1)准备资料。 • 准备好有关资料,记录本、笔等; • 安排好说话内容和顺序; • 外界的杂音或私语不能传入电话内	
(2)报上公司的名称和自己的姓名、职务。 • 清楚且有礼貌的表达	• 您好,这里是×××4S店,我是销售顾问×××
(3)问候对方。 • 音量适度,不要过高,态度真诚	• 早上好! • 下午好!
(4)确认电话对象。 • 确认对方身份; • 适当的请求方式,注意尊称; • 简洁的表达方式; • 如果与要找的人接通电话后,应重新问候对方	• 请问×××在吗? • 麻烦您请帮忙找×××。 • 请问您是×××吗? • 您好,请问您现在方便谈话吗? • 方便耽误您××分钟的时间吗?
(5)说明来电目的。 • 说明来电的事项,使用清楚简洁的表达; • 在讨论到重点时应格外有礼; • 当你要找的人不在,你要稍候再拨时,礼貌地表达; • 当你要留言时,礼貌地询问并请对方转达; • 当你希望对方给你回电话时,礼貌地询问; • 如果对方在忙线中,礼貌地询问时间; • 其他服务	• 您好,我今天给您来电是为了×××。 • 您看这样行不行? • 谢谢您,我稍后再拨。 • 请问您方便帮我留言给×××吗? • 方便您请×××回电吗? • 我可以在线等吗? • 您好,×××大概什么时候有时间,谢谢

续上表

拨打电话步骤	主要表达方式
(6)确定对方知道你所谈的事项。 • 表达要让对方容易理解; • 讲完后确认对方是否明白你的意思	• 不知道您是否已经了解了我的意思? • 我刚才说的,您能接受吗? • 您看您还有什么问题需要我们来解决?
(7)挂断前,再次问候客户。 • 结束时向对方表明诚意的道谢; • 用简单的语言对你给客户的打扰表示歉意	• 很抱歉,占用了您几分钟的时间。 • 非常感谢您,×××先生/小姐,如果您有任何疑问,欢迎随时致电与我们联络。 • 祝您工作愉快!
(8)挂断电话。 • 确定客户先挂断电话,然后再挂电话(挂电话时轻放话筒)	• 等待对方放下电话后,再将话筒轻轻放回电话机上

六 代接电话技巧

工作中常常会因为工作,代替同事接客户的电话,这个时候我们需要以公司主人翁的身份处理得当。代接电话的技巧见表2-5。

代接电话的技巧　　表2-5

代接电话		主要表达方式
(1)当对方要找的人在忙线中	• 如果他看起来快要通话结束	• 请稍候,为您转接×××
	• 如果他看起来还需要一点时间(超过30秒)	• 抱歉,他现在还在电话中。是否需要请他给您回电?
(2)当对方要找的人外出	• 如果你知道他何时回来	• 抱歉,他现在外出了。大概会在×××点回来
	• 询问客户的来电目的,以及是否需要留言	• 方便帮您转达留言吗?
(3)当对方要找的人不在座位上	• 告知客户那个人不在座位上的原因,并告诉客户等他回来时,会请他回电	• 抱歉,他现在不在座位上。是否需要请他给您回电?
(4)对方要找的人在接待客户或在开会	• 告知客户他无法接听的原因,并告诉客户等他会来时,会请他回电	• 抱歉,他现在正在开会,要过一会么才回来,是否需要请他给您回电?(留电话)
(5)询问客户是否要找其他人	• 询问客户是否要和服务经理或其他负责的人通话	• 请问您是否需要我帮您转接其他人?

续上表

<table>
<tr><th colspan="2">代 接 电 话</th><th>主要表达方式</th></tr>
<tr><td rowspan="2">(6)如果需要时间才能回复客户的要求</td><td>• 当客户的问题必须找出文件或其他数据时</td><td>• 请稍候,我先去与相关人员确认、核实</td></tr>
<tr><td>• 当需要让客户等候时</td><td>• 对不起,可能需要一点时间,我可以稍后给您回电吗?</td></tr>
<tr><td>(7)当客户提出抱怨</td><td>• 向客户道歉</td><td>• ×××先生/小姐,对于您刚才提出的问题,给您带来的不便,我们深感抱歉</td></tr>
<tr><td>(8)当客户突然断线</td><td>• 立刻回拨给客户,并向客户道歉</td><td>• 抱歉,刚刚突然断线,您刚才说×××</td></tr>
</table>

七 代为留言的技巧

当我们代接电话时,客户需要找的人不在或抽不开身时,我们需要详细记录下客户完整的信息,确保无误的转交给同事。代为留言的技巧见表2-6。

代为留言的技巧　　表2-6

<table>
<tr><th colspan="2">代为留言/转交的技巧</th><th>主要表达方式</th></tr>
<tr><td rowspan="2">(1)运用5W2H方式记录下所有详细要点</td><td>• 尽量记录下完整的信息</td><td>• 客户的名字、公司的名称、电话号码、来电内容;来电时间、你的名字</td></tr>
<tr><td>• 记得重复信息,以确认内容无误</td><td>• 先再确认一下您的留言,××××××,您看还有什么问题吗?</td></tr>
<tr><td rowspan="3">(2)告诉留言对象该怎么做</td><td>• 告诉客户你的名字</td><td>• 好的,我了解了。我是销售顾问×××,感谢您的来电</td></tr>
<tr><td>• 即便客户未留言,仍然要告诉客户要找的人有人来电找他</td><td>• 我接到×××先生/小姐的电话找您,不过他没有留言</td></tr>
<tr><td>• 确定信息已经转交到留言对象的手上</td><td>• 您有看到我之前给您的留言吗?</td></tr>
</table>

八 其他商务通讯礼仪

1 商务信函

向客户发送商务信函时,主题要明确,内容简洁明了,措辞得当,语言流畅,避免语法错误和错别字;邮寄时使用规范信封进行邮寄,信封尽量手写,表示尊重。

2 电子邮件

向客户发送电子邮件时,邮件内容健康,不要滥发电子邮件;主题要明确,内容清晰完整、文字通顺;邮件落款一定要有品牌及公司名称;邮件发送后应立即电话或短信通知对方查收;对于收到的邮件应及时回复。

3 短信礼仪

短信应力求简洁,表达清晰完整,语言通畅;短信落款一定要注名短信发送人的名称和公司名称;短信内容要健康;重要短信注明请对方回复字样。

4 传真

传真要用专线,尽量不用分机,提供给别人的传真号码真实、准确;有专人管理或设置成自动接收状态;如为自动接收,等待铃音不要过长,以3声为宜;公司应设置固定传真格式,要有问候语和结束语;注意传真的保密性;收到传真后应及时通知对方。

第六节 客户接待

前几节内容我们已经详细学习了汽车销售服务过程中涉及的各种礼仪,这是汽车销售的成功的必要条件,有礼有节的销售过程才能使客户满意,才能与客户建立长期的信任关系。汽车销售礼仪是需要我们在日常生活、学习、工作中经常运用的,这样才能化文字为自然的肢体语言、表达方式,我们的个人素质也会得到较大的提升。这一节内容我们模拟销售过程,进行客户接待的礼仪训练。

1 进行客户接待礼仪训练的目的

从总体上了解客户接待的内容,了解实际销售工作中可能遇到的问题,总结提高所学的知识,让学生模拟汽车销售中的客户接待流程,训练学生从客户进门、洽谈业务到送客整个流程的礼仪举止。使学生通过角色的演练,熟练掌握规范的基本礼仪的动作和语言,并使学生的礼仪和接待技巧以及应变能力都得到很大的提高。

2 场地设备准备

(1)场地:汽车专业实训大楼(尽量选择新车停放场地)。

(2)车辆:丰田卡罗拉汽车(可根据实际情况选择其他车辆)。

(3)其他设备:洽谈桌椅一套,扩音器两台。

3 情节设定(表2-7)

情节设定　　表2-7

客户类别	电话预约,自由来店(首次来店)
时间	某工作日下午2点
地点	丰田汽车4S店销售展厅
来店方式	驾驶私家车来店
来店人员	夫妻二人
展示车辆	客户关注车辆在展厅内
购买意向	想预定一辆,预计两个月后购买

4 客户背景及对应要求(表2-8)

客户背景及对应要求 表2-8

关键点			详细信息
相关信息	客户信息	①姓名、年龄、驾龄	张先生(33岁、有驾照),张女士(30岁、有驾照)
		②职业	张先生为某贸易公司总经理;张女士目前为全职家庭主妇
		③兴趣	旅游;健身;购物等
	来店时心情	已经看过竞争车型的相关信息,休息日来4S店实地看一下。想拿一些车辆资料以便作进一步的考虑	
	保有车辆	①车型、购入年限	雪铁龙爱丽舍汽车,3年前购入
		②主要使用者及用途	主要是张先生上下班代步使用
客户的想法	关于新车	①购车经验	二次购车,主要是想为张女士选购一款车
		②主要使用者、用途	张女士本人作为日常使用
		③客户本人对新车的期待	重视操控及日常使用的简易度、综合性价比; 希望车辆外观漂亮、体面
		④购车预算	15万元左右
		⑤其他的关注要点	油耗、安全; 希望一旦决定购买后,立即能开上新车
	关于竞争车型	①最近看过的车型	本田的思域
		②客户认为思域	外观漂亮、时尚; 车辆性能优良
客户表现	客户进入经销店后,走向丰田卡罗拉汽车,并对该车表现出一定程度的关心		
客户对应要求	• 客户应严格按照脚本推进,对于所要求提问的问题,一定要进行提问。 • 回答销售顾问的问题时,客户应该严格按照客户背景信息进行回答。(对于销售顾问提问以外的内容不进行赘述) • 请进行事前练习,以能够熟练对应。 • 对于与客户背景信息中无关的提问,应尽早结束谈话。 • 对于销售顾问的过于生硬的提问,可以选择不完全回答或拒绝回答		

5 销售顾问的任务

(1)从客户来店,到门口迎接开始,到客户离开,送客户出门结束。销售顾问严格规范接待动作和接待礼仪,主动积极地应对客户,从让客户满意到让客户感动。

(2)接待来店客户,力求给客户留下良好印象,建立客户的信心,为销售服务奠定基础。

(3)对于客户的提问,进行清晰明了的回答,打消客户疑虑,为引导客户需求做好准备。

(4)根据客户的需求,给客户合适的建议。

(5)通过良好的沟通,争取客户能再次来店。

6 销售流程中的要求(表2-9)

销售流程中的要求　　表2-9

关键点		相关要求
客户应对	①个人仪容仪表及亲和力	服装容貌整洁； 活力充沛、精神饱满的良好第一印象
	②主动邀请客户进入车内体验	主动邀请客户进入展车内； 姿势正确，为客户开启车门
	③主动引导客户到商谈桌	主动引导客户到商谈桌入座； 姿势正确，为客户指示席位、拉扶座椅
	④礼仪	
	⑤寒暄	客户进入时，主动向客户打招呼； 声音洪亮、充满朝气
	⑥递交名片、自我介绍	第一时间向客户递交名片； 递交名片时姿势正确； 同时进行自我介绍、自报姓名
	⑦提供饮料	客户入座后、及时提供饮料； 询问客户所需的饮料种类
	⑧递交资料	资料正面面向客户；双手递送
	⑨手势、肢体动作正确	坐姿、走姿正确； 不用单指指点
	⑩是否使客户没有压力	在客户刚刚进入展厅时，不紧跟其后，使其能自由参观； 不直接进入产品推销，使客户精神上放松
	⑪约定客户的下次来店	主动约定客户的下次来店； 方式委婉、易于被客户接受
	⑫赢得客户的信赖	激发客户对于经销店以及销售顾问的信任感
需求分析	①客户个人信息获取	采用客户可接受的方式获取客户姓名、电话、兴趣、职业、家族构成等信息
	②主要使用者信息	采用客户可接受的方式获取使用人、主要用途、使用习惯等信息
	③对新车的关注点	采用客户可接受的方式获取客户对新购车型要求、关注点等信息
销售顾问对应要求	充分倾听客户感受；表现专业、热情、信赖，具有亲和力	

7 案例模拟

拓展案例:

1)客户进店(握手礼仪)

销售顾问×××站在门旁,张先生、张女士走向大门。销售顾问×××快步迎上(走姿),并为张先生、张女士打开大门(注意开门的要领,先将店门打开,请客户进入店内。如果经销店的门不是自动门,则用左手向展厅外方向拉开店门,请客户先进入展厅,并鞠躬示意)。“您们好!”(握手礼仪),“欢迎光临!”

2)传递名片(名片的使用)并向客户介绍自己(自我介绍礼仪)

销售顾问×××掏出名片给张先生、张女士,“您们好,我是这里的销售顾问×××,叫我小×好了。这是我的名片,请问女士和先生如何称呼?”

张先生自报家门。销售顾问×××问:“请问张先生可否赐我一张名片呢?”张先生递出名片后,销售顾问×××阅读他的名片,“是张××先生吗?请问有什么可以帮到您们吗?”

3)引导客户进展厅(引导客户的礼仪)

张先生:“我们想看看丰田卡罗拉汽车。”销售顾问×××引导张先生、张女士进入展厅时,走在张先生、张女士的斜前方,与张先生、张女士保持一致的步调,并用手势引导张先生、张女士到丰田卡罗拉汽车展示场地。“张女士、张先生,这就是丰田的卡罗拉汽车。”

4)引导客户参观展车(引导客户上下车的礼仪)

张先生、张女士绕着丰田卡罗拉汽车看。张女士:“还是思域漂亮,卡罗拉太普通了!”张先生:“先上车看看车内怎样。”

销售顾问×××:“没问题,您们请到车上感受一下,这样更能体味我们丰田汽车的特点。”随即为张先生、张女士打开车门(开车门礼仪)。

张女士坐进驾驶座后,销售顾问×××蹲在车门旁(蹲姿)。销售顾问×××:“请问张女士位置坐得舒服吗?需要调整座位吗?感觉很好吧?”

张女士:“感觉还可以,操控还可以,日常保养复杂吗?”

销售顾问×××:“张女士、张先生,要不我们到桌子上谈谈,我拿点儿资料给您们看看好吗?”

张先生:“好啊。”然后下车。销售顾问×××注意保护,并引导张先生、张女士到洽谈桌。

5)请客户就座(送茶点的礼仪)

销售顾问×××引导张先生、张女士就座,“张女士、张先生,我去给您们准备免费的饮料。我们这里有××、××、××,张女士您想喝点什么呢?张先生呢?”,“张女士要××,张先生要××,对吗?好的,请稍等”,“让您们久等了。张女士,这是您要的××,张先生,这是您要的××,请慢用。”(送茶点的礼仪)

销售顾问×××:“张女士、张先生,我可以坐这旁边吗?这样可以方便为您们介绍。”

(坐姿礼仪)

6)与客户寒暄(递送资料的礼仪)

销售顾问×××与张先生、张女士寒暄,递送丰田卡罗拉汽车的相关资料,并谈论张先生、张女士所关心的丰田卡罗拉汽车的情况。

销售顾问×××:“张先生、张女士看来对卡罗拉挺有兴趣的,我刚才看到您们自己开雪铁龙爱丽舍汽车过来的,准备再添置一辆车对吗?”

张先生:“对,想买一辆车给太太用。”

销售顾问×××:“呵呵,张先生真体贴。张女士一般会用车去什么地方?”

张女士:“我不用上班,买车就日常使用,只是在市区购物或者去健身。”

销售顾问×××:“哦,张先生、张女士,是打算添置一辆车给太太日常使用的,是不是这样?请问张先生、张女士,想买什么价位的车呢?”

张先生:“买十五万左右的吧,这价钱,也能买到舒适大方的车呢。”

销售顾问×××:“张先生对车挺了解的。我觉得您们刚才看的丰田卡罗拉汽车挺适合张女士的。”

张女士:“其他倒没什么,就是外形动感不如思域漂亮,思域的内饰更新颖、精致,相比之下,卡罗拉也太一般了!”

销售顾问×××:“张先生、张女士,请允许我花两三分钟时间向您们介绍一下丰田卡罗拉汽车,可以吗?”(具体介绍省略,后面章节具体学习)

销售顾问×××向客户递送丰田卡罗拉汽车的相关资料(递送资料的礼仪)。“张先生、张女士,这是丰田卡罗拉汽车的资料,请您们过目。”

张先生:“丰田车的性价比是不错,故障率低又省油安全。卡罗拉虽然没有惊艳的感觉,但很耐看,我看不错。”

张女士:“有没有现车?现在买什么时候能提车?”

销售顾问×××:“预定后,需要一个半月以后才能提车。”

张女士:“再看吧。”

7)约定客户下次来店,送客户出店(行注目礼的规范)

销售顾问×××:“张先生、张女士,我公司于本月××日进行丰田卡罗拉汽车试乘试驾会,真诚邀请您们参加。我可以请您们再来一趟吗?”

张女士站起来,张先生和销售顾问×××也随着站起来。张女士:“这个月××日吗?好,到时先来试试。”

销售顾问×××:“谢谢张先生、张女士光临我店,有需要可随时联系我,我随时恭候您们的再次光临。谢谢!”(行注目礼的礼仪)

第三章 确定客户的需求

Chapter

学习目标

通过本章的学习，你应能：

1. 叙述汽车销售服务过程中客户需求分析的目的和意义；
2. 知道客户在购买过程中的不同阶段会有怎样的需求；
3. 知道销售顾问在销售服务过程中需要得到客户哪些方面的需求，从而帮助客户选择合适的车辆；
4. 分析一般的客户类型以及对不同客户类型的应对方式；
5. 正确掌握确定客户需求过程中的提问与聆听的正确方式，通过有效的沟通技巧挖掘客户的需求；
6. 正确掌握需求分析的主要方法及实用话术。

汽车销售顾问在面对客户时，通常会假定客户购买汽车就是需要一个交通工具，其实，在客户需要交通工具的背后，还有许多更加重要而且实际的需求，这之中可能是身份的需要，可能是运输的需要，也可能就是以车代步的需要，更可能是圆梦，当然也有可能什么原因都没有，就是周围的人都购买了汽车，因此自己也想购买一辆。客户每一个不同的需求都会有不同的表现方式，这些表现方式就对应了一些非常有效的销售方式，因此，销售过程是基于客户需求而来的，正确的分析客户需求，能够大大提高销售的成功率以及销售过程的有效性。

第一节　客户需求分析概述

销售顾问了解自己所有的产品状况、装备配置情况和价格等，但是不一定了解客户需要

什么样的车辆以及哪些方面的服务。没有对客户需求的准确分析,销售顾问就不可能促成一笔双赢的成功交易。

一 客户需求的"冰山理论"

客户的需求常常不会表现得很明显,常常需要销售顾问引导和发掘,寻找客户深层次真正的需求,客户需求分为显性需求和隐性需求,这就是客户需求的"冰山理论"(图3-1)。客户的显性需求主要有价格、产品等,而隐性需求主要包括价值、感觉氛围、服务体验、感性因素等。

图3-1 客户需求像"冰山"一样

(1)客户的表面需求只有10%~15%。

(2)客户的需求不是一成不变的,也不是一时的,是长期的、变化的。

(3)客户的需求在销售顾问的影响区内,可以被销售顾问强化影响。

(4)销售过程中要无时无刻不判断客户的需求。

二 客户需求分析的意义和目的

1 客户需求分析的意义

客户需求分析对于汽车销售而言,是非常重要的一个环节。客户往往希望销售顾问能够根据他的需求,有针对性地进行服务以及产品说明,内心希望销售顾问能够明白他的需求,帮助他做出最合适的选择,所以销售顾问要善于通过沟通、引导、倾听、提问的方式让客户将自己真正的需求表达出来,以利于为客户推荐、介绍合适的产品作准备。可以说汽车销售的成败,决胜于客户的需求分析。

2 客户需求分析的目的

需求分析的目的是什么?需求分析就是要了解客户的需求,通过适当的沟通方式,让客户在"被尊重"的感觉下,主动的表达自身的需求。这样销售顾问就能够发现客户的需求,进而满足客户的需求,再而更重要的是强化客户的需求,让他的需求变得强烈起来,让他认为这个问题不能再拖了,一定要马上解决,而最好的解决办法就是帮他选择这个汽车产品。

总结客户需求分析的目的有以下五点。

(1)帮助客户寻找真实需求,并提供专业的解决方案。

(2)收集详细的客户信息,建立准确的客户档案。

(3)强化客户需求,促成销售的顺利达成。

(4)在客户心中建立专业、热忱的顾问形象。

(5)通过沟通,建立起与客户长期的融洽信任的关系。

二 需求分析的基本过程

1 客户需求的形成

客户从购买冲动的产生到车辆的购买,思想行为变化的过程,就是客户需求形成变化的过程(图 3-2)。

2 需求分析的过程

客户需求的分析过程是销售顾问与客户密切交流沟通的过程,交流沟通中发觉客户需求,并进行有效的记录,进而提供满足需求的解决方案。需求分析的基本过程如图 3-3 所示。

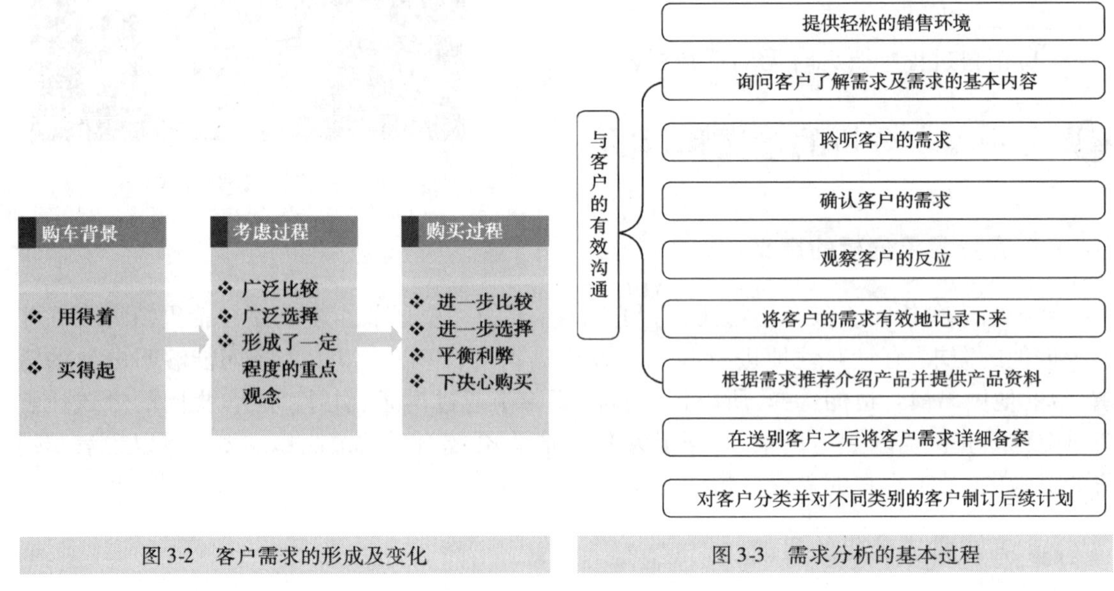

图 3-2 客户需求的形成及变化

图 3-3 需求分析的基本过程

第二节 客户需求分析的主要方法

我们先试着思考几个问题:一般的客户是否乐意告诉你他/她的需求?一般的客户是否乐意告诉你他/她的“真正”需求?一般的客户能否清晰地说明他们的需求?一般的客户是否非常清楚他/她自己的需求?

如果这些问题答案是否定的,或者我们确定不了答案,说明了我们获得客户的需求,分析客户的需求是需要技巧的,这一节我们就来探讨从哪些方面入手来分析客户的需求。

一 明确客户的购买动机

如果有人问你:“你为什么买手机?”你会如何回答呢?你通常会说:“因为我需要。”接着的问题是:“你需要它做什么?”你说:“我需要沟通方便,让朋友随时可以找到我,所以我需要。”进一步的问题是:“那你为什么要花费这么多?就为了沟通方便,让朋友随时可以找到你吗?”你说:“外形好看呀!”接着问下去:“你不是需要沟通方便吗?”你说:“当然需要沟通方便,但是,还有……”

你一定还有许多没有说出来的原因,比如,让你周围的人感到你很时尚,因为你的手机的铃声是立体声的,也或许因为你的手机是彩屏的;你可能还有携带方便的需求,所以需要小巧的;也许你还有更加不愿意说出来的原因,比如给女朋友一个惊喜等。

任何消费者在采购任何产品的时候都会出现这样的情况,那就是有一部分是他们清楚的原因,也有一部分是他们没有意识到,还有一部分是即使意识到了也不愿意承认的原因。前者我们称为显性动机,而后两者则是隐性动机。

什么是动机?动机是驱动人们行动的根本原因。在这里我们主要是通过了解客户采购汽车的本质原因来更加有效地赢得客户的订单。

正如人们购买手机会有多种不同的动机一样,购买汽车也有显性的动机,当然也会有隐性的动机。我们看一下这样两类动机是如何影响一个汽车消费者购买奥迪汽车的(图3-4)。

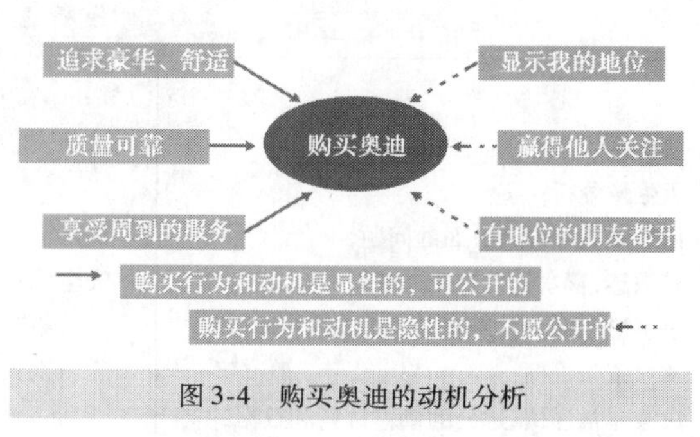

图3-4 购买奥迪的动机分析

作为一个购买汽车的客户,他的购买动机是多方面的:从身份性角度来说,客户需要表明自己的地位、实力;从享受性角度来说,客户需要舒适的乘驾体验、良好的视听享受、优雅的内饰环境;从可靠性角度来说,客户需要安全的性能、过硬的质量品质、较低的后续成本;从满足性的角度来说,客户需要强大的操纵性能、强劲的加速性能;从展示个性的角度来说,客户需要动感、时尚、年轻化、高素质的设计。除此之外,还有表明社会阶层、行业等各方面的购买动机,购买动机不是单一的,而是综合性的,我们要仔细辨别、准确把握。

客户产生购买行为,还有一个动机是重要的,也是销售顾问必须把握的,就是销售顾问与客户之间的关系。在与客户沟通交流,帮助客户选择决定的过程中,客户的情感会发生变化,由陌生变为喜欢,由喜欢变为信任,在信任的基础上产生购买行为,最后进一步形成更深层次的长期的朋友关系。

客户购买产品,在其他人看来,也许是不明智或者不合逻辑的,但是对客户来说都是有道理的,这些道理都是决定他购买车辆的原因,而客户在大多数情况下不愿意完全暴露自己的购买动机。

二 判断客户的类型

图 3-5　客户类型

客户根据其性格特点、行为习惯等可以大致划分为几个大致类别，充分了解客户，首先就是要了解客户的大致类型。一天一个销售顾问大约要接待 10～15 组客户，不可能对每一个客户都做到非常深入、透彻的了解，因此，我们通过两个方向来了解他们，一个是他们表达的意愿是间接表达还是直接表达，另外一个是他们的情感度是偏理性还是偏感性。通过这两个指标，就可以将所有的客户大致区分为四类（图 3-5）。

1 分析型客户的需求分析及应对（表 3-1）

分析型客户的需求分析及应对　　表 3-1

分析型客户		
特征： 天生爱分析； 问许多具体细节方面的问题； 较敏感，喜欢较大的个人空间； 事事追求完美； 喜欢条条框框； 决策非常谨慎，过分的依赖材料和数据； 工作起来很慢	需求： 安全感； 不希望有突然的改变； 希望别人重视	恐惧： 批评； 局面混乱； 没有条理； 新的做法和方法
销售策略： 1. 尊重他们对个人空间的需求； 2. 不要过于随便，公事公办； 3. 摆事实，并确保正确性，对方对信息的态度是多多益善； 4. 做好准备，放慢语速，鼓励他多动手； 5. 不要过于友好以防加强他的戒心； 6. 把精力放在事实上		

2 控制型客户需求分析及应对(表 3-2)

控制型客户的需求分析及应对　　表 3-2

控制型客户		
特征： 冷静、独立、以自我为中心； 发号施令、发表讲话； 不容忍错误； 不在乎别人的情绪、别人的意见； 喜欢控制局面，一切为了赢	需求： 直接回答问题； 大量的新想法； 了解事实	恐惧： 犯错误； 无结果； 不理睬
销售策略： 1. 充分的准备，用专业知识引导； 2. 准备一份计划书，并辅以背景资料； 3. 要强有力，但不要挑战他的权威地位； 4. 喜欢有锋芒的人，但同时也讨厌别人告诉他怎么做； 5. 从结果的角度谈，提出 2～3 个方案备选； 6. 解释你的建议是如何帮助他达到目标的		

3 友好型客户需求分析及应对(表 3-3)

友好型客户需求分析及应对　　表 3-3

友好型客户		
特征： 善于保持人际关系； 关心别人，喜欢与人打交道，待人热心； 不喜欢主动，喜欢停留在原地； 出色的听众，迟缓的决策者； 不喜欢与人闹矛盾； 耐心，帮激动的人冷静下来	需求： 安全感； 真诚的赞赏； 传统的方式和程序	恐惧： 失去安全感
销售策略： 1. 放慢语速，以友好的但非正式的方式交谈； 2. 提供个人帮助，建立个人之间的信任关系； 3. 从对方角度理解问题； 4. 讨论问题要涉及人的因素		

4 抒发型客户需求分析及应对(表3-4)

抒发型客户需求分析及应对　　表3-4

抒发型客户		
特征： 女性居多； 充满激情、有创造力、理想化、乐观； 喜欢参与、不喜欢孤独； 追求乐趣，乐于让别人开心	需求： 公众的认可； 民主的关系； 表达的自由； 有人帮助实现创意	恐惧： 失去大家认同； 不耐烦的态度
销售策略： 1. 表现出充满活力、精力充沛的性格特点； 2. 提出新的独特的观点； 3. 给他们时间说话； 4. 明确目的，讲话直率； 5. 以书面形式与其确认； 6. 要有心理准备，他们不一定说到做到		

每一类客户的特征，以及他们的需求倾向，担忧的事情，和针对他们的销售应对策略在以上几个表格中都已详细地表明了。衡量别人不如先衡量自己，所以，我们先从自己开始试验、理解这个分类。下面我们自己回答三个问题：

请先给自己一个判断，确定自己的类型？

请你思考如果你购买最贵重的物品时，你会如何思考决策？

请你思考你最讨厌销售人员怎样的销售方式？

小组练习：

进行小组互动，将你对于这三个问题的答案记录下来，交给其他成员，让他根据你的答案写出一个向你推荐产品的方案，再来对照上面四类客户的特点进行比较，最后交换，互相判断。

有很多客户并不是单一类型的，他们有混合的趋势。但是，所有混合的趋势实际上是后天形成的。后天形成的对他们购买时的决策影响是有限的，只有天生的类型倾向才会最终决定他们的购买决策。

三 获取客户信息

我们一直在谈论客户需求，那么我们如何准确获得客户的需求呢？客户很少情况下会直接清楚地告诉你他需要什么，我们只能抓住客户告诉我们，或者我们询问得到的客户的各方面的信息，从这些信息中寻找分析客户的需求。

哪些信息是我们需要，对我们销售有帮助的信息呢？

1 获取的目标信息

经过对众多客户需求的分析与总结,我们将我们需要得到的信息归纳为三类:购买车辆预算、角色信息、客户需求信息。

2 购买车辆预算

销售的三个要素中,购买力是购买行为的基础,客户没有购买力就谈不上销售过程。我们需要得到的客户购买预算的信息包括现在的支付能力、计划用于购车上多少钱、青睐的财务付款方式等。

3 角色信息

(1)群体客户的角色分析。我们面对的客户可能是一个人,也可能是一群人,我们要准确的从中判断,谁是购买行为的购买者,谁是决定者,谁是最终的使用者,而谁是对购买行为产生影响的人。如何分辨众多角色呢?用眼睛肯定不够,我们要寻找交流的机会,创造机会让每一位来访者表达自己的观点和期望,那么我们就能够从言谈中进行客户角色的有效判断。

(2)客户的个人信息。我们在进行需求分析之后,需要对客户建立详细的个人档案,收纳客户的个人信息,包括:姓名、地址、电话、驾龄、职业、兴趣、业余爱好、预期购买时间、购买车辆用途、家庭成员等信息,客户的个人信息要尽可能的详细,可以包括同行的朋友、同事以及家人信息。

(3)现用车辆信息。对于第二次购车的客户,我们应清楚的了解客户现有车辆以及对现有车辆的一些想法,对我们的销售具有很大的促进作用。我们需要收集的现用车辆信息包括:厂家、型号、车龄、里程、每年的行驶里程、喜欢的理由、不喜欢的理由、费用问题、车辆的事故情况等。

(4)计划购车信息。了解客户计划购买的车辆,以及购买后的使用方案,能够让我们更准确地帮客户选择车辆型号配置,提升我们的专业水准,使客户满意。计划购车信息包括:计划每年行驶里程、用途、参数选择、配置要求、颜色要求、购买时间等。

4 客户需求信息

在客户的分类里面,我们将客户的情感度分为偏感性和偏理性,所以我们客户的需求也可以划分为感性需求和理性需求。感性需求包括:品味、实力、地位、面子、时尚感受等情感因素;理性需求包括:产品质量、性能、安全性、舒适性等使用因素。

客户的购买行为的产生主要取决于事实,即客户前期的理性需求;但是客户在做购买决定的时候往往更青睐他们的感觉,即感性需求,特别是在中国市场,这是很普遍的现象。

以上这些客户需求的信息,都是我们在与客户沟通的过程中需要围绕的目标,我们要带着这些目标,有方向的引导或询问客户,让客户在被尊重的感觉下,主动告诉我们答案。

四 客户需求的应对

1 当客户表达需求时

(1)销售顾问在和客户面谈时,保持一定的身体距离,随时与客户保持眼神接触。

(2)销售顾问需要保持热情态度,使用开放式的问题进行提问,并主动引导,让客户畅所欲言。

(3)销售顾问必须适时使用刺探与封闭式的提问方式,引导客户正确表达他/她的需求。

(4)销售顾问可针对客户的同伴进行一些引导性的对谈话题。

(5)销售顾问需要留心倾听客户的讲话,了解客户真正的需求。

(6)在适当的时机作出正面的响应,并不时微笑、点头、不断鼓励客户发表意见。

(7)征得客户允许后,销售顾问应将谈话内容填写至自己的销售笔记本中。

(8)销售顾问必须随时引导客户针对车辆的需求提供正确想法和信息以供参考。

2 当确定客户需求时

(1)当客户表达的信息不清楚或模糊时,应进行澄清。

(2)当你无法回答客户所提出的问题时,保持冷静并切勿提供给客户不确定的信息,应请其他同事或主管协助。

(3)销售顾问应分析客户的不同需求状况,并充分解决及回复客户所提出问题。

(4)协助客户整理需求,适当地总结。

(5)协助客户总结他/她的需求,推荐可选购的车型。

(6)重要需求信息及时上报销售经理,请求协助。

五 客户需求分析的主要技巧

1 邀请客户坐下来沟通

为什么要坐下来沟通呢?让客户坐下来,可以增加客户停留在展厅的时间,可以营造轻松、舒适的谈话氛围,同时还能够为客户提供饮料茶水,进一步增加客户的满意度,这些都能够促进我们销售的成功。

如何让客户坐下来呢?初步交流之后,要观察客户的状态,客户有意继续交谈,就是邀请客户坐下来沟通的时机,可以向客户发出诚恳的邀请,“您看,要不去我们那边的沙发坐一下?我再给您详细地介绍一下。”

2 适时地夸奖称赞客户

赞美客户可以使他的虚荣心上升,给客户以好感,利于冲动购买,并能使客户停留在4S

店的时间增加，增大销售的成功几率。

赞美客户的要点是要有真诚的情感以及事实依据，赞美也要适度，过度赞美会显得虚情假意，赞美客户是建立客户信任的要诀。

如何赞美他人呢？我们要注意：赞美的主体要明确，应针对细节；实事求是，不可虚构；恰到好处，不要过度；态度真诚，不要虚假；角度独到，不落俗套；言辞简明，尽量以“我”字作为句子的开头；赞美是表明自己的看法。

小组练习：

(1)尝试赞美某一位同学。

(2)请双方分别谈谈赞美他人与被他人赞美之后的感受。

3 主动倾听的技巧

倾听是一种情感的活动，它不仅仅是耳朵能听到相应的声音，倾听还需要通过面部表情、肢体的语言表现，还要用语言来回应对方，传递给对方一种您很想听他说话的感觉，因此我们说倾听是一种情感活动。在倾听时，应该给客户充分的尊重、情感的关注和积极的回应。

如果你无法主动倾听客户的需求，就无法提供给客户满意的汽车产品。因此，主动倾听客户的需求是销售顾问极为重要的工作。

随时都从客户的观点出发，初步判断客户的需求状态。如此，你可以让客户感觉更自在，并赢得客户的信任。主动倾听，找出客户需求的六个要点，见表3-5。

倾听中找出客户需求的六个要点 表3-5

主动倾听的内容	语言范例
1. 专注的态度 身体微微前倾，保持和客户的眼神接触，表示你在专心地倾听客户的谈话，让客户放轻松，并让客户自然的表达	• 是的。 • 当然。 • 我们会尽量满足您的要求
2. 表现认同 赞同客户的观点，让客户放松，并可赢得客户的信任	• 是的，现在油价确实涨了不少，车辆的使用费用在增加。 • 我完全了解您的想法
3. 提出问题 理清思路，确认细节以清楚了解客户的想法和打算，获得客户信息	• 您可以说得更详细一点吗？ • 您主要想解决什么问题？ • 您平常用车是长途多一些还是市内多一些？ • 您对车辆配置有哪些想法？
4. 理清问题 抓住对方的主要观点，确认你对客户的理解是否正确	• 您是想了解这款车的安全性能，对吗？ • 您是想买一辆____～____万元的汽车对吗？ • 您平常车辆的用途主要是________，对吗？

续上表

主动倾听的内容	语言范例
5. 总结内容 总结客户谈话重点，并确认你和客户已取得共识	• 您目前对要买的车辆的主要需求是________。 • 您目前主要想了解的是________。 • 您的购车计划是________
6. 非语言沟通	• 保持微笑； • 点头示意； • 目光接触； • 专注自然的面部表情

当你在倾听客户谈话时，必须注意以下几点。

(1)将注意力集中在客户身上。

(2)了解客户的观点。

(3)不要只是主动倾听谈话内容，还要从客户的脸部表情和语调来了解客户需求。

(4)在此倾听阶段中，先不要评判客户需要购买车辆的需求。

(5)不要只听自己想听到的事。

分组练习：

互相扮演客户及销售顾问，客户叙述购买车辆的要求，销售顾问注意倾听，进行倾听技巧测验，倾听技巧评价表见表3-6。

倾听技巧评价表　　表3-6

评价准则			是	否	回馈意见
六项要点	态度专注	以姿势表示你专心倾听客户的谈话			
		让客户放轻松			
		让客户自然地表达			
	表现认同	赢得客户的信任			
	提出问题	确认细节			
		清楚地了解客户的想法和打算			
	清理问题	确认你对客户信息的理解是否正确			
	总结内容	总结客户谈话重点			
		确认你和客户达成共识			
	非语言沟通	点头示意			
		目光接触			
		专注自然的面部表情			
整体评论：					

4 提问的技巧

通过提问,能尽快找到客户想要的答案,了解客户的真正需求和想法;通过提问,也能尽快理清自己的思路,这对于汽车销售顾问至关重要。如"您能谈一下您的希望、您的要求吗",这些问题都能够理清自己的思路,让自己清楚客户想要什么,你能给予客户什么。那么,如何提问才能达到上述效果呢?这是有一定技巧的,提问主要有以下几种技巧。

(1)针对性问题。什么是针对性的问题呢?比如说,接待客户时可能会有客户问:"你觉得哪个排量比较适合我?"这个时候,销售顾问可以询问客户:"您比较倾向于大排量还是小排量,您平时是在市内使用多一点还是开长途多一点?"这个问题就是针对性的问题。针对性的问题的作用是能让你获得细节,在不知道客户的答案是什么的时候使用,通过提出一个有针对性的问题,对客户反映的情况进行了解。

(2)了解性问题。了解性问题是指用来了解客户信息的一些提问,在了解这些信息时,要注意避免一些客户可能会有反感的问题,例如"您的联系方式是什么","您是做什么的","您之前的车是什么时候买的","您准备花多少钱购车"等,使客户觉得像在查户口。作为销售顾问,提这样的问题的目的是为了了解更多的信息,这些信息对销售顾问是很有用的,可能有的客户有时候不愿意回答或懒得回答。"我联系你们吧",有时客户会这么跟您说,因此在提出了解性问题时,一定要尽量说明原因,如"麻烦您填一下来店登记表好吗?这样我们有优惠活动可以第一时间通知您"。

(3)澄清性问题。澄清性问题是指正确地了解客户所说的问题是什么,到什么程度。有时候客户往往会夸大其词,如"你们这里怎么卖的这么贵"等。销售顾问碰到这样的客户,首先要提出一些澄清性问题,因为您这时候并不知道客户所说的贵到了什么程度。遇到这种情况可以提问:"请问您之前还看过哪些车型呢?我们可以看哪一种更加适合您。"这样可以了解客户投诉的真正原因是什么,事态究竟有多严重。

(4)征询性问题。征询性问题是告知客户对于他所提出问题的初步解决方案。"您看我们这样解决好不好?"类似于这种问题,就叫做征询性问题。当告知客户一个初步解决方案后,要让客户做决定,以体现客户是"上帝"。比如,客户抱怨配置问题,听完他的陈述后,销售顾问就需要告诉客户一个初步的解决方案,如:"我们这个车型分为标准型、舒适型、豪华型,还能够进行个性化选配,您看哪一种更适合您?"运用征询性问题来结束对客户的销售服务,很多时候会让客户享受到"上帝"的感觉。

(5)服务性问题。服务性问题也是销售服务中非常必要的一种提问。这种提问一般运用在销售服务过程结束的时候,它可以起到超出客户满意的效果。例如,在为客户做完销售服务后,可以说:"您看还有什么需要我为您做的吗?"在一个服务意识比较强的汽车4S店里,我们会经常听到这句话。很多销售顾问都不会运用这句话来完善服务。服务性问题的提出是体现一个汽车4S店的销售服务是否达到优质的一个标准。就像我们到一些管理较差的汽车4S店,销售顾问本应帮客户开门,但拉开门后,销售顾问自己却先进去了;而一些管理好的汽车4S店则有迎接客户的礼仪,这就体现了高标准的汽车销售服务。

(6)开放式问题。开放式问题是用来引导客户讲述事实的,例如"您能说说你对想购买的车辆有哪些具体要求吗”,“您能告诉我您的想法吗”,“您最想了解的问题是什么”等,一句话问出来,客户就滔滔不绝了,这就是开放式问题。开放式问题便于更详细地了解情况,或让客户说出一些销售顾问忽略了的细节。

(7)封闭式问题。封闭式问题就是对客户的问题做一个重点的复述,是用来结束提问的。当客户叙述完毕后,销售顾问会说“您的意思是从黑色和银色中间选择,是这样的吗”,“你是觉得舒适性更适合您吗”,“您看您需不需要加装导航仪呢”等,这就是封闭性的问题。

(8)开放式问题和封闭式问题的利弊对比(表3-7)。

开放式问题与封闭式问题的利弊对比　　表3-7

	开放式问题	封闭式问题
益处	可获得足够的资料; 在对方不察觉的情况下影响谈话; 让对方相信他自己在主导谈话; 鼓励对方参与,制造和谐气氛	很快了解对方的想法; 可用来锁定对方的意图; 可用来确认所听到的情况是否正确
弊处	需要更长时间; 要求客户的参与; 有走题的危险	需问更多问题才能了解对方情况; 用的不得当容易自以为是,得到不正确的结论; 容易制造负面气氛; 方便不肯合作的人

此外,通过提问,可以让紧张的客户缓解情绪。例如,当客户很紧张时,可能会忘记陈述事实,销售顾问应该有效地利用提问来缓解客户的情绪,如“您看您不忙的话,我们坐下来慢慢谈,看您到底有哪些想法”,这时客户就会专注于回答您所提出的问题,在陈述的过程中,客户的情绪就会从紧张而逐渐变得自然起来。

我们进行客户需求的提问,不能是以一个汽车品牌的狂热爱好者的身份,要时刻记住我们顾问的职责,我们是站在客户的一边,帮助客户思考问题,做出最合适的选择。

综上所述,只有树立全心全意为客户服务的意识,注重在与客户进行交流时提问的技巧与方法,才能吸引更多的客户接受您的服务,准确的获取客户的需求信息,建立长期的信任关系,从而为个人和企业带来源源不断的经济收益。

知识拓展:

需求分析问答案例

1)销售顾问:“您是怎么知道我们展厅的?”

(1)客户:“我看了你们的广告。”

分析:如果没有购买汽车的想法,是不会留意汽车经销商的广告的。当然,客户肯定不止看到一个经销商的广告,他可能要看很多车行。是尽量确定客户的潜在购买时间。

(2)客户:“通过114查号台查到的。”

分析:这是一个绝好的客户,可能是一个马上要购买产品的客户。

(3)客户:“我路过看到的(非汽车城周边),你们的车真漂亮。”

分析:应尽量留下客户的联系方式,询问购买时间及车型。他可能不是一个马上要买车的客户,但买车已在计划之中。

(4)客户:“我朋友的车是在你们这里买的,我过来看看。”

分析:要知道他朋友的名字和车价,按流程操作,这是一个很容易成交的客户。

(5)客户:“我住附近,所以来看看。”

分析:是一个很现实和理性的客户,他可能不完全在乎价格,还考虑售后维修等服务。

2)销售顾问:“您买车是想准备做什么用?”

(1)客户:“我只是随便看看。”

分析:一种流行的回答方式,销售必须进一步挖掘客户深藏的动机,否则不容易成交。

(2)客户:“为了上下班代步,方便,应该有车了。”

分析:也是一个常见的回答,尤其是年轻人,他们比较兴奋、激动,要改善自己的地位,也许在和朋友的车做比较,他们不一定要便宜,要注意发掘他们身边朋友的车子的情况。他们更注重汽车外表透露出的含义,比如时尚、流行、品位等。

(3)客户:“我的车有点旧了,想换一辆。”

分析:这种客户暂时还不多,要注意展示新车比在用车具有更多的优点。

(4)客户:“我有车了,但还想买一部给家人。”

分析:这个客户还没确定,他现在还不需要,而且家人是否同意也还不确定。但大幅的降价有可能让客户动心。

针对同样的问题,不同的客户给出不同的答案,我们必须分别进行分析,获取信息。

第三节　客户需求分析实例

一 客户的真实期望

客户的需求不仅仅是对汽车产品的需求,也是对汽车销售企业的需求,对汽车销售顾问服务的需求,我们首先要站在客户的角度分析,把握客户来到展厅会有哪些期望。

(1)可以通过各种沟通渠道(网站、电子邮件、电话等)与经销商取得联系。

(2)电话咨询时,工作人员能及时准确地应答(如果服务中心不能回答,应转由专业的销售顾问解答)。

(3)如果不能回答客户的问题,应解释原因,并提供可以解答问题的明确时间。

(4)拨打电话时,铃响三声之内有人接听应答,并能从其言谈中感受到他的微笑。

(5)一进门就问候客户。

(6)一进店就接待客户而无需等待。

(7)当客户有疑问时,能耐心提供帮助,即便客户是随便看看也同样重视。

(8)一进店就能热情欢迎,让客户感到自己备受重视和关注。

(9)当客户再次来店时,能叫出客户的姓氏,而且还要熟知客户以前的来访经历。

(10)主动递交名片。

(11)认真对待客户的需求和喜好,并为客户调整其工作方式(行为、进度)。

(12)在客户再次来访时,主动提问和确认客户的需求和喜好是否有变化。

二　汽车4S店的应对

针对客户的期望,企业以及销售顾问必须用良好的应对,才能满足客户的期望,提高客户的满意度。

(1)汽车品牌专业设计的、统一标准的经销商网页,应时时更新。

(2)10分钟内回复客户的手机短信;20分钟内回复客户的在线请求或电子邮件。

(3)接电话时应面带微笑,让对方能从你的话语中感受到这一点。

(4)感谢客户致电并用客户的姓氏称呼客户,让客户感到自己提出的要求得到了认真对待。

(5)销售顾问应随时保持友好的态度及最佳的举止。

(6)汽车4S店营造一种把所有客户都当作有望客户的企业文化,使客户在汽车4S店处倍感尊崇。

(7)汽车4S店员工和客户说话时反应迅速,礼貌友善。

(8)汽车4S店员工细心聆听,不要打断客户。

(9)汽车4S店员工向客户简单介绍之后的参观步骤。

(10)汽车4S店员工要有效利用客户的时间(不浪费客户的时间),但不应操之过急。

(11)所有的客户应立即受到问候,如果无法立即接待客户,客户最长等候时间只能是1分钟。

(12)马上问候每一位客户。

(13)询问每位客户的到访目的。

(14)确认客户需求及客户类型。

(15)让每位客户都感受到个性化的认真对待,而且不是千篇一律模式化的问候。

(16)同客户建立私人关系。

(17)与客户积极沟通。

(18)对客户不要以貌取人。

(19)对所有的客户进行深入的需求分析(即使是熟悉的客户,也应向其提出问题,因为他们的需求可能有所改变)。

(20)销售顾问使用适当的工具(资料、笔记、计算机等)进行需求分析,以便能准确回答客户的各种问题。

(21)展厅和客户休息室设置吸烟区和非吸烟区。

(22)销售部门夜晚服务延长至晚上九点。

三 客户需求分析的话术实例说明

在学习了客户需求分析的理论知识之后,我们通过几段汽车销售过程中的话术实例,对汽车销售顾问的沟通技巧以及客户的需求分析进行说明,这样能够更有效的让我们理解前面所学习的知识。

1 获得并分析客户的购车背景

销售顾问(看见客户走进展厅,马上上去迎接):“您好,我是这里的销售顾问小李,欢迎您的到来。准备要看什么样的车?”

技巧:争取的开场白与陈述内容,特别是“看”的应用,较好地把握了客户的心态,因为这里所销售的车档次都较高。

客户:“随便看看。”(接着走到了展车面前)

分析:客户考虑选择的可能是展厅中价值较低的车型,如果是最贵的,客户的语气和语态会发生很大的变化。

销售顾问(只需在离客户约1.2m的距离,不要过早打扰客户。如果发现客户在某个位置停留时间较长或回头时,要尽快靠前):“这位先生,看来您对这款车非常有兴趣。”

技巧:适当的距离与恰当时机的询问,不仅能够消除客户的紧张情绪,还能拉近与客户的距离。

客户:“发动机是在哪里生产的?”

分析:客户提出了自己的问题,这也表明了该问题是他购车时会首先考虑的。

销售顾问:“看来您非常专业!一般首先问到发动机的朋友都是汽车方面的专家。”(停顿)

技巧:表示出对客户的赞美,同时适当的停顿给予客户思考的空间,也利于销售人员决定下一步应该说什么。

客户:“哪里,只是知道一点。”

分析:客户自谦,也是对销售人员赞美的一个回应。

销售顾问:“我们这款车的发动机是德国原装发动机,动力性非常的卓越。不过,我想请教一下,您之前接触过这款车吗?”

技巧:简明扼要地回答客户的问题,但此时不要走进销售的误区,即在不了解客户真实意图前就进入到汽车产品的展示阶段。此时话锋一转,开始对客户的购车背景情况进行调查。

客户:“在互联网上看过,还没有见过实车。”

分析:表明客户对此款车的了解还不够深入,接下来销售人员的产品展示功夫就会直接影响到这位客户后续的销售,但此时还不是展示产品的时机。

销售顾问:“那您有没有接触过其他同级的车呢?”

技巧:了解客户对竞争车型的认知情况以及认同情况,这是制订后续销售策略的基础。

客户:“我刚从隔壁的展厅过来,听他们介绍过××款车,相当不错,特别是发动机。”

分析:客户表明他刚接触到的竞争车型相当不错,尤其是对发动机的印象,此时,销售人员初步明确了客户的选择范围。

销售顾问:“这样说来,如果今后您要买车的话,发动机是您首先考虑的问题啦?”

技巧:对客户的需求进行诊断,确认发动机是否是客户选车时优先考虑的问题。如果自己的汽车发动机在同级车中具有优势,那么今后的销售中就应该强调这种优势;如果不具备优势,那么今后的销售就要设法转换客户的选择重点。

客户:“以前开过××牌的车,对该车的发动机印象比较深。”

分析:客户再次提出另一款使用过的汽车,也是因为发动机的性能让他印象深刻,这款车将会被客户列入备选品种。

销售顾问:“这样看来,您真的是一个汽车方面的专家,××牌的车不错,如果您准备自己投资买车的话,会考虑那款车吗?”

技巧:对客户未来的选择方向进行诊断,明确客户选择与排斥××牌车的因素。

客户:“当然,如果有发动机比那款车更好的,我当然会考虑。”

分析:客户再次表明发动机是他选车时重要考虑的因素,此时的销售就比较明确了,就是要设法提高自己这款车发动机的价值,强化客户的认同感。

销售顾问:“这里,我想请教一下,今后您自己要开的车价值会在多少范围内?”

技巧:进一步提出新的问题,确定客户的投资范围。在这里,请不要直接问客户会花多少钱买车,这样容易引起客户的警惕,让他们觉得如果告诉了你投资的方位,会降低他们的议价能力。

客户:“大约40万~50万元吧!”

分析:此时,客户给出了一个投资的范围。

双方的交流继续进行,但不论用什么方式,只有一个目的,就是把客户购车的相关背景情况弄清楚。只有在此阶段收集的信息足够,才可能在后续的销售中获得制胜先机。成功销售的第一步是弄清与客户购车投资行为相关的背景情况。

2 弄清楚客户需要解决的问题

销售顾问(看见客户走进展厅,急忙迎了上去):“您好,我是这里的销售顾问小李,欢迎您的到来。准备要看什么样的车?”

技巧:对于来展厅的陌生客户,销售顾问小李热情地迎了上去,开场白简洁明了。

客户:“听说新上市一款2.0排量的车,不知怎么样。”

分析:客户表明了他的来意,是想了解新上市的那款车。

销售顾问(引导客户走向样车):“您说的就是这款车,上个月18日刚上市,现在销售情况特别好。”

技巧:销售人员在向客户介绍前,先用总结性的语言点明了这款新车的销售情况非常好,给了客户一个心理暗示。

客户:“介绍一下吧。”

分析:客户提出介绍要求。请注意,一般情况下,就像前例所述,不够专业的汽车销售人员很容易顺势就被诱入汽车产品的展示阶段。如果这样的话,整个销售过程就容易被客户所主导。

销售顾问:"好的,只是不知道您是否有足够的时间听取我的介绍。同时,在介绍这款汽车前,能否向您请教几个问题?"

技巧:这句话的目的是作一个缓冲,不至于让客户牵着鼻子走,同时可以变被动为主动。

客户:"什么问题?"

分析:只要客户做出类似这样的回答,就可以按照我们的思路来进行客户需求的开发。

销售顾问:"在来这里之前,您是否接触过或听说过这款车?"

技巧:了解客户的背景情况。

客户:"听朋友说过。"

分析:是朋友的介绍促使客户来到展厅。

销售顾问:"能不能介绍一下,他对这款车是怎么看的?"

技巧:探询该客户的朋友对这款新车的看法,也能够知道客户的了解程度,有利于把握客户的未来的投资取向。

客户:"他说这是一款不错的车,特别是在安全系统方面,配置比较高。"

分析:这是有利的信息,朋友的正面意见将会对客户的决策起到帮助作用。

销售顾问:"您这位朋友说得非常正确。安全系统是这款车的一个重要卖点,除了车身设计外,配备了只有高档轿车才配备的ESP,同时还配备了双氙气随动转向大灯。我想请教一下,安全系统的配置是否是您购车时重要考虑的问题?"

技巧:进一步强化这位客户对安全系统的认识,增强他的信心。同时,提出诊断性问题,了解客户是否把安全系统放在选车条件的第一位。

客户:"当然。我以前开的哪款车安全配置比较低,有一次在高速公路上差一点出事故。"

分析:客户通过他自己的亲身经历,说明了原来那款车在安全系统方面的不足,这一定是客户在未来选车时必须要考虑的关键因素,也是这个环节的谈话要到达的目标,找到客户需要解决的问题。

销售顾问:"也就是说,如果我没有理解错的话,安全配置是您选车时首先要考虑的问题。除此之外,还有什么问题必须考虑呢?"

技巧:再进一步寻找客户所面临的需要解决的其他问题,只要找到了客户的问题,那么成功销售就近在咫尺了。

客户:"就是该车的动力性如何?原来那款车虽然也是2.0的排量,但由于车身自重较大,所以跑起来总感觉吃力。这款车的车身重量是多少?"

分析:客户再次表述了他面临的问题,即动力性表现,这是有经验的购车者才会提出的问题。此时,销售人员必须对客户所提及的汽车产品非常了解,才有可能不至于出现销售破绽。

销售顾问:"您这个问题问得真到位,发动机是您最值得了解的地方,虽然只是2.0的排

量，但其输出功率达到了108kW/h，输出转矩达到了200N · m，自重比您所说的那款车还更轻，所以动力性是无可挑剔的。”

技巧：对客户的意见进行肯定，目的是强化客户对销售人员的认同。当然，客户提出的问题如果是自己产品的强项，那是再好不过；如果不是，就要设法进行转化，弱化客户对此项问题的关注与要求。

销售人员与客户之间的对话继续在进行，接下来销售人员就客户在购车中面临的需要解决的问题再进一步探询。成功销售的第二步是找到他们在购车中需要解决的问题，这是诱发他们迅速做出投资的动因。

3 客户解决需求问题的迫切程度

情景设定：某客户经过比较，最终锁定了两个不同品牌的同级车，但由于各款车都有其独到之处，他较难取舍。其中，A品牌为新上市的车型，在同级车中率先装备了ESP、双氙气随动转向大灯、八方向可调节电动座椅等高科技安全与舒适性配置，但这款车外形设计过于时尚，整体视觉效果是车体不够宽大，同时还没有天窗；B品牌为已经在市场上销售一年多的车型，在同级车中销售相当不错，业界的评价也很高，虽然没有装备ESP和氙气大灯，但宽大的车身、天窗和用户良好的口碑的确让客户割舍不掉。这天，他来到了A品牌的展厅，想就这个问题寻求一个最终的答案。

销售顾问：“通过刚才您的介绍，两款车都让您心动。说句实在话，购车选择是一件很难的事情，因为没有一款车、也不可能有这样一款车，能够把所有车型的优点集于一身。只是，一款汽车是否适合自己，关键的还是要看是否能够符合我们的投资要求，能否解决我们目前存在的问题。再次，我想请教一下，在您过去用车的经历中，上高速的机会多不多?”

技巧：在明确了客户的选择范围后，进行立场转化，提出选车应该考虑的问题与角度，让客户感觉到是站在他们的立场上考虑问题，帮助他们出主意。接着，话题一转，开始导入到A品牌最有优势的部分：安全保障系统。寻找客户没有特别注意甚至是忽略掉的问题并进行强化。

客户：“多，经常要出差，全省各地跑。”

分析：客户的回答正好符合后续需求引导的要求。

销售顾问：“那就是说，出差的时候遇到刮风下雨的机会比较多了?”

技巧：把高速公路的行驶与恶劣条件联系在一起，暗示安全保障的重要性。

客户：“那自然。”

分析：得到客户正面和肯定的回答，正好能够顺势进行引导。

销售顾问：“遇到风雨天您是不是要减慢车速而且还要小心翼翼?”

技巧：强化风雨天的行车风险对客户心理上的影响。

客户：“那肯定。”

分析：得到客户的正面答复。

销售顾问：“有没有在雨天高速行驶时遇到过紧急情况?”

技巧：诊断性问题激发客户对行车危险的联想。

客户:“有啊! 半年前送一个客户去某地,在高速公路上就碰到过这样的情况,那一次差点把我们吓死了。”

分析:客户的回答证实了这种可能性的存在,也进一步强化了客户防范风险的意识。

销售顾问:“这么说,汽车的安全保障系统是您不得不重点考虑的问题了,特别是该车是否配备了 ESP。”

技巧:强化客户对汽车安全尤其是 ESP 配置的认同。

客户:“没错。”

分析:得到肯定的答复。

销售顾问:“那我再请教一下,您开车出差时会不会因为时间紧,经常在晚上赶路。”

技巧:结合氙气大灯的作用继续进行深一步问题的挖掘。

客户:“差不多每次出差都会如此。”

分析:又一次得到肯定的答复。

销售顾问:“这样的话,行车过程中对灯光的要求就会比较高,不仅照度要高,而且视野要好,如果在弯道行驶和上下坡的时候能够自动调节,那么行车就安全得多了。”

技巧:从灯光系统进行分析,强化氙气大灯对客户行车安全的保障。

客户:“你分析得没错。”

分析:再一次得到客户肯定的答复。特别提示:这样一而再,再而三地让客户给出肯定的答复,从心理学的角度看,此时即使提出的问题是错的,客户会也顺势回答“正确”。

销售顾问:“这样看来,行车安全的保障是您必须第一位考虑的问题,而这款车有没有天窗就显得不重要了。”

技巧:在客户心理不断得到正面强化的情况下,提出必选的答案让客户选择。

客户:“当然,如果安全保障系统又完备,而又有天窗的话,会更好一些。”

分析:客户提出的虽然是一个折中的意见,但可以看出,刚开始时对天窗的要求强烈程度已经开始弱化,这正是此段话术的精髓所在。

销售顾问:“从这个角度看,在您刚才确定的这两款车中,也只有 A 品牌最符合您的要求了,我建议现在您就把这辆车开回去吧!”

技巧:再次强化客户对 A 品牌的认同,并适时地提出了成交要求。

客户总是愿意为能够解决他们问题的方案付出代价,关键在于你是否帮助他们认识到这些问题与你提供的解决方案之间的对应关系。

四 客户需求归纳分析

在实际的工作中,我们接待客户的经验是在逐渐积累丰富的,我们必须从每一次客户的接待中不断提高,从接待的实际体验中总结有效的方法。

1 家庭情况影响购买行为

不同家庭状况的购买行为分析见表 3-8。

不同家庭状况的购买行为分析 表 3-8

家庭状况	购买行为模式
单身阶段:年轻、浪漫	无经济负担,追求新潮 购车目的以追求时尚为主
新婚夫妇:年轻且无子女	收入稳定 购买目的以实用为主
满巢期1:孩子在6岁以下	流动资产少,关注汽车广告,考察广泛,购车目的以家用为主
满巢期2:孩子在6岁以上	经济状况好转,较少受广告影响,考察周详 购车目的以家用和休闲为主
满巢期3:中年夫妇尚有子女扶养	经济状况较好,基本不受广告影响 购车目的以家用和休闲为主
空巢期1:中老年夫妇,子女已不在身边,但依然在工作	经济状况上佳,对新产品兴趣较弱 购车目的以休闲和旅游为主
空巢期2:老年夫妇,子女已不在身边,可能退休	收入减少,购车目的以馈赠子女为主 通常多考虑汽车价格,而由子女决定品牌

2 不同年龄社会阶层的消费特性

不同年龄社会阶层的消费特性见表 3-9。

不同年龄社会阶层的消费特性 表 3-9

年龄	男性	女性
小于20岁	独生子女,无经济来源,有决策权,但资金靠他人提供	
20~34岁	白领阶层,中层管理者,个性鲜明,事业成长期,年轻父亲	白领阶层,收入稳定,追求时尚,年轻母亲
35~50岁	事业有成,稳健持重,积蓄较多,渴望休闲	相夫教子,以丈夫和子女的成功为荣,进取心降低
50岁以上	领导者,空巢家庭,身体状况稍差,旅游休闲	退休,家庭妇女,旅游休闲,为子女着想

总而言之,客户需求分析的过程是销售顾问与客户之间交换意见,密切沟通,并从沟通中获得有效信息的过程,再对有效的信息进行分析,转换成专业的、能够得到客户认同的意见,从而满足客户的需求,达成共识。客户需求分析是站在客户的角度思考问题,时刻进行角色互换,体会客户急需解决的问题。客户需求分析是观察、沟通、思考的艺术,面对不同的客户,需求也不同,需要在实际工作中不断积累经验,不断提高沟通能力及专业能力,提高客户满意度,获得客户的长期信任,拉近彼此之间的距离。

第四章 新车的展示

学习目标

通过本章的学习，你应能：

1. 叙述汽车产品价值的五大要素；
2. 知道汽车产品的介绍要点；
3. 分析汽车产品的说明要点及竞争车型；
4. 正确完成汽车产品的介绍；
5. 正确完成试乘试驾流程。

在经过前期接触客户之后，销售顾问应该做到基本消除客户焦虑感并取得客户一定信任，明确客户真正需求，建立尽量详尽准确的客户档案，营造一个融洽的销售气氛。在对客户真正需求分析之后，销售顾问应根据销售进度以及客户需求，看准时机，将汽车产品优势介绍给客户。

介绍汽车的过程必须针对客户真正的需求而进行，这样才能真正深入客户的心，不至于隔靴搔痒，让客户觉得乏味而不能接受。而在介绍时也有一定的程序和规定，以期尽可能优化介绍的效果和效率。

在整个汽车产品介绍的过程中，销售人员应边介绍边不断观察客户的反应，根据客户的需求、反应随时准备做适当的调整。

第一节 汽车产品知识概述

汽车销售不同于其他类型的销售，它是以汽车作为销售的核心，而汽车又是一种特殊的产品，其结构复杂，科技含量高。因此，对汽车产品知识的充分了解是汽车销售顾问必须具

备的条件，汽车销售顾问要有专业化的汽车产品知识。

一 汽车产品价值构成的五大要素

在消费日益成熟的中国，汽车消费正在转入“价值主导时代”。价值是汽车产品以及服务带给消费者的利益，它决定了价格高低和品牌崇尚度。就一辆汽车而言，汽车产品价值既包含汽车产品基本属性带来的价值，还涵盖其延伸功能带来的价值（图4-1）。

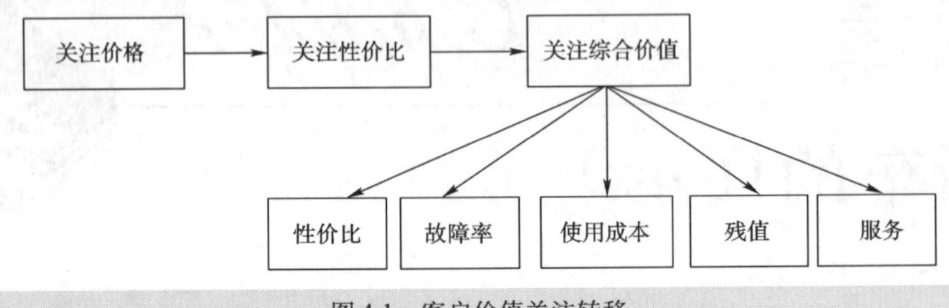

图4-1　客户价值关注转移

目前，我们通常说的汽车的综合价值主要由5个方面组成。

1 性价比

汽车性价比的组成如下：

$$\text{性价比}=\frac{\text{动力性、安全性、平顺性、操纵性、舒适性、造型、配置}}{\text{价格}}$$

购车前不仅仅需要比较汽车的造型、价格和配置，更应该看重车型的性能和品质等车辆基本素质。现在的客户在购买时，第一位不是盲目的比价格，而是比价值。这就要求汽车销售顾问将精力转向汽车性能和品质的介绍。

2 故障率

故障率低意味着省钱、省时、省心，汽车给客户创造的价值更大。故障率是客户选车的重点，也是汽车销售顾问描述的重点，应该更多地关注汽车的可靠性。

3 使用成本

汽车使用成本的组成如图4-2所示。

油耗是汽车日常使用费用中最大的一项开支。特别是汽油价格的不断上涨以及环境污染等因素，省油这一大利器在汽车销售上越来越有发言权。除此之外，客户也非常关注汽车常规保养、故障维修的费用以及良好的服务和便利性，这也是销售顾问在销售中应该涉及的。

使用成本
油耗　维护费用　时间成本

图4-2　使用成本的组成

4 残值（二手车价值）

汽车残值通常是指汽车在规定的合理使用年限内所

剩余的使用价值。随着二手车交易日益发展，二手车交易价格的高低是判断汽车价值的一个越来越重要的参照指标。销售顾问应该从各方面来说明汽车产品的保值能力。

据统计，德国大众的汽车品牌3年后的平均残值将为新车价格的52%，是残值较高的品牌；奔驰是豪华车中的佼佼者，3年后的旧车残值平均为54.5%；豪华车的平均残值为48.7%。

5 售后服务

购车是消费的开始而不是终结，维修服务在价值总量中占据着很大的比重，车主不仅需要热情周到的接待服务、正宗而便宜的配件、合理的工时费和便利快捷的维修服务，而且需要一次性修复率高、维修质量高，更需要用车和护车指导。服务质量关系到车主损失的时间、金钱。因此，售后服务是当前消费需求和营销水平升级最现实、最迫切的需要。

二 汽车产品价值的介绍话术

购买汽车对每个人来说，都算是一件大事，当然要做更多的比较和选择。通常我们更建议客户综合比较车的价值而非简单的比较汽车的价格。汽车的价值组成如下：

$$\text{汽车的价值}=\frac{\text{性价比(高)+故障率(低)+使用成本(低)+二手车价格(高)+售后服务(好)}}{\text{客户的付出成本“经济+时间+心情”(低)}}$$

客户获得的利益与其付出的成本的比值就创造了客户的价值，这个价值越高，对客户的吸引力就越强。销售顾问要引导客户从这个角度考虑购车决定。

比如在实际的汽车产品介绍中，我们面对以下这些问题时，可以采取如下的方式回答。

知识拓展：

客户："你们这款车的价格好像比较高。"

销售顾问："综合来看，我们的汽车在同档次比较中是性价比最高的汽车。它的故障率低，使用成本低，售后服务也是同行业中要求最高的，综合比较您选我们的汽车不仅是物有所值，甚至是物超所值。"

客户："我要再考虑一下"。

销售顾问："先生请问您是在考虑车辆价格问题还是车型、性能问题呢？如果是性能问题，我们之前也对比过其他几款车型了，这个车最适合您了。如果是价格问题，今天是本店做活动的时候，机会难得。"

客户："你别管我看没看过，你报个底价得了，比别人便宜我马上买。"

销售顾问："噢，看来您是一个挺爽快的人，我也相信您在别的地方看过这个车了，不然您不会说今天马上就可以买的，价格方面既然您已经看过了，都差不多的，别人能做到的我们都能做到，更何况我们店离您工作的地方又比较近，您来也比较方便，所以我相信您只要看好车型，价格方面坐下来谈谈。再者，我想您买车关注的也不仅仅是价格方面的问题，应

该还有其他方面，比如说售后服务，保险理赔等，我相信让我介绍完我公司的一些特色服务后，您一定会满意的。”

客户：（临成交时）：“你再送我××、××，我马上就买。”

销售顾问：“这车价平常我们都是不送东西的，今天我们搞活动才破例送出这么多东西啊，最优惠的时机都不买的话，那下次您过来，我们这边再也送不出这么多东西了。选车型就选择最优惠的时机定下来嘛。不要让一两个××、××而影响了您用车的时间嘛！”

客户：“××车身发动机噪声大，起步也不快。”

销售顾问：“××车和××相对比，××车的声音会显得稍微大一点。拿宝马跟×××× 对比，宝马的声音也是大一点，这是德国车的造车传统，让您有澎湃动力的感受。衡量一个车的好坏，发动机技术的好坏，并不是靠声音来判断的，您觉得大众车的发动机口碑如何？我有个朋友，用的是×××，他还嫌发动机声音不够大，还特地去把排气管换了，搞得周围的人都看过来才觉得够气派。”

当然，在销售顾问的实际工作中，客户还会提出各种各样的问题，这就要求我们认真聆听、分析，仔细观察，根据不同的情况，给出最合理、最有利的答案。

第二节 汽车产品的介绍要点

汽车产品的介绍要点主要包括设计理念、技术规格与装备、推销要点、竞争分析四个方面。每款新车上市前，厂家和经销商都会针对该车型对汽车销售顾问进行汽车产品知识的培训。

一 汽车产品的设计理念

1 车系的概念

a) 宝马标志

b) 大众标志

c) 奔驰标志

d) 奥迪标志

图 4-3 德系车代表品牌

汽车作为全球化的产品，根据地域不同，可划分为不同的车系，而根据各个汽车企业的发展，又各自有其鲜明的特点。这里我们对几大主要的车系进行分析。

（1）德系车（图 4-3）。汽车是由德国人发明的，全世界又以德国车市场占有率最高。

德系车的特点：操控性能好、保值率高、安全、稳重、做工严谨。

代表品牌：奔驰、宝马、奥迪、大众、保时捷。

德国车的特点就是德国人的性格体现。车身线条和曲面永远都是那么的富于逻辑性，简洁而有内涵。正是这种严谨的作风诞生了世界上顶级的豪华车阵容，鲜明的品牌设计语言成就了德国车的高品质感。宝马汽车开创并继续引领汽车设计的机械美学，大众汽车的大 U 形水箱格栅使得大众车看起来并不大众,随着奔驰、宝马、大众的全球畅销,也将这种品牌设计语言带给了更多的消费者。

(2)美系车(图4-4)。美国也是第一个让汽车走进家庭的国家,美国是第一个让汽车从奢侈品变为日常必需品的国家(福特发明了流水线生产汽车技术)。

美系车特点:宽大舒适、大气稳重、安全性好、豪放、狂野、不拘小节、功率较强。

代表品牌:福特、别克、雪佛兰、凯迪拉克。

美国车的安全性被认为是世界上最好的,甚至不惜以牺牲燃油经济性为代价。美国车给人的派头一向很足,最大的特点就是强调舒适性和动力性,发动机强调大排量、大功率,安全性也非常好,悬架系统和隔音设计非常出色。但过分的强调大功率和大车身往往导致美国车给人以油耗大的坏印象。

(3)日系车(图4-5)。日本车是除德系车、美系车以外的另一类受欢迎的车系。

a) 福特标志

b) 别克标志

c) 凯迪拉克标志

图4-4 美系车代表品牌

a)本田标志

b)丰田标志

c)日产标志

图4-5 日系车代表品牌

日系车特点:经济实用、外观时尚、性价比高、做工比较细致。

代表品牌:本田、丰田、日产、铃木。

日本车的设计理念是两小一大,即油耗最小、使用成本最小,舒适性和使用便利性最大。日本因为国土面积狭小等各种条件所限制其车型的设计理念都是:车体轻而紧凑,经济实惠。这种设计理念一开始就广泛地成为各个车厂的设计标准。所以,日本车往往给人感觉性价比很高,虽然它不是最好的车,但是它是最实惠的车。而且日本人造车非常地注重细节,所以日本车给人的感觉是做工比较细致。此外,日本车的故障比较少,保养起来比较方便。缺点方面:正是由于过多的成本控制,容易导致一些不容易被发现的零部件质量比较低,设计方面对安全性的重视程度不够好。

拓展问题:请问还有哪些常见的车系?

这些车系的特点是什么?代表车型有哪些?

2 车型的设计理念

每一款车都有自己的品牌历史和车型历史,在汽车市场竞争日益激烈的今天,每一款车的市场定位也更加清晰,了解这些车型背后的知识能更好地掌握汽车产品的内涵。我们以雪铁龙爱丽舍轿车为例(图4-6)进行说明。

图4-6 雪铁龙爱丽舍轿车

爱丽舍的名字取自爱丽舍宫(Elysée palace),法国总统官邸。提及它,让人联想到它的尊贵、优

雅、品位，这里来往的都是社会名流，它与现代世界紧密相连；也让人联想到法兰西民族追求现代、时尚、个性化的传统。爱丽舍轿车新车型是一款精致中蕴涵现代的轿车，将这款轿车命名为“爱丽舍”，则取其尊贵的含义，可表现一款诠释法国式的优雅和品位的轿车；同时以一个独具特征的地点表现一款个性十足、时尚潮流的轿车。

二 汽车产品的技术规格与装备

汽车产品技术规格主要包括：车型型号、车身尺寸及质量、发动机、制动、悬架、驱动方式等。而汽车产品装备则包括：驾驶及安全装备、车内造型装备、车外造型装备、其他辅助电器装备等。每款车都会有自己的技术规格与装备表，详细记录了该款车的参数及各种规格。对于这些规格，汽车销售顾问要非常熟悉才能熟练的给客户进行讲解，尤其是同一款车会有不同的配置，不同的价格，销售人员要将这些对比情况详细的给客户介绍清楚。另外，对汽车产品技术规格的了解要求汽车销售顾问必须具备一定的汽车专业知识，这就需要销售顾问日常的积累补充。我们以爱丽舍轿车的部分技术规格与装备表为例，了解我们所需要掌握的一些基本产品知识（表4-1）。

爱丽舍2010款部分技术规格及装备表　　表4-1

车　　型	科　技　型		尊　贵　型
	手动	自动	手动
尺寸参数			
长/宽/高外形尺寸(mm)	4367/1708/1413		
轴距(mm)	2540		
前/后轮距(mm)	1423/1424		
最小转弯直径(m)	10.5		
整备质量(kg)	1110	1150	1110
行李舱容积(L)	437		
油箱容积(L)	51		
发动机			
TUSJP4 发动机	●	●	●
发动机排量(L)	1.587		
压缩比	10.5		
额定功率[kW/(r/min)]	70/5750		
最大转矩[N·m/(r/min)]	142/4000		
最高车速(km/h)	185	178	185
综合工况油耗(L/100km)	7.8	8.2	7.8
市郊工况油耗(L/100km)	6.3	6.6	6.3

续上表

车型	科技型		尊贵型
	手动	自动	手动
制动系统			
真空助力	●	●	●
X 形双回路液压制动系统	●	●	●
车外造型装备			
多钻晶莹前照灯	●	●	●
星辉立体尾灯	●	●	●
14#钢轮辋	●	●	—
14#铝轮辋	—	—	●
185 轮胎	●	●	●
同色保险杠	●	●	●
镀铬装饰包(行李舱 + 车窗 + 前进气口下沿)	—	—	●

注:"●"表示"有","—"表示"没有"。

三 汽车产品的推销要点

汽车产品的介绍要点一般包括外观、内饰、行驶性能、乘坐空间、安全环保、高科技配置、舒适配置、个性化装置等内容。下面以东风雪铁龙爱丽舍车型为例进行简单说明。

1 汽车外观介绍

外观介绍主要包括车辆造型、全车尺寸、流线型设计、颜色等,还包括一些有特色的外观设置,比如发动机舱盖、前照灯组合、前格栅、腰线和肩线、车轮、天窗等。以雪铁龙爱丽舍轿车为例,其外观沉稳而不乏时尚(图 4-7)。

爱丽舍轿车前脸的"雪铁龙家族式设计"令其看起来依然时尚,让人一眼就能识别。流畅的车身线条简洁明快,没有多余的线条装饰,车身至尾部平滑过渡,没有丝毫的累赘感。

图 4-7 雪铁龙爱丽舍轿车前脸

2 汽车内饰介绍

汽车内饰的介绍主要是突出舒适和操作的便利性及高科技含量,如电动可调节座椅、多功能转向盘、真皮内饰、多功能仪表盘、空调等。以爱丽舍轿车为例,其内饰简单朴实。爱丽舍轿车在内饰方面延续了之前的整体样式,不过在做工和用料方面有了很大提升。中控台上的银色面板增添了活力,清晰的布局对于初次接触汽车的驾驶者来说非常容易上手,按键的设计虽然没有新意但使

用起来比较顺手。爱丽舍轿车仪表台如图 4-8 所示。

a)

b)

图 4-8　爱丽舍轿车仪表台

3 汽车行驶性能介绍

汽车行驶性能介绍主要突出介绍车辆的驱动方式、发动机情况、变速器情况、悬架情况、最高车速及加速情况。以爱丽舍轿车为例,其驾驶操作轻便,动力性能也足以满足家用(图 4-9、图 4-10)。

a) 爱丽舍轿车发动机舱

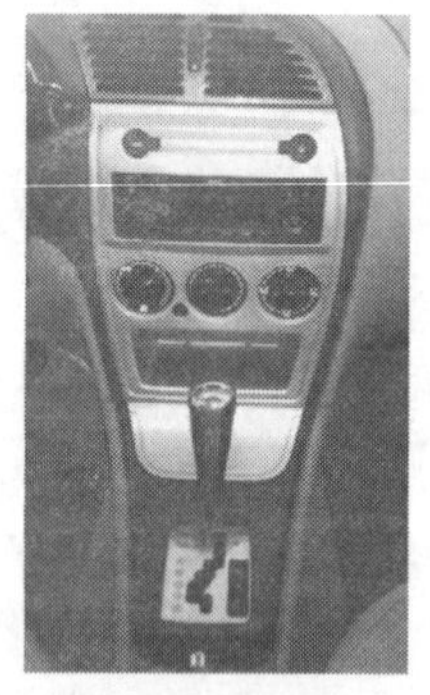

b) 爱丽舍轿车变速器操纵杆

图 4-9　爱丽舍轿车动力系统

a)

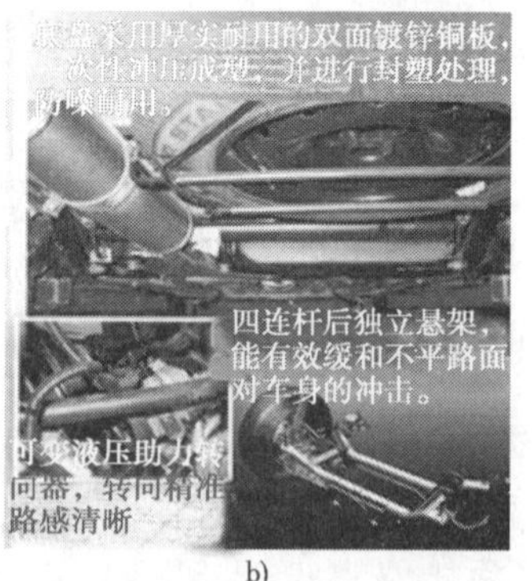

b)

图 4-10　爱丽舍轿车底盘总成

爱丽舍轿车搭载的 1.6L 发动机是 PSA 全球共用的一款小型高能发动机,最大功率

78kW,5750r/min,最大转矩 142N·m,4000r/min,排放达到国Ⅳ标准,官方油耗只有 5.0L/100km(60km/h 等速)。作为家庭轿车,乘客乘坐的舒适性固然很重要。爱丽舍轿车的动力虽然无法令驾驶者倾心,但另一方面,它在起步等过程中没有了突兀的感受,平顺的过程为乘客带来了更好的舒适感受。

4 汽车乘坐空间介绍

乘坐空间直接关系到汽车的舒适性,宽敞、充裕的乘坐空间,加上丰富的储物空间对于舒适、方便的驾车出行都有很好的保障作用。以爱丽舍轿车为例,它的乘坐空间就比较良好,储物空间也很丰富(图 4-11)。

a)

b)

图 4-11 爱丽舍轿车的乘坐空间

像众多同级别车型一样,爱丽舍轿车在乘坐空间上更多地照顾了前排乘客,因而前排的乘坐空间更加宽敞,相对而言,后排的腿部空间没有太多优势,而头部空间与前排的差异不大,都较为充裕。爱丽舍轿车的座椅柔软,乘坐较为舒适,同时也可以充分吸收车身的震动。后排座椅的靠背与身体的贴合较好,可以为后排乘客提供良好的肩部支撑。

5 汽车安全及环保装备介绍

汽车的安全及环保主要介绍主动安全施加(如 ABS 系统、EBD 系统、ESP 系统等)和被动安全系统(如安全带、高吸能式车身等)。爱丽舍轿车装有博世 8.1 版 ABS + EBD 系统(图 4-12)。

6 世界高水平的尖端技术和舒适装备介绍

每款车都会有自己独到的尖端技术和舒适装备,这些配备要重点给客户进行说明和介绍,比如雪铁龙轿车的 PSS 后轮随动转向技术,在车辆转弯过程中,后轮可随前轮同相偏转,能大幅提升行驶稳定性和转向操纵性能。

7 车辆使用及售后服务的便利性介绍

购买车辆是消费的开始,汽车的经济性越来越受到客户的关注,低油耗是汽车销售的一大利器,而在售后方面汽车厂商和经销商必须保证为客户提供完善、便利的售后服务。

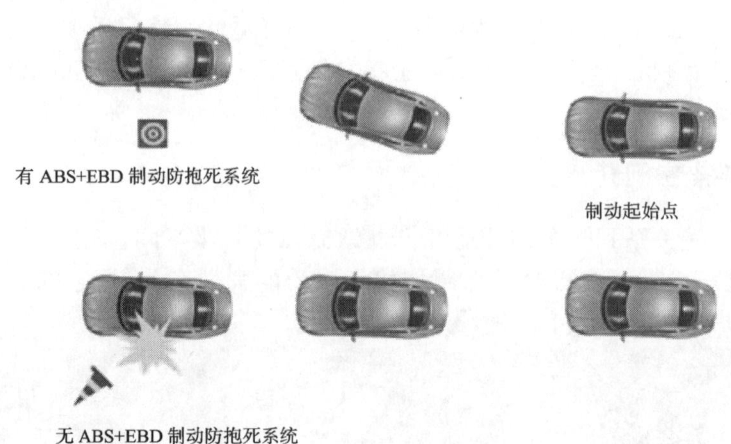

图 4-12　ABS + EBD 制动示意图

四 汽车产品的竞争分析

由于汽车市场的竞争，同一个价格区间内会有多个品牌的车型参与竞争，由此形成了竞品车的概念。对于汽车销售顾问，知己知彼则百战不殆，在进行竞品车分析时，要本着客观、公正的态度进行，不要恶意贬低竞争对手，也不能刻意夸大自己。只要把自己销售品牌的车型优势讲出来就可以了。下面以雪铁龙爱丽舍轿车及其竞品车型为例，进行简单分析(图4-13)。

爱丽舍轿车　(7.2 万 ~8.5 万元)

VS

标志 207 轿车 (7.1 万 ~10.8 万元)

伊兰特轿车 (8.9 万 ~11 万元)

捷达轿车 (7.6 万 ~10.2 万元)

图 4-13　爱丽舍轿车及三款竞品车型

1 外观对比

同一个价格区间的竞品车在外观上会各自有其特点，通过外观的不同风格可以比较出各款车给人的印象。如爱丽舍轿车的车身外观整体造型偏方方正正，在前照灯处与双人字车标交融处饱满圆润（图4-14），双圆组合式尾灯是厚重的造型（图4-15）。相比捷达轿车来说，爱丽舍轿车的外形更轻松，虽然谈不上法式浪漫，也算是柔化掉了不少车身线条。

a) 爱丽舍

b) 捷达

图4-14 爱丽舍轿车与捷达轿车正45°外观对比

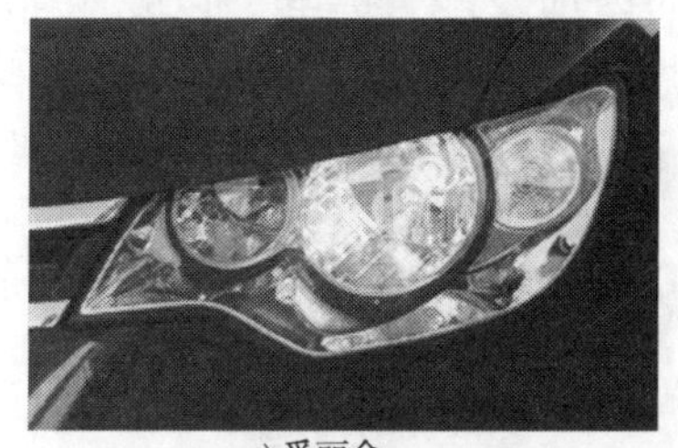

a) 爱丽舍

b) 捷达

图4-15 爱丽舍轿车与捷达轿车前照灯对比

外观综合评价：相比较来说，爱丽舍轿车与捷达轿车在车身尺寸上基本上各有所长，但爱丽舍轿车有两款指标明显胜出（表4-2），因此爱丽舍轿车相对捷达轿车来说，在车内空间上会有不错的表现。

爱丽舍轿车与竞品轿车车身参数表 表4-2

车 型	长(mm)	宽(mm)	高(mm)	轴距(mm)
爱丽舍	4367	1708	1413	2540
捷达	4415	1674	1415	2471
标志207	4260	1680	1468	2450
伊兰特	4545	1725	1425	2610

2 动力性能对比

同一个价格区间的不同品牌车辆其发动机和变速器的配置及参数也会不一样，通过比较发动机和变速器的参数和技术，可以给客户在车辆动力性能方面的提供一个选择依据。如爱丽舍轿车与几款竞品车之间的动力性能参数有所不同（表4-3）。

爱丽舍轿车与竞品车动力性能参数对比　　表4-3

车型	2010 爱丽舍 1.6 自动科技型	2010 标志 207 1.6 自动品乐版	2011 伊兰特 1.6 自动舒适型	2010 捷达 1.6 前卫
最大功率(kW)	78	78	82	70
最大转矩(N·m)	142	142	145	140
最高车速(km/h)	178	180	173	175
综合参考油耗(L)	8.2	7.7	7.3	7.5
变速器简称	4 挡手自一体	4 挡手自一体	4 挡自动	5 挡手动
挡位个数	4	4	4	5
变速器类型	AT	AT	AT	MT

3 内饰及配置对比

内饰及配置直接决定了客户驾乘的便利性、舒适性以及安全性，也是客户选购车辆时所考虑的重要因素，销售顾问也必须掌握各竞品车型的内饰及配置差异。以爱丽舍轿车与捷达轿车相比较为例，两者内饰都比较朴素、稳固得体、方便使用(图4-16)。

a) 爱丽舍

b) 捷达

图4-16　爱丽舍轿车与捷达轿车内饰对比

以下对比捷达轿车和爱丽舍轿车的最低配车型的配置区别，来看看两车配置上的卖点(表4-4)。

捷达轿车和爱丽舍轿车最低配置区别表　　表4-4

车　　型	捷达 2010 款 1.6 伙伴	爱丽舍 2010 款 1.6 手动科技型
指导价	7.58 万元	7.38 万元
安全性配置差异	无气囊	驾驶席安全气囊 泊车辅助 转向盘上下调节
舒适性配置差异	座椅高低调节 后排中央扶手 车窗防夹	后排座椅整体放倒 前排中央扶手 后视镜电动调节

内饰配置综合评价：捷达轿车的最低配车型虽然比爱丽舍轿车贵了两千元，但是安全配置几乎没有，当然 ABS + EBD 的配置是不能少的基本配置，其他安全配置就完全没有了。而

爱丽舍轿车在安全配置上相对更丰富,值得推荐。舒适性配置方面捷达多一项车窗防夹手,爱丽舍轿车多一项后视镜电动调节,两车不相上下,两车几乎没有什么太多娱乐和舒适配置。

4 车系对比

不同车系的车辆的不同风格、不同特点,我们已经进行了大体说明,在车系分析的基础上,再进行外观、动力性能、内饰及配置的对比,根据客户的需求,针对性的进行分析说明,找到客户最能接受的方式,从而达到销售目的。

5 小结

新的车型、新的技术日新月异,这就需要我们的销售顾问在本职工作之外,注意资料的收集,开阔视野,全面的关注汽车行业,这样才能更完善的将汽车产品介绍给客户,更专业的表现会取得客户的加倍信任。

拓展训练:任选一款车型,进行车型规格说明,并收集竞争车型进行对比分析。根据本章列举的竞争车型的内容,列出对比表。

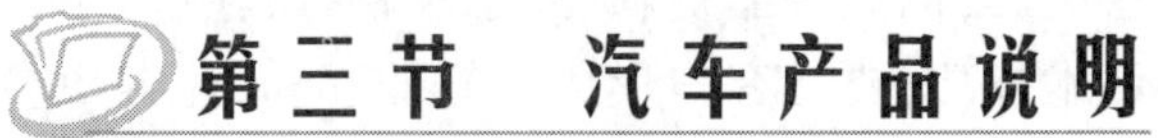

第三节 汽车产品说明

一 汽车产品说明概述

销售顾问应能够解释每款车型的装备及功能,并能够向客户演示,这是汽车销售顾问必须掌握的基本技能。坚实的产品知识的基础是以客户为导向的方针。尽管并不是每个客户都需要这种咨询,但是对产品的了解是必需的,最终你的专业会加深客户对你的信任,进而建立良好的关系。有坚实的产品知识做基础,销售顾问的大脑就会思路清晰敏捷,面对客户的疑问会游刃有余。一名优秀的汽车销售顾问能够说出汽车产品的配置、特点及优势,因为他首先了解这些产品特点并能够用客户理解的话语说给客户听。

1 客户对产品说明的期望

销售顾问在对客户进行需求分析后,一个重要的环节就是要专业地向客户进行车辆的说明。现实中大多数销售顾问往往只注重如何去说明,却忽略了客户对该环节的真实期望,因而产品介绍往往遭到客户的抗拒。

客户期望的产品介绍和试乘试驾是基于先前对客户需求分析结果的基础之上的,每个客户都拥有不同程度的产品知识,处于不同的决策阶段;客户期望销售顾问展示产品的价值,并确认经销商的能力以及销售顾问本身的可信度;客户希望产品展示是以围绕车介绍为基础,进行全面的介绍;客户希望通过试乘试驾得到自己想知道的车辆性能信息;客户想要验证产品性能是否能够满足他们的需求;客户期望销售顾问在为他们介绍时,能够运用他能

够理解的方式;客户希望销售顾问不要欺骗他,不要强迫他购买。

2 汽车产品说明的目的和意义

汽车产品说明是客户全面了解车辆的一个环节,是销售顾问向客户展示车辆的最好时机。汽车产品说明不是为了告诉客户车辆所有的性能、配备,更重要的是告诉客户他们想了解的相关信息,让客户了解为什么你所推荐的产品是最适合他的产品。汽车产品说明环节是销售顾问表现专业性的最佳机会,提供一个良好的产品说明,会让客户对销售顾问更加信赖,销售顾问的推荐对客户的最终选择具有更大的影响力。销售顾问扎实的汽车产品知识以及正确的产品说明方法,是进行产品说明的基础,是让客户产生信赖、加深印象的基础。

汽车产品介绍是销售流程的关键步骤,通过这一步骤,销售顾问专业地说明产品的特点,针对客户的需求,能够建立客户的信心;在产品说明的过程中解决客户的购买障碍,激发客户的购买欲望。

3 汽车产品说明的执行办法

要想正确的执行汽车产品说明环节,销售顾问要注意:做好产品说明的准备工作,勤加练习;充分利用各种销售工具,例如产品资料、展示车辆等;在进行汽车产品说明时,要针对客户需求,熟悉相关的话术技巧;要与客户形成良好的互动,让客户参与到产品说明的过程中来,时刻关注客户的反映,关注客户的兴趣点。

二 汽车产品说明的成功因素

(1)销售顾问展示品牌和产品亮点。

(2)销售顾问可以根据具体的客户需求,灵活地调整产品展示和试乘试驾重点。

(3)全面地向客户进行产品展示(在绕车介绍时,根据客户对车辆特别关注的地方,采取重点解说)。

(4)销售顾问应充分了解自己产品和竞争产品的信息和报价。

(5)所有车型均具备展示车辆和试乘试驾车辆,试乘试驾车应使用最高配置车型。

(6)所有车辆零缺陷、清洁且可驾驶(无张贴、车顶或仪表板上无张贴任何标签、无座椅罩、无覆盖物,配备原厂脚垫而非纸/塑料脚垫)。

(7)车辆四周有足够的空间供客户有效地观看(每部车至少占地 $30m^2$)。

(8)试乘试驾车车头向外停靠在经销商出口处,便于客户驾驶(试乘试驾车应保持整洁,至少保持半箱油,车内备有瓶装的饮用水、音乐 CD 等)。

(9)试乘试驾车钥匙、登记表和相关文件准备就绪,供销售顾问随时取用。

(10)向每一位客户提供试乘试驾机会。

(11)不断了解某一配置特点或功能是否满足客户期望,促成交易达成。

(12)为客户提供库存车型清单(车型、颜色、发动机型号等)。

(13)设立展厅品牌经理职位,提升展厅内品牌文化感染力,并给予销售顾问技术支持。

三 汽车产品的六方位绕车法

六方位绕车法是汽车产品说明的一个重要方法，也是目前各个汽车品牌经销商展厅销售都在采用的产品说明方法。这样规范的汽车产品展示流程是由奔驰轿车首先使用的，但是，在启用的初期并不完善，后来被日本丰田公司的雷克萨斯(原凌志)轿车采用并发扬光大。

六个方位包括车前方(左前方45°)、车侧方、车后方、车后座、驾驶室、发动机舱(图4-17)。每个方位可以说明不同的产品重点，销售顾问自我练习时可以把汽车的产品知识要点按照方位进行分类。

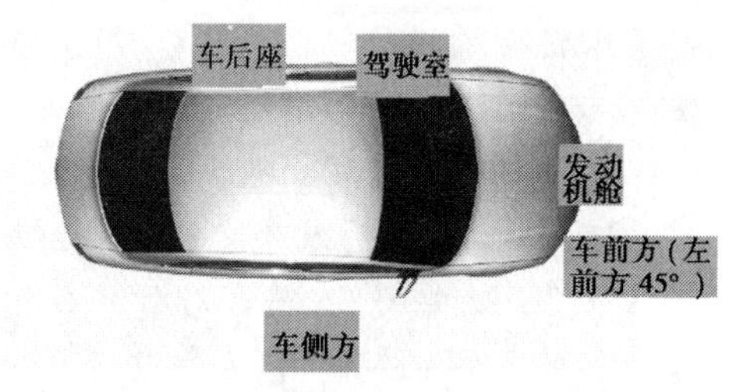

图4-17　六方位绕车法示意图

经过调研，一个汽车消费者在4S店平均要花费90分钟，其中有40分钟被用来做汽车展示。所以，六个标准步骤的展示应该使用40分钟，每一个位置大约花费7分钟，有的位置时间短一些，有的要长一些，比如，在车后座和驾驶室就需要多花费一些时间。实际工作中，六个方位没有一定的顺序要求，应以客户的需求为出发点，客户需要销售顾问讲什么，就应按照客户的要求进行讲解，要把六方位的要点融合进去。

六方位绕车法注意要点如下。

(1)每个方位都有一个最佳的站位点，销售顾问要根据客户的特点主动引导。

(2)每个方位都有最适合介绍的内容，要展示给客户。

(3)方位没有顺序，也不是一次非要介绍六个方位，而是根据客户需要进行。

(4)每个方位都有一定的介绍话术，要多积累和总结经验。

(一)六方位绕车法具体说明

图4-18　车前方介绍方法

1 车前方(左前方45°)

当客户接受你的建议，愿意观看你推荐的车辆的时候，到底应该从哪个位置开始介绍呢？车前方应该是你开始的位置，要结合车型的特点、客户身高特点及客户感兴趣的内容选择合适的位置，一般情况下，销售顾问在这个方位的介绍方法如图4-18所示。

(1)站在车辆左前照灯前80cm左右，面对客户。

(2)邀请客户在车辆正前方约45°，距离

车辆 2 ~ 3m 的位置观看。

(3)局部介绍需五指并拢,手心向上引导客户观看,必要时可微微躬身。

车前方介绍的主要要点有:品牌车标特征、整车造型设计、车头前端设计、前照灯设计、前格栅设计、前风窗玻璃清洗装置等。

实例说明:

销售顾问应五指并拢,指向发动机舱盖和前照灯,面对客户进行详细解说。

我们一起来看下它的前脸,低俯(宽而低的车身造型)、浑厚有力的造型设计,展现出高级紧凑型轿车的设计精髓(图 4-19)。从前方向车身两侧延伸的棱线与低位配置的前格栅线条组合而成的"U"字形前脸设计,远看就像一张笑脸,优美自然,立体动感,与车头两旁的前照灯组相映生辉。将远近光灯、示宽灯与转向信号灯三合为一的组合式前照灯,拥有外扩立体感的造型设计,照明效率更高,功能性更强,并可根据光线变化,自动点亮或熄灭,美感与实用性兼备(图 4-20)。前雾灯独立位于"笑脸"两旁,令前脸表情更加生动同时具有极高的穿透力和非凡的照射能力,在恶劣天气中能有效提高前方能见度,为您指明方向(图 4-21)。

图 4-19　车前方介绍要点

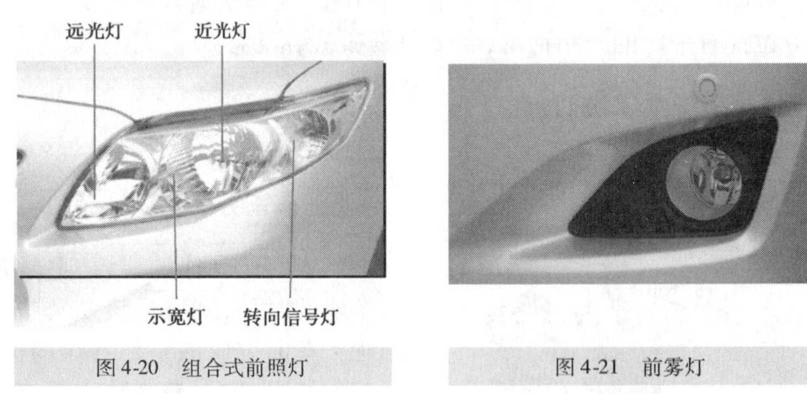

图 4-20　组合式前照灯　　图 4-21　前雾灯

2 车侧方

到达车侧方时,客户的兴趣开始进入状态,根据你发掘的客户的深切需求,有针对性地介绍车辆的侧面。车侧方介绍时有两个位置,一般情况下在一侧介绍外观和特色装置,在另一侧介绍车辆的安全装备。销售顾问在这个方位的介绍方法如图 4-22 所示。

(1)介绍应在车辆侧面进行。

(2)将客户邀请至 B 柱外 60～100cm 的位置观看车辆。

图 4-22　车侧方介绍方法

车侧方介绍要点主要有:车身的长度、车侧线条、侧面转向灯、外侧门把手、轮胎与轮毂、宽大车内空间、优良的行驶性能设计、最小转弯半径、前后悬架、轻质及高强度车体、防抱死制动系统、电子制动力分配装置、车身稳定性控制系统、牵引力控制系统、上下坡辅助控制系统、冲撞吸能式车身、无线门锁遥控装置、智能钥匙起动系统等。

实例说明:

我们一起来看下车的侧面,这辆车彰显"短车头、长车身"的先进 FF 轿车的特点,集安全稳定的构造、智能化和人性化的设备于一体,各项配备都可与高级车媲美(图 4-23)。它的侧面采用了高腰线设计,彰显尊贵气质。同时,通过对车身表面和底盘的平整化设计,实现了超低风阻空气动力学性能,风阻系数(Cd)仅为 0.28,在同级车中非常优异。车身采用特有的 GOA 安全车身,在遇到前方、侧方及后方碰撞时,车身能够有效地吸收冲击能量,并在发生危险时为双方带来周全的安全保障(图 4-24)。前麦弗孙、后拖拽臂式悬架系统,辅助以优异的高刚性车身结构设计,具备了稳定的直线行驶能力与转向性能和良好的噪声、震动阻隔效果,即使行驶在不良路面,也一样拥有上佳的乘坐舒适性。当随身携带智能钥匙时,只要靠近车辆,轻轻握住车门把手,锁扣就会打开。上锁时,只要长按车门把手的按钮,全自动车窗、车门及天窗就可以自动关闭。一键启动系统还可以通过按钮来控制发动机的起动和停止,而不需要使用点火钥匙(图 4-25)。

图 4-23　车侧方介绍要点

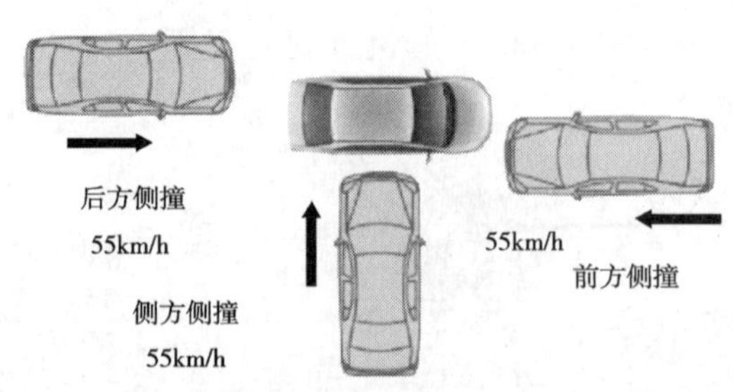

图4-24 车身防冲撞示意图

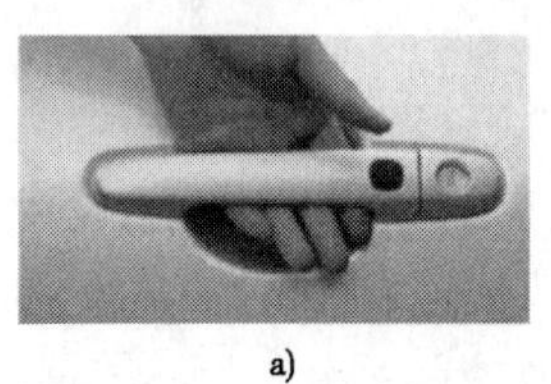
a)

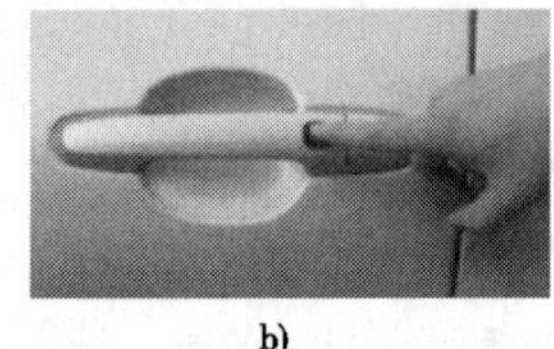
b)

c)

图4-25 智能钥匙系统和一键启动开关

3 车后方

成功留住客户,并带客户来到车后方位置,切记这个时候要征求客户的意见,如果客户有额外的问题,应在全面介绍后仔细回答。车后方是一个过渡位置,车辆的许多附加功能可以在这里介绍。一般在车后方,销售顾问的介绍方法如图4-26所示。

(1)销售顾问适合站在车辆左后方的位置进行介绍,距离车辆后保险杠50cm左右的距离。

(2)邀请客户在车辆右后方或正中的位置观看。

图4-26 车后方介绍方法

车后方的介绍要点主要有:组合尾灯、排气管、倒车雷达及倒车影像系统、开启方便的行李舱盖、汽车的扰流板、备胎的位置设计、后风窗玻璃的设计等。

实例说明:

先生,您看,起伏感的尾部造型,通过与前车灯遥相呼应的组合尾灯以及保险杠上配置的圆形后射镜的设计,诠释出跑车般的后部造型(图4-27)。组合尾灯将制动灯、倒车灯、后雾灯和转向信号灯巧妙整合,造型独特美观,动感华丽,行驶时更是色彩绚丽耀眼,尊显高贵(图4-28)。这辆车拥有450L的超大行李舱容积,如果将后排座椅放倒,更可容纳大而长的

笨重行李，非常适合您全家外出旅行或疯狂采购时放置物品的需求(图 4-29)。不锈钢排气尾管隐藏在后保险杠的右下方，既尊重了后方车辆和行人，又强化了整体的美观，并有利于降低风阻系数，提高燃油经济性。

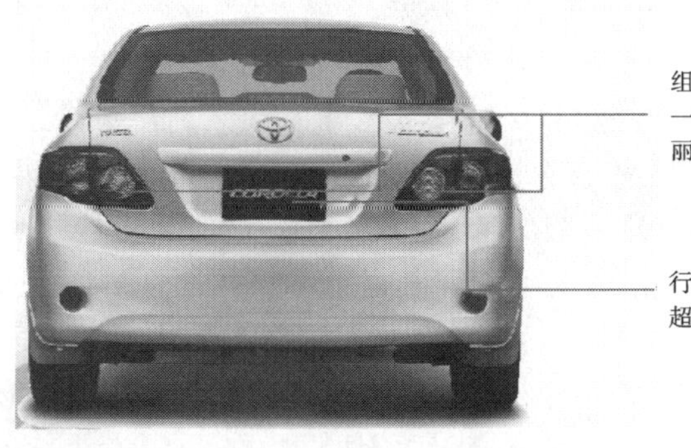

图 4-27　车后方介绍要点

图 4-28　组合尾灯

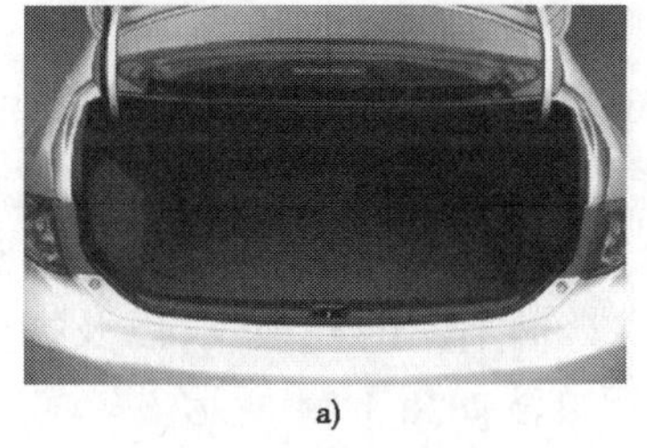

a)

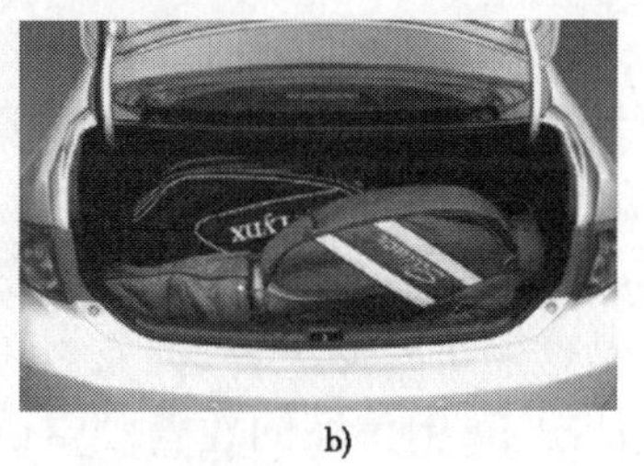

b)

图 4-29　行李舱

4 车后座

到达车后座时，争取客户参与你的介绍过程，邀请客户开门、触摸车窗等。这个位置是一个过渡位置，需要销售顾问积极鼓励客户更多的体验车辆，激发客户的想象，促进他产生希望拥有该款车的冲动。在车后座时，销售顾问的介绍方法如图 4-30 所示。

(1)积极鼓励客户更多地触摸、体验车辆，激发客户的想象，促进客户的购买冲动。

(2)销售顾问可在车内或展车外介绍，但一定要邀约客户进入展车内参观。

车后座的介绍要点主要有：后排电动调节座椅、后排中央扶手处控制板、车载冰箱、后排空调出风口、后部空调、后窗电动式遮阳帘、后座侧窗帘、后排座椅安全带调节、后排乘坐空

间、后排座椅安全锁、后排座椅电动按摩等。

实例说明：

先生，您可以打开车门，坐进这辆车内部感受一下。该车采用与高级车座椅相同的设计理念，符合人体工学的舒适感受，乘坐空间宽敞，后排座椅安全锁和后车窗遮阳帘更能为您营造安心的乘坐环境（图4-31）。车身采用先进的FF开发平台，减少后排地板中间的隆起，使后排地板平整化，其高度仅为30mm，令后排乘客丝毫感觉不到压迫感。后排座椅采用6:4分割式，还可放倒，与行李舱相通，可拥有更大的储物空间来容纳大件物品或较宽较长的物品（图4-32）。为了给乘员最细致的安全保护，避免您不必要的财产损失，后排座椅上设置了安全锁，按下锁定按钮，就可以将后排座椅完全固定。后车窗设置了遮阳帘，能够遮挡后方照射进来的阳光，炎炎夏日让车内更加凉爽，并可确保驾乘人员的私密性（图4-33）。

图4-30　车后座介绍方法

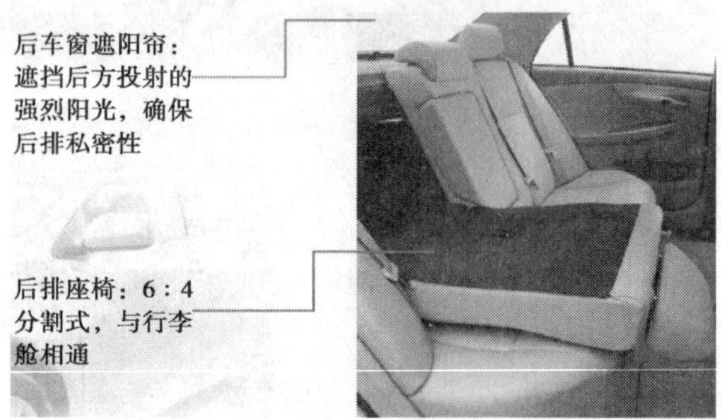

图4-31　车后座介绍要点

5 驾驶室

驾驶室这个位置是客户最感兴趣、最能够产生实际联想的位置，也是销售顾问讲解的重点，可以涵盖的内容比较丰富，应根据客户的具体需求有针对性地选择介绍的重点。这个时候，销售顾问应该注意观察客户感兴趣的方面，引导客户到驾驶座上体验一下，让客户想象自己未来就是这辆车的操纵者、拥有者，激发客户对车辆了解的积极性，以及拥有这辆车的欲望。一般情况下，销售顾问在驾驶室讲解时的介绍方法如图4-34所示。

（1）打开驾驶室车门，站在B柱位置前为客户介绍转向盘、变速器等。

（2）请客户进入展车，销售顾问以标准蹲姿为客户操作电动座椅等。

a)

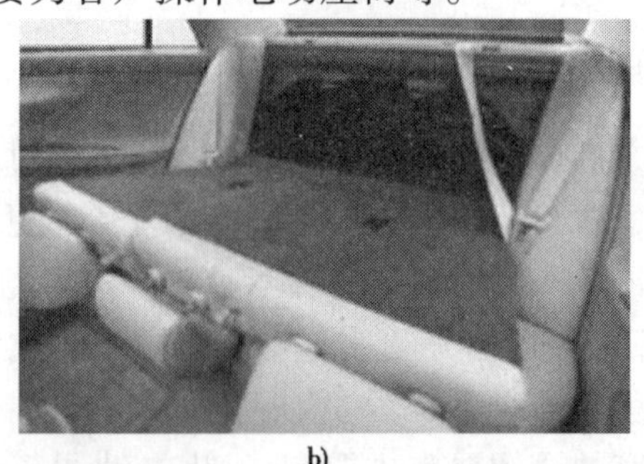

b)

图4-32　可放倒后排座椅

(3)蹲着或者在得到客户允许以后坐到副驾驶席继续介绍其他功能。

图 4-33　后车窗遮阳帘

图 4-34　驾驶室介绍方法

驾驶室的介绍要点较多,主要有:能够充分体验宽敞的车内空间、高精度高品质感的内饰设计、前排电动调节座椅、驾驶席最佳位置记忆及自动调节系统、提高舒适感的前头枕、真皮包裹转向盘、电动调节转向盘、新型动力转向装置、转向盘操控按钮、组合式仪表板、自发光式仪表盘、多功能信息显示器、带蓝牙功能的多媒体 DVD 语音导航系统、测间距声呐、倒车诱导装置、高级音响系统、左右独立式新型自动空调、空气清新器、等离子发生器、大型杂物箱、中央小储物盒、杯架(前/后)、顶式操控台、带有顶棚照明的遮光罩、智能钥匙启动系统、手自一体式自动变速器(操控手柄)、可加热及可折叠的电动后视镜、防紫外线及低反射的风窗玻璃、扩散式风窗玻璃清洗装置、安全带警告装置、前排安全气囊、侧部安全气囊、窗帘式安全气囊、各种电子辅助系统等。

实例说明:

先生,请您坐到驾驶座位上,畅想一下驾乘体验。这辆车集优化简便的操作性、优越的乘坐舒适性、行驶的稳定性和静谧性于一身,充分为您打造绝佳的驾驶体验(图 4-35)。

图 4-35　驾驶室介绍要点

①4 挡自动变速器(Super ECT)(图 4-36)。轻量、紧凑化的自动变速器,设计时减少了运动零部件的摩擦,使换挡更加顺畅,让驾驶更加轻松自如。

②5 挡/6 挡手动变速器(图 4-37)。这辆车还特别为满足喜欢驾驶乐趣的客户配备了 5

挡/6 挡手动变速器,采用了更精密合适的齿轮比和低黏度的齿轮油,提高了燃油经济性,同时增加了变速器与发动机的连接点,令换挡更加顺滑、流畅。

图 4-36　4 挡自动变速器操纵杆

图 4-37　5 挡/6 挡手动变速器操纵杆

③三辐式带操控键的转向盘(图 4-38)。三辐式带操控键的转向盘采用真皮包裹,握盘时会给您极佳的触觉享受和细腻精致的体验。音响控制、蓝牙控制、声音识别控制按键全部集中于转向盘之上,让您在驾驶的同时就能轻松操控。

图 4-38　三辐式带操控键的转向盘

④定速巡航系统(图 4-39)。当您在高速公路或路况畅通平坦的道路行驶时,只要通过转向盘右下方的定速巡航控制键,即可使车辆自动保持一定的速度行驶。

⑤6 向电动调节驾驶座椅(图 4-40)。您看,您现在乘坐的驾驶座椅具有 6 向电动调节功能,可实现椅背前后、上下高度、靠背角度及腰部支撑调节,不论您想采取哪种坐姿,都可轻松得到满足。

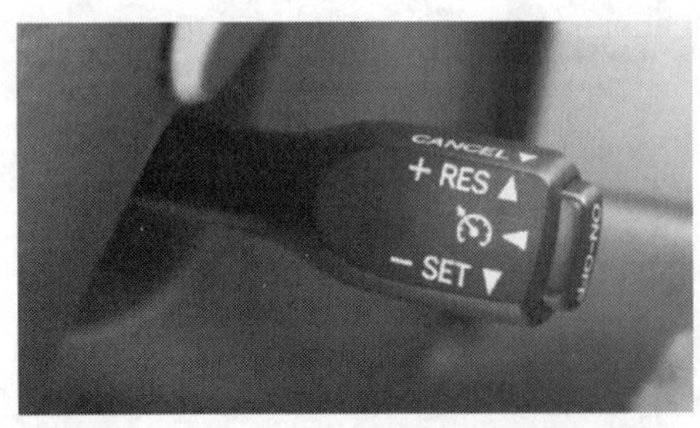

图 4-39　定速巡航系统控制键

⑥EPS 电子助力转向系统。先进的电子传感器可感应车辆行驶速度与转向盘的转动角度,自动提供可靠的转向助力。无论是停车、低速或是高速行驶时,都能提供可靠的转向助力。当车辆在直线行驶时,系统不消耗任何能量,有效提升了燃油经济性。

⑦SRS 安全气囊(图 4-41)。这辆车配备了前排两级式双 SRS 安全气囊、侧部 SRS 安全气囊及窗

帘式 SRS 安全气囊。当车辆发生猛烈撞击时,安全气囊会迅速展开,对驾乘人员提供最大程度的保护(图 4-42)。

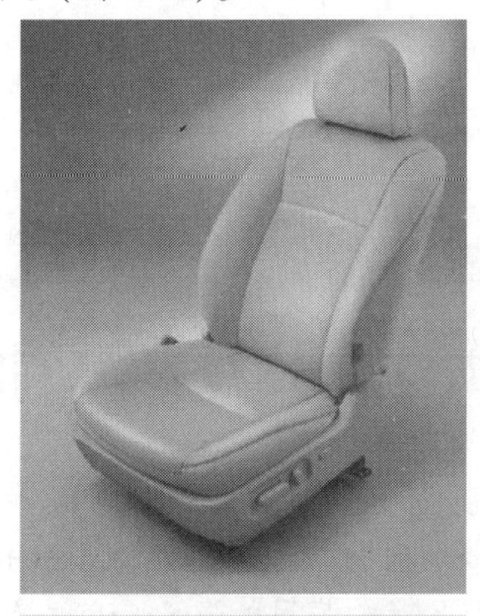
图 4-40　6 向电动调节驾驶座椅

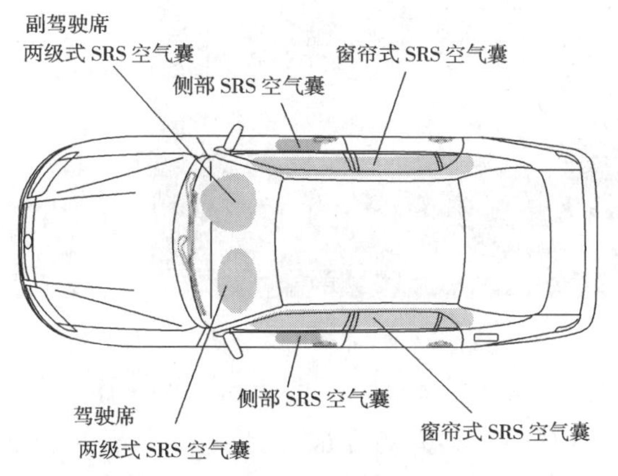

图 4-41　SRS 安全气囊

⑧自发光式仪表盘(图 4-43)。先生,您看,这辆车采用自发光式多功能显示仪表盘,灯光鲜艳生动,拥有渐显、渐弱的照明功能,仪表盘外饰采用了翼状突起流线型造型设计,中央的驾驶信息显示屏能自动分析显示您的各项行车数据,让您对爱车行驶情况了如指掌。

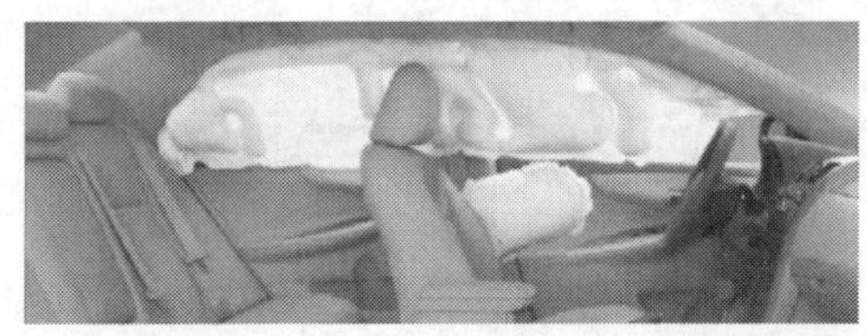
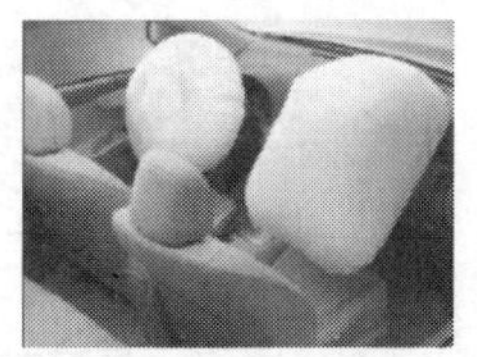
图 4-42　SRS 安全气囊展开效果图

⑨泊车便利系统(图 4-44)。当您需要停车时,这辆车的驻车(倒车)测距雷达通过车辆前方和车尾部的超声波传感器,自动侦测前、后方障碍物,并在仪表板上以图示和声响来提示您与前、后障碍物的距离。此外,该车还配备了更为高级的倒车诱导显示装置,当您挂入倒挡时,显示屏自动显示车辆后方状况,并标有距离定位线、车身延长线和预计路线。

图 4-43　自发光式仪表盘

⑩DVD 语音电子导航系统(图 4-45)。这辆车的 DVD 语音电子导航系统拥有丰富的检索、储存记忆功能,可以轻松记录并随时调出以往设定的行走路线。同时,32 000 色的 7 英

寸触摸式信息显示屏，使画面更加清晰、逼真。另外，DVD 语音电子导航系统带有蓝牙免提装置，可以在手不离转向盘的情况下通过声音识别来进行控制操作，十分便利。

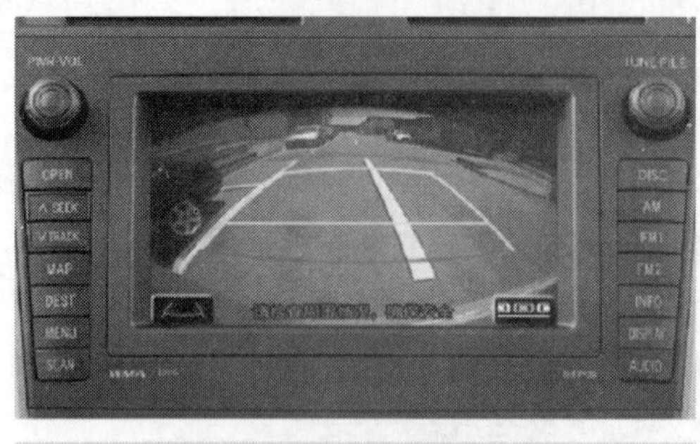

图 4-44　泊车便利系统

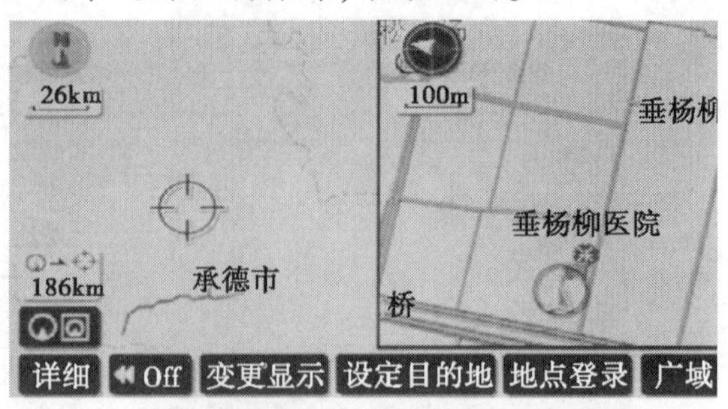

图 4-45　DVD 语音电子导航系统

⑪音响系统（图 4-46）。6 碟连放的 CD 音响主机，免去了频繁换碟的麻烦，可兼容 MP3、WMA 等多种格式的音乐，让您尽享音乐带来的乐趣。同时，该车还兼具数码收音机功能，能够准确搜索设定广播频段，信号更加稳定。LIVEACS 音响装置加强了低音效果，配合 6 音箱系统，给乘客带来环绕立体声的震撼感受。

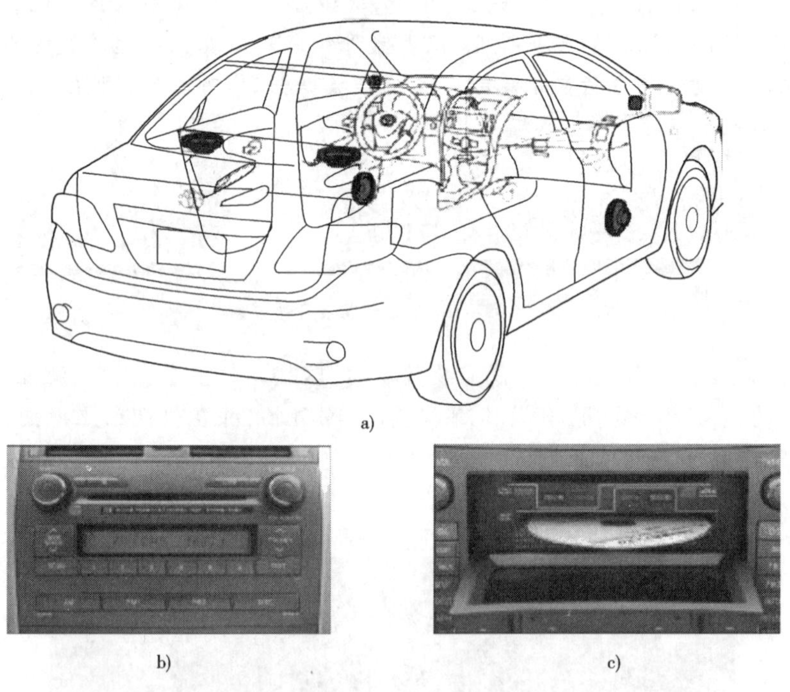

a)

b)　　c)

图 4-46　音响系统

⑫自动空调系统（图 4-47）。这辆车的自动空调系统采用了 PWM 变频冷气压缩机，既提高了空调性能，又更加节能。设置于仪表板上方的中央出风口使风向上送，不会由于风直接吹向乘员的脸部和头部而使其不适。空调系统的空气滤清器配有花粉祛除装置，令车内空气始终保持清新自然。

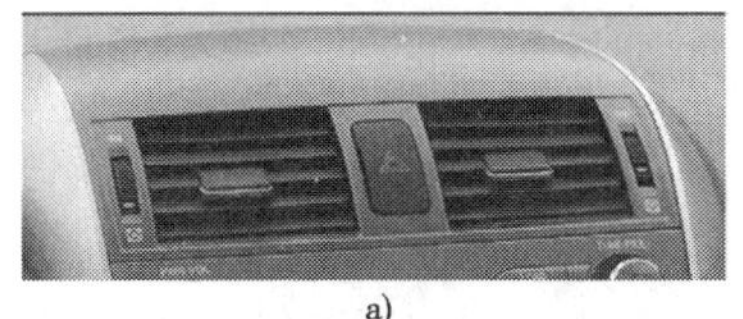
a)

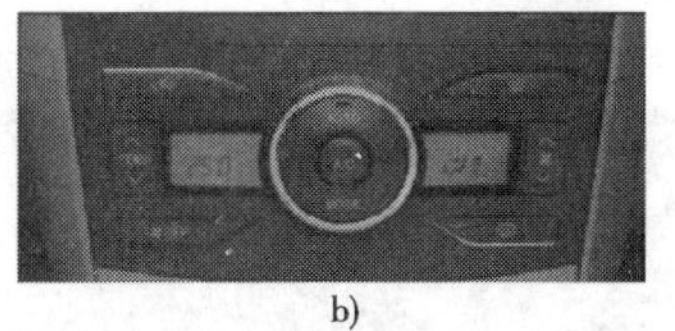
b)

图 4-47 自动空调系统

6 发动机舱

到达发动机舱是你开始介绍发动机动力的时候。在一个车辆的介绍当中,发动机的动力表现是非常重要的一个方面。示范打开发动机舱盖,根据客户的情况把我介绍的内容,可根据客户要求,短时间的起动车辆,增加客户的实际体验感。一般来说,在发动机舱这个方位时,销售顾问的介绍方法如图 4-48 所示。

图 4-48 发动机舱介绍方法

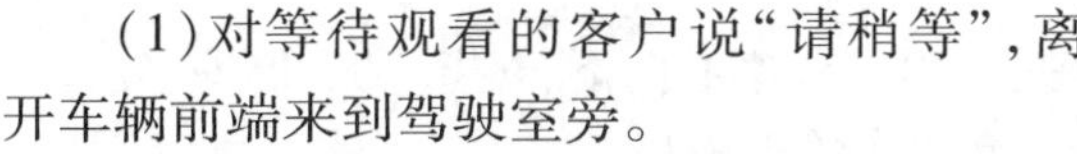

(1)对等待观看的客户说“请稍等”,离开车辆前端来到驾驶室旁。

(2)打开车门,拉动发动机舱盖锁定释放杆。

(3)关上驾驶室门,返回车辆前端,用双手打开发动机舱盖。

发动机舱的介绍要点主要有:发动机布局、添加冷却液等液体的位置、发动机悬架避振设计、节油方式、环保设计、尾气排放设计、散热设备的设计等。

实例说明:

这辆车拥有凌驾于其他同级别车之上的强劲动力和较高的燃油经济性。它装备的是最新研制开发的双 VVT-i(进、排气门智能正时可变控制系统)直列四缸发动机,进一步提高了转矩、输出功率和燃油经济性三项指标,实现了低转速、高转矩和低油耗、高功率的完美统一,同时极大提升了发动机的响应性,将每一份力量平顺地传递至部件深处,时刻保证强劲动力(图 4-49)。发动机舱盖采用纵梁结构,断面采用缓冲构造,减少了发生碰撞时对行人头部的伤害。同时对前保险杠前端进行了加固,并在水箱支架下部安装了缓冲装置,减少了发生碰撞时对行人腿部的伤害(图 4-50)。前车身结构可承受时速 15km 的撞击,发动机舱内部结构的设计加强了安全性,在经受时速 15km 以下的撞击时,将车身前缘各部分的损伤降到最低。

(二)销售顾问使用六位绕车法时的注意事项

(1)保持微笑,主动、热情地为客户提供服务。

(2)在介绍过程中,使用规范的站姿、走姿、蹲姿、坐姿。

图 4-49　发动机舱介绍要点

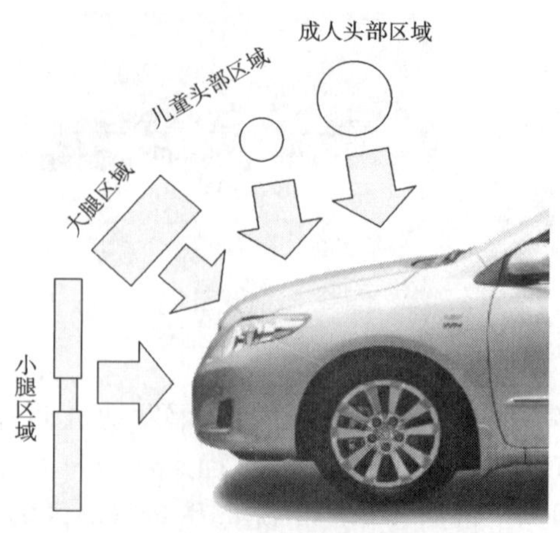

图 4-50　行人保护设计

(3)在介绍的时候不忘使用“您看”、“您请”、“请问您”等文明礼貌用语。

(4)在为客户做指引、介绍的时候，手臂伸出，五指并拢，手心向上。

(5)开关车门时要注意举止文明，轻开轻闭。

(6)客户进入展车内时，销售顾问应用手掌挡在车门框下(掌心向下、五指并拢)保护客户。

(7)爱护展车，尤其要预防车辆油漆被客户不慎刮伤的现象出现。

(8)保持展车内外的清洁及车内饰物的整齐。如果客户手持香烟、饮料、食品等容易破坏车内清洁的物品，销售顾问应礼貌地制止其进入展车参观。

四 FAB 话术法则

1 FAB 话术法则的定义及意义

世界级的销售流程关键特点是：它不是产品相关信息的数据堆积而成的，而是把客户的情感需求和车辆的具体配置方式讲述出来，能让客户体会到价值所在。

FAB 话术法则是销售理论中一个很重要的话术法则，它提供了一个向客户介绍产品的话术逻辑，通过该法则可以将产品的配置特点、功能和客户获得利益结合起来，促进客户对汽车产品更加了解，从而产生购买欲望。

FAB 法则对应的是三个英文单词：Feature、Advantage、Benefit，即特点、功能、好处。按照这样的顺序来介绍，就是说服性演讲的结构，它达到的效果就是让客户相信你的产品是最好的、最适合他的，FAB 法则是销售汽车最常见的一种说服技巧。

(1)特点(Feature)：在产品演示和试乘试驾阶段，销售顾问应对所有关键配置特点进行讲解，并强调客户关心的部分；清楚地提到这些配置的名字，例如：“这是迈腾的音响系统。”此外，为了确保客户能理解销售顾问的介绍，需指明正在讲解的配置位置。例如，试乘试驾时，销售顾问应在介绍音响配置时逐一指出各个按键，介绍时要做到客观真实。

(2)功能(Advantage)：在对某项配置进行讲解并指给客户观看之后，销售顾问应该清楚

地说明这一配置的功能，比如："按这个键可以打开音响（按键启动），在这里选电台频道。"讲解功能时，应确保客户完全理解，如有必要，应询问客户是否真正理解这些配置的功能。

（3）好处（Benefit）：解释这些配置给客户带来的好处（好处要因人而异，视客户的需求而决定），对配置的好处应进行详细讲解，尤其是你销售的汽车产品对比其他竞争车型所独有的优势，比如："当您在欣赏音乐时，这款车的音响效果将带给您一个倍加舒适，轻松的驾驶体验。"

FAB 法简单地说，就是在找出客户最感兴趣的各种特征后，分析这一特征所产生的优点，找出这一优点能够带给客户的利益。

2 FAB 话术法则的应用

FAB 话术法则的应用应该遵守"一个中心，两个基本法"。"一个中心"是以客户的利益为中心，并提供足够的证据；"两个基本法"是灵活运用观察法和分析法。

针对不同客户的购买动机，把最符合客户要求的产品利益，向客户推介是关键的，为此，最精确有效的办法，是利用特点（F）、功能（A）和好处（B）。其标准句式是："因为（特点）……，从而有（功能）……，对您而言（好处）……"

FAB 法则实例应用举例见表 4-5。

FAB 法则实例应用举例 表 4-5

FAB 法则	定　义	例　一	例　二
特点（F）	实际配置特点 因为……	因为配置高档驾驶人座位	因为配置 2.5L 发动机
功能（A）	从而有……作用 如何操作	从而拥有八方位调节功能	从而帮助提高车辆性能
好处（B）	对您而言意味着……	对您而言由于调节范围广，可以增加舒适程度	对您而言在赛车情况下，加速性能特好

分组练习：小组成员之间，互相运用 FAB 话术法则对以下汽车配置进行介绍：行李舱、ESP、氙气前照灯、音响系统、无骨刮水器。

第四节　试乘试驾

试乘试驾是让客户感性地了解车辆有关信息的最好机会，通过切身的体会和驾乘感受，客户可以加深对销售顾问口头说明的认同，强化客户对销售顾问以及汽车产品的信心。

一 试乘试驾概述

1 试乘试驾的意义

在汽车销售过程中，试乘试驾具有十分重要的作用。当汽车产品引起客户的兴趣时，试

乘试驾可以让客户更进一步体验到销售顾问所推荐的产品的质量和特点，以提高销售的成功率。销售顾问要尽可能的邀请、引导客户参与试乘试驾，并且密切留意客户在试乘试驾过程中的神态、表情和想法，多与客户交流，根据客户关注的要点进行介绍，给予适时的帮助、推荐、说明、指导，鼓励客户对汽车产品的体验，激发客户拥有产品的欲望。

2 试乘试驾的目的

试乘试驾是汽车产品说明的延伸，也是客户触摸、感受车辆的最好时机（图4-51）。

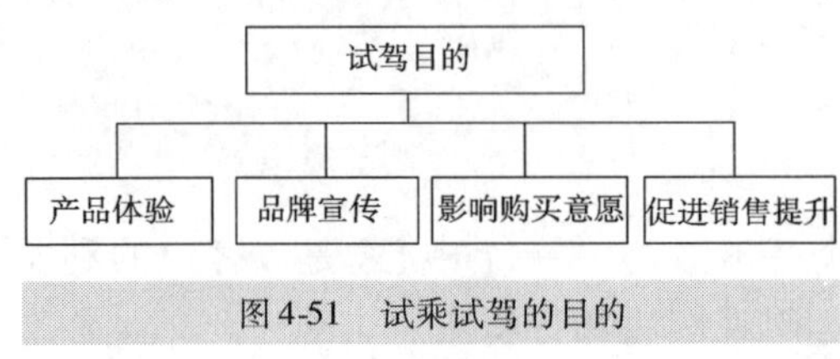

图4-51　试乘试驾的目的

（1）产品体验。通过详细与深度的产品介绍说明、静态感观、亲自操控、乘坐感受，带给客户关于车辆最直接、全面的感观感受和真实的细节体验。

（2）品牌宣传。无论是目标客户，还是舆论领袖、传媒工作者，一次有效的试乘试驾将带来“正确的认识＋产品的好感＋正面的舆论扩散”。

（3）影响购买意愿。通过试乘试驾过程的巧妙设计和引导，体验者大多会对所试乘试驾的车辆留下良好的印象和感受，这是影响购买决定的重要因素之一，一次有效的试乘试驾将带来“真实的印象＋实际的体验＋购买的冲动”。

（4）促进销售提升。试乘试驾，是有效的媒体推广和销售促进手段，同时也可借此机会获取目标客户线索和其对车辆的关注重点，并在试乘试驾活动中稍加引导或跟踪，便能有效促进销售的达成。

3 试乘试驾中销售顾问的重要性

（1）销售顾问应该是高素质的试乘试驾活动组织者。专业的销售顾问将是成功的试乘试驾活动的策划人和组织者，他们不仅熟练掌握试乘试驾活动的流程，同时知晓体验者最需了解的信息和最能打动体验者的细节所在。成功的策划和组织将包括合理的信息整合、细节设计和人员组织，这些都必须通过专业的销售顾问得以实现。

（2）销售顾问应该是高质量的试乘试驾活动实施者。试乘试驾活动的成功与否很大程度上取决于执行者与体验者的互动和沟通，因此专业的销售顾问也将是高质量完成活动方案的执行者。激发好感的细节感受、专业的深度讲解、适宜的热情沟通都将帮助体验者尽快树立对新车的好感并促使他们做出选择。

4 试乘试驾体验方式

（1）店面试驾。店面试乘试驾是最常见的体验方式之一，一般就在4S店周边附近，针对对象主要是邀约/来店的意向客户；对参与者的安排，则尽量减少试驾前的等待时间以及延长试驾后的交流时间。

（2）公路试驾。对于公路试驾，我们需要提前安排食宿及针对性的引导，因此接待及组织工作相对复杂一些，针对对象主要是俱乐部会员/老客户/媒体工作者；对参与者的安排，则突出团队的意识及安排的体贴，加强路途中的交流，同时留有合理的休息观光时间是必要的。

(3)场地试驾(深度试驾)。对于场地试驾，我们要根据实际的需求选择场所，规划具体的体验项目，针对对象主要是邀约客户(含意向客户/老客户/会员)/媒体工作者，常见的体验方式比如媒体试驾会；对参与者的安排，需要考虑组织有序，接待周到，讲解细致，避免长时间等待。

二 试乘试驾的主要流程

试乘试驾的主要流程包括：试乘试驾的准备；客户登记；试乘试驾的说明；客户试乘；更换驾驶位，客户试架；试乘试驾评价(图 4-52)。

1 试乘试驾的准备

(1)路线选择及设计(图 4-53)。各品牌汽车销售服务企业根据自己情况选择试乘试驾路线图，为保证必做体验点项目的完成，路线图必须包括(但不限于)以下路段，当然，这些路段可能受条件限制没有连在一起，即路线图可以由几个分路段组成：90°左右转弯路段，能保证以 45km/h 左右的速度过弯；平直加速路段，保证有 150 米长或以上，启动后可加速至 60km/h 或以上。

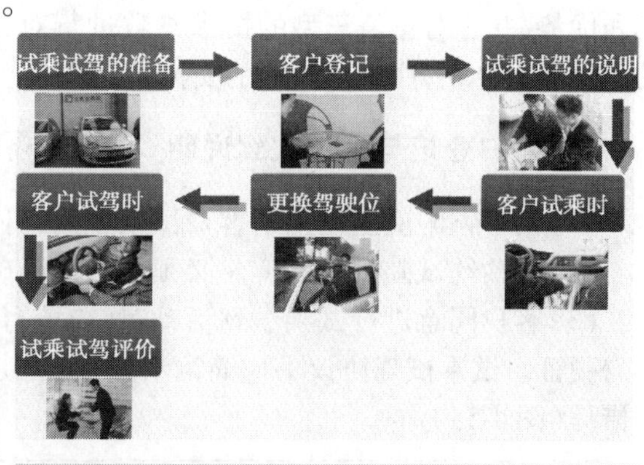

图 4-52 试乘试驾流程图

图 4-53 试乘试驾线路设计

(2)试乘试驾车辆准备。每天必须进行车辆的常规检查，确保全天候车况良好，燃油充足，停放整齐规范；每天对车辆进行维护，清洗车辆，勤加保养，确保车辆外观整洁如新，车内整洁无杂物、无异味；对车辆进行调整，收音机预设好频道，试乘试驾后及时将座椅、头枕、转

向盘、安全带、扶手、空调等恢复到常规状态；车内必须准备试音碟和不同风格的CD，以及其他人性化准备，比如矿泉水等（图4-54）。

a)
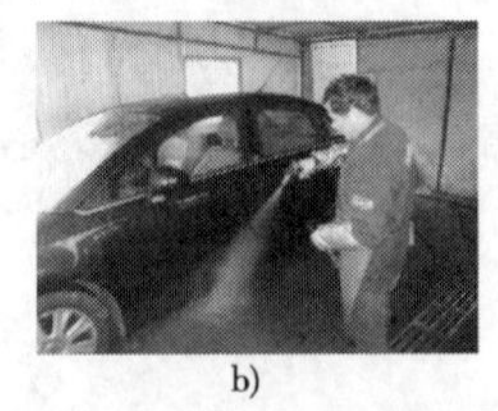
b)

c)

图4-54　试乘试驾车辆的准备

（3）试乘试驾销售顾问的准备。事先征求客户的意见，根据客户的时间安排来设计试乘试驾的过程，销售顾问必须具备熟练的驾驶技术，扎实的产品知识，能够熟练的介绍产品性能和优势，并能对竞争车型的技术参数进行对比，介绍时结合客户的反映，针对客户感兴趣的部分深入介绍，注重与客户的交流互动。

2 客户登记与试乘试驾说明

（1）销售顾问应主动邀请客户试乘试驾，可尽量运用试乘试驾作为跟进活动的话题。

（2）对预约试乘试驾的客户必须再以电话确认试乘时间。

（3）客户同意进行试乘试驾活动时，应填写试乘试驾协议书，并且请客户签名，复印客户的驾驶证。试乘试驾协议书应简洁清晰，明确责任义务，避免出现对时间和操作有严格规定的措辞（图4-55）。

试乘试驾协议书（示例）

尊敬的客户：

您好！欢迎您和您的亲友参加我公司举办的试乘试驾活动。参加试乘试驾活动前，请填写您的基本信息：

姓名		职业	
性别		兴趣爱好	
手机		曾驾驶过的车型	
是否有私车		感兴趣的其他品牌	
驾驶证号码		欲购品牌	

在正式进入活动前，请您对以下条款进行核对和确认声明：

1. 您拥有合法的中华人民共和国机动车驾驶证并且超过一年的驾龄。
2. 试车时，您将严格遵守行车驾驶法规，服从公司陪驾人员的指示，严格按照指定的试驾路线驾驶。
3. 文明驾驶，保证驾乘人员的人身安全。
4. 保护试乘试驾车辆的安全完好。
5. 注意防火，在试车期间杜绝一切火灾隐患（如吸烟等）。
6. 我公司陪驾人员有权根据实际经验和技术判断，取消您试乘试驾资格，保障人身安全，避免不必要的损失。
7. 对试驾过程中所造成的意外、车辆损失以及人员伤害等一切损失，均由您自行承担全部责任。

试驾人：

日期：

图4-55　试乘试驾协议书

（4）在办理试乘试驾手续时，应该邀请客户至休息区，提供饮料，培养轻松愉快的心情。

(5)销售顾问根据客户对车的关注重点(如加速/制动、驾驶操控性、舒适等),为客户提出试车路线的建议,给客户量身订制的感觉。

(6)当客户提出其他路线方案时,能够迅速做出反应,尽量满足客户需求。如果要求无法满足,也能够给客户做出合理解释,充分沟通,请客户在条件允许范围内选择最理想的方案。

(7)在试乘试驾前应对客户介绍试乘试驾的车型、产品特点和安全驾驶须知等。

3 客户试乘

(1)销售顾问用手挡在车门上侧保护,客户进入副驾驶座后帮助客户调节座椅,关闭车门。

(2)销售顾问回到驾驶座位上,系好安全带,并提醒客户系好安全带,将自己的手机设置为静音状态。

(3)体验怠速效果。发动车辆,怠速工况下请客户感受车内静音效果。

(4)体验音响效果。打开音响,询问客户喜欢的音乐类型,播放CD,根据客户感受调节音量。

(5)体验车辆起步平顺性。轻踩加速踏板,缓慢增加速至45km/h左右,询问客户感受。

(6)销售顾问依据车辆特性,在不同的路段进行动态产品介绍,如过弯的稳定性、颠簸路面的舒适性、换挡平顺性、动力性能、制动性能等。

4 更换驾驶座位

车辆在进行预先设计好的行驶路线之后,销售顾问可以将车辆平稳停靠在安全路段,准备让客户进入试驾环节。

(1)更换驾驶座位,请客户坐到驾驶座位上,做好保护措施。

(2)请客户体验座椅调节、打开电源、调节车窗等基本操作,确认客户是否系好安全带。

(3)询问客户以前的驾驶经验及熟练程度,如果有需要,向客户介绍基本操作,并对起步、换挡的注意事项进行说明。

(4)如果客户有需要,更换不同的CD,体验音响效果。

5 客户试驾

客户试驾时往往比较兴奋,销售顾问在不打扰客户安全行车的情况下,可适时地提醒客户尝试车辆的不同性能,同时提醒客户注意驾驶安全。

(1)客户试驾过程中,以精简交谈为原则,不分散客户驾驶注意力,确保行车安全,让客户自由的体会汽车产品带来的驾驶乐趣。

(2)根据设计路线,适当指引,提醒前方路面情况。

(3)适时的称赞客户的驾驶技术。

(4)销售顾问仔细地聆听客户的谈话,观察客户的表情、神态、驾驶方式,发现客户更多的需求。

(5)若客户有明显的危险驾驶行为或感觉客户对驾驶非常生疏,可以婉转的要求客户将车停放到安全地带,向客户解释安全的重要性,获得客户谅解,邀请客户继续试乘。

6 试乘试驾后

当客户已按照设计好的路线试驾后,销售顾问要结合客户试乘试驾的感受适时的跟进,以促使成交。

(1)客户要询问客户试驾的感受,是否已经充分体验车辆性能,不排除客户再度试驾。

(2)销售顾问协助客户将车辆停放到指定区域,并引导客户关闭车辆电源。

(3)再次赞赏客户的驾驶技术,将客户引导到洽谈桌旁,倒上茶水饮料。

(4)帮助客户回忆美好的试乘试驾体验,询问客户的感受和建议,对客户感兴趣的地方加以强调说明,强化客户对车辆的亮点记忆。

(5)询问客户对车辆的购买意向和需求,引导客户进入报价协商阶段。

(6)对暂时为成交的客户,利用留下的相关信息,与其一同填写《试乘试驾客户信息及意见反馈表》(表4-6)。

(7)客户离开后,将客户信息及时更新到汽车销售客户关系管理系统中。

试乘试驾客户信息及意见反馈表　　表4-6

<table>
<tr><td>客户姓名</td><td></td><td>性别</td><td></td><td rowspan="4">粘贴驾驶执照复印件:</td></tr>
<tr><td>身份证号码</td><td colspan="3"></td></tr>
<tr><td>联系电话</td><td colspan="3"></td></tr>
<tr><td>驾照类型</td><td></td><td>驾龄</td><td></td></tr>
<tr><td>试乘试驾车型</td><td colspan="2"></td><td>是否试驾</td><td>□是　□否</td></tr>
<tr><td>试乘试驾时间</td><td colspan="2"></td><td>线路</td><td></td></tr>
<tr><td>销售顾问</td><td colspan="2"></td><td>试车员</td><td></td></tr>
<tr><td colspan="5">试乘试驾意见反馈</td></tr>
</table>

意见反馈项目	不满意	基本满意	很满意
1. 您对试乘试驾车的车况和清洁程度是否满意			
2. 您对试乘试驾线路的长度是否满意			
3. 您对试乘试驾线路设置的测试项目是否满意			
4. 您对销售顾问的试乘试驾服务是否满意			
5. 您对试乘试驾车的动力表现是否满意			
6. 您对试乘试驾车的操控性能是否满意			
7. 您对试乘试驾车的制动性能是否满意			
8. 您对试乘试驾车的舒适性能是否满意			

续上表

意见反馈项目	不满意	基本满意	很满意
9. 您对试乘试驾车的内部乘坐空间感受是否满意			
10. 您对试乘试驾车的综合评价是否满意			
请在这里写下您对本次试乘试驾的任何感受、意见或建议：			
您认为试乘试驾对您决定购买这辆汽车是否有很大的影响作用		□ 是	□ 否
感谢您的支持与配合！请在此处签署您的名字：			

三 试乘试驾的要点

(1)主动邀请客户试乘试驾。试乘试驾是销售顾问促进销售成功的最重要的方式,为了满足并超越客户期望,请销售顾问务必主动提供“体验式”服务,主动邀请客户试乘试驾,或者根据客户时间安排预约客户参加小型试驾活动。

(2)试乘试驾过程是销售顾问与客户进行情感交流的最有利时机,是取得客户信任的最好的销售方式。销售顾问应该充分把握契机,拉近与客户的心理距离,进一步增强客户的购买信心,站在朋友的角度为客户提供适当的建议。

(3)在试乘试驾过程中,销售顾问应让客户集中精神进行体验,并针对客户需求和购买动机适时地进行解释说明,全面、动态地介绍产品突出优势,进一步激发其购买欲望。

(4)试乘试驾过程要最重要的是安全。所以,我们建议先由销售顾问说明整个试驾流程和场地情况,预告客户有哪些需要注意的安全事项,让客户有时间熟悉路线和车辆,并提醒客户安全驾驶的注意事项。

(5)试乘试驾结束后,应主动邀请客户回到洽谈区,交流试驾感受,进一步强化客户对产品优势的认同,并为达成交易和下一步联系奠定基础。

新车展示的话术拓展:

1. 汽车产品展示前(客户来到展厅)

销售顾问:“这位先生(小姐、女士),请问您准备看什么样的车?”

技巧:简单而且实用的开场白,对于展厅销售特别适用。

客户:“这款车怎么样?”

说明:客户通常的态度,尤其是第一次来展厅。

销售顾问:“这位先生(小姐、女士),您真有眼光,凡是来到我们展厅的,都会首先对这款新车产生浓厚的兴趣(请注意停顿,不要急于介绍产品,要给客户一个思考的时间与空闲)。”

技巧:先对客户实施赞美,一方面拉近与客户的心理距离,同时也引起客户的好奇,“为什么每一个购车的人都会想先看这款车?这款车有什么地方与众不同”,只要客户心中出现

这样的疑问,接下来的汽车产品展示的机会就容易得到了!

客户:“为什么?”

说明:表明已经开始引起客户的好奇,但还不够。

销售顾问:“因为这部车与其他车不同,有自己独到的特点,虽然它是同级车中比较贵的,但却是同级车中最与众不同的。”

技巧:此时不能直接进入产品展示,还需要再作铺垫,循序渐进,充分调动客户的积极性。特别是当你的汽车产品是同类汽车中最贵的,要敢于把“价格高”亮出来,免得客户今后把“价格高”作为拒绝的理由,这样可以变被动为主动。

客户:“有些什么不同?”

说明:客户再次提问,说明对你的介绍已经产生了较为浓厚的兴趣。

销售顾问:“如果您方便的话,我只要花40分钟的时间专门向您做一个重点介绍,您就可以了解这款车为什么最受欢迎了。”

技巧:为了让汽车产品展示能够达到预期的效果,还必须让客户有足够的时间准备和心理准备,调整好客户的心态。只要客户认可,即使是较费时的“六方位绕车法”,均能够得到他们较好的配合。同时,这里还应用“专门为您”表明这是提供给客户的专门服务。

客户:“你说吧!”

说明:至此已得到了客户的认可,可以按后面的示例进行汽车产品展示了。

2. 汽车产品展示中(根据客户的关注点进行展示)

销售顾问:“您好!我是这里的销售顾问小张,看你们这么认真的神情,一定是对这款车非常有兴趣。有什么需要我帮助的?”

技巧:与客户打招呼,拉近双方的距离。

客户:“我们今天是来看一下这款车,想了解一下这款车与××牌的××车有什么不同?”

说明:客户表达出他们来展厅的意图和目的。

销售顾问:“您们真有眼光,能够把这两个不同品牌的车型放在一起比较,想必是想在这两款车中进行选择啦?”

技巧:对客户表示赞赏,目的是拉近双方的心理距离,为下一步销售作好铺垫。同时,对客户的需求目标进行诊断。

客户:“我们已经看了很久,主要在两款车中比较,看哪一个更适合我们。”

说明:客户明确表示候选的两款车型,其中包括销售人员所销售的车型。

销售顾问:“在我给你们作介绍前,我想请教一下,你们最想了解这款车哪方面的情况?”

技巧:不急于进行自己产品的推荐,而从客户准备解决的问题入手,这样能够更好地消除客户的抗拒心理。注意,往往会有一些销售人员到了这时按捺不住,会大谈特谈自己的产品,而忽略了客户关心的问题,因为他们所谈的不一定是客户感兴趣的,反而容易给客户造成抵触,失去成功销售的机会。

客户:“主要是变速器,为什么××款车用的是五速的手自一体化变速器,而这款车用的是四速的手自一体变速器?听很多人说,四速的不如五速的好。”

说明：可以看出，影响客户决策的因素是变速器，而且他们对这款车的发动机的卓越表现并不知晓，对发动机与变速器的匹配缺乏基本的常识。此时，要解决的就是让他们了解为什么这款车要选择四速的变速器。

销售顾问："这个问题问得非常专业，不是每一位买车的客户都会提这个问题。从一般的情况看，五速的变速器似乎要比四速的好，其实这是一种误解。"

技巧：再一次对客户进行赞美，有利于解决这个问题后能够让客户尽快下决心。同时，引导客户对手自一体变速器挡位概念的认识，有利于给竞争对手设置销售障碍。

客户："怎么说？"

说明：表明客户想了解这个问题。

销售顾问："一辆车最重要的是发动机和变速器的性能表现和它们之间的匹配。如果该款车的发动机输出功率与转矩的曲线在一个比较大的转速范围内非常平滑的话，就像这张图上所显示的那样，那么四速的变速器与之匹配就已经充分发挥作用，让速度变化非常的平滑，可以达到完美的境界。在这里，您会看到，发动机的表现才是选择的核心问题，否则就是舍本逐末了。不论您今后选择这两款车的哪一款，如果你所要挑选的哪款车的发动机达不到这样的表现水平的话，那么就要重点考虑一下这款车的变速器与发动机是否真的能够匹配了。"

客户："原来如此。"

说明：表明客户已经认同了销售人员的说明。

销售顾问："除了这个问题，你还需要介绍哪一方面呢？"

技巧：进一步询问客户关注的问题，如果客户表示没有问题的话，就可以顺势进入更深层次的洽谈环节。

客户："……"

3. 六方位绕车介绍

销售顾问："您好！我是这里的销售顾问小张，看你们这么认真的神情，一定是对这款车非常有兴趣。有什么需要我帮助的？"

技巧：与客户打招呼，拉近双方的距离。

客户："我们今天是来看一下这款车，想了解一下这款车与××牌的××车有什么不同？"

说明：客户表达出他们来展厅的意图和目的。

销售顾问："您是需要我作全面介绍呢，还是针对您的问题作重点介绍？"

技巧：诊断客户对产品的了解程度，确定下一步用什么方式进行产品展示，这是导入六方位绕车介绍的先导。

客户："这款车我们不太了解，最好作一下全面的介绍。"

说明：客户明确表示出汽车产品展示的要求。

销售顾问："如果对这款车作全面的了解的话，大约需要40分钟的时间，您看，没有问题吧？"

技巧：先给客户一个时间上的心理暗示，便于他们能够静下心来参与到汽车产品的展示

过程中，这也是实施六方位绕车介绍的一个重要技巧。很多销售人员之所以不愿意采用这样的介绍方法，一是没有掌握该项技术的要领，二是从心理上抵触这样的介绍方法。

客户："没有问题，我今天刚好有空。"

说明：客户表示认可，已经从心理上做好了准备。

销售顾问："（开始按六方位绕车介绍法进行产品展示）好的，我们就从这款车的前部开始吧。您看，这是前照灯，您有没有发现它与众不同的地方？"

技巧：六方位绕车介绍法是一项完整展示汽车产品的有效技术，但不能机械地理解为只是销售人员通过"陈述"的方式向客户展示产品，客户只是被动地作为听众。要让这项技术达到预期的目标，核心要领在于与客户的互动，即在每一个方向或阶段介绍时，一定要学会用"询问"的方式先引起客户的好奇，之后再给他们答案。由于方式的不同，最终的结果是不一样的。

客户："有什么不同？"

说明：只有引起了客户的好奇，才可能消除他们的心理抗拒。

销售顾问："这款车的前照灯采用了最新的设计潮流，转向灯设置在大灯的上部，就像宝马轿车一样，比其他的车灯设计更加吸引路人。您未来要买的车最好有这样的前照灯才不会落伍。"

技巧：此时再给客户答案，容易被他们认可和接受，如果与他们的需求点相吻合的话，将会成为他们投资购车的选择标准之一。

客户："……"

说明：继续按照六位绕车法引导客户，同时注意观察客户的需求，发现他们购车的决定因素，重点介绍。

4. 激发客户的占有欲望

销售顾问："听了我刚才的介绍，您一定对这款车有了一个较为全面的了解了吧？"

技巧：对产品展示进行阶段性小结，同时询问客户的意见。

客户："现在清楚很多了。"

说明：客户对销售人员正面的回答。

销售顾问："那您有没有想过，当您拥有了这辆车以后，您的客户会不会对您及您的公司刮目相看？"

技巧：借用某些特殊的句型：如："当您拥有"、"您将会发现"、"当您成为"等激发客户占有这款汽车的欲望。

客户："这是我必须考虑的问题。"

客户表述了购车时必须考虑的问题。

销售顾问："您将会发现，当您成为这款车的主人时，将标志着您的事业又上到了一个新的高度，同时也会让您的朋友为您而感到自豪。"

技巧：运用"成功的象征"进一步激发客户的占有欲，强化客户的事业成长和周围朋友的认同。

客户："这也是我所期望的。"

说明:客户进一步表明了购车必须满足的条件。

"互动+诱导+激发+强化"是成功汽车产品展示的重要法则。

5. 试乘试驾

销售顾问:"张先生,您这是第一次试乘试驾吧?"

技巧:通过询问确认客户之前是否已经试乘试驾过其他品牌的汽车,以确定下一步沟通的重点、内容与顺序。如果客户之前试驾过别的车型,那么就要弄清楚他对之前试驾过的车型印象最深是哪些方面,进行有针对性的介绍,消除竞争产品的影响。

如果是第一次,可以按照正常的思路进行展示。

客户:"是的。"

说明:得到客户的确认。

销售顾问:"您已经坐在了副驾驶的位置上,自己可以试着调整一下座位的高低、前后和俯仰(等待并帮助客户调整)。调整很方便吧? 舒适感相当好吧?"

技巧:介绍副驾驶座的舒适感和调整的便利性,并进行有效地引导。

客户:"不错,很好!"

说明:得到客户的肯定。

销售顾问:"现在,请系好安全带,我们准备起步了。您看,这是制动踏板,凡是自动挡的车在点火起动前都必须用右脚踩住这个踏板。现在我们开始点火起动,您仔细听下发动机的声音,(停顿一会儿)是不是很轻柔?"

技巧:一方面介绍行车注意的事项,强化客户对你的专业能力的认知。另一方面,通过"询问"强化客户感受到发动机性能的认识。

客户:"是,声音很轻,几乎听不到。"

说明:与客户互动,得到客户的确认。

销售顾问:"好的发动机都是这样的声音。好,现在我们开始挂挡。这款车装备的是手自一体变速器,挂挡前要先看一下前方是否有障碍物。好,我们现在挂到 D 挡。现在开始踩下加速踏板,您注意体会一下加速,听下发动机是否有力、顺畅?"

技巧:进行发动机静音效果的强调,与此同时,让客户体会发动机的动力表现。

客户:"真的,好像特别有力!"

说明:再次获得客户的认同。

销售顾问:"非常正确! 现在看一下车速,经过刚才不到 10 秒钟的加速,现在的时速已经达到了 100km/h。您注意看一下仪表显示,是不是很清晰,很易读?"

技巧:进一步介绍汽车的提速表现,同时,将仪表盘展现给客户。

客户:"比××车的仪表好。"

说明:此时,客户提到了竞争产品,从内心表达了对我们这款车仪表的认同。

销售顾问:"您真有眼光! 其实,这款车除了仪表盘别具一格外,整车行驶的低噪声是另一个重要的特点。您注意听一下,现在已是高速行驶,车内噪声还非常小,快到了几乎听不到的那种感觉。"

技巧:对于客户已经表达出来对汽车产品的认同要及时赞赏,这样可以增强他们的认

同。同时，再次通过静音效果的认同反复强化发动机的优异性能。

客户："真是"。

说明：客户再次认同发动机的静音效果。

销售顾问："很好吧？这款车的静音效果就这么好，除了发动机本身运转时噪声低以外，风阻系数只有0.306，外形设计是其又一独到之处，不仅外形时尚，而且还对降低油耗有帮助。"

技巧：从发动机引入到外形设计，强化的一个核心是良好的静音设计，这是轿车档次的一个很重要的标志。

客户："能省多少油？"

说明：说明客户比较关心油耗，是销售中应该注意的一个问题。

销售顾问："比同级同排量的车省10%，100km约省1L油，如果一年行驶50000km的话，将会节省500L的汽油，按1L汽油7元算，您可以算一下会使多少钱？"

技巧：仅有相对数是不够的，要给出具体的数值，直观地强化客户对价值的认识。

6. 产品展示结束

销售顾问："（试乘试驾结束回到展厅时）怎么样？张先生，在刚才的试乘试驾中，是不是对这款车有了更深一步的认识？看得出，如果我没有猜错的话，您已经喜欢上这款车了，现在就想马上拥有它，把它开回去给自己的朋友和家人看一看，对吗？"

技巧：汽车产品展示结束后，要根据客户的肢体语言判断客户的真实想法。同时，应对整个展示的过程作一个小结，特别是要强调："您已经喜欢上这款车，现在就想马上拥有它"这样的内容，以此进一步判断客户的占有欲望的强弱。如果发现客户并未着急离开说明他们已经有了下决心购车的可能，请不要轻易放走这样的机会。

客户："是不错，不过还不能定，还要比较一下。"

说明：客户通常会提出新的异议，多数情况是客户讨价还价的一个借口。

销售顾问："那您还需要在哪方面比较呢？"

技巧：直接询问客户担心的问题或需要考虑的问题是什么，好对症下药。

客户："主要是价格方面，这款车是不错，只是比××款车价格高了一些。"

说明：价格通常是客户最容易提出来的问题。

销售顾问："看得出，要不是这款车深深打动了您，你也不会告诉我实话。这样吧，有关这方面的问题我们到洽谈室坐下来认真聊一聊，相信一定会让您满意而归。"

技巧：请不要马上回应客户的问题，更不能轻易承诺，要再次强调这款车留给他们的印象与感觉。然后把他们请到洽谈室，只要他们愿意坐下来，那么对价格或其他问题要求的程度就会降低，谈判的优势就会减弱，销售人员胜算的机会就会大大增强。

成功法则：在产品展示结束后把客户请进洽谈室，成交将近在咫尺。

第五章 成交及售后服务

学习目标

通过本章的学习,你应能:

1. 掌握汽车产品报价和签约成交技巧;
2. 掌握正确的汽车产品交车流程;
3. 掌握汽车产品交车后对客户的定期回访;
4. 了解汽车保险销售的基本内容和技巧;
5. 了解汽车备件销售的基本内容和技巧。

第一节　报价和签约成交

在通过需求分析和产品说明后,客户会对车辆基本满意,接下来就是达成购买协议的重要环节——报价和签约成交。此阶段是所有销售流程中关键的一环,在客户愿意签订协议之前,销售顾问应根据情况,处理客户异议,和客户沟通协商,提出有利于双方的解决方案,获得客户认可,从而顺利达成成交协议。许多销售顾问对该环节是最感头疼的,因为这个环节把握不好,前面所做的努力将前功尽弃。所以,这个环节一定要学会揣摩客户的心理,总结销售经验。

一 报价和签约成交概述

客户的异议或抗拒往往是在将要拥有产品时和必须付出代价时产生的,因此,报价和签约成交过程中,销售顾问的专业素养、对客户的异议处理和必须成交的信念是必要的条件。

1 报价和签约成交的目的

报价谈判是在销售顾问和客户建立充分信任的基础上展开的,销售顾问通过公平、透明和有效的价格谈判,赢得客户对汽车产品的充分认识,增强对品牌、产品的信赖感。通过全面详细的服务内容说明,体现销售顾问服务的专业性。通过成交信号的把握和使用积极的成交技巧来促成交易,实现个人和公司销售业绩的提升。

2 报价和签约成交的流程

报价说明的过程是基于客户需求分析及汽车产品说明之后的,是销售顾问与客户在一定的互谅了解,建立一定程度的信任关系的基础上进行的,销售顾问应该在分析客户的需求之后,站在客户的立场扮演建议者的角色。报价和签约成交的基本流程如图 5-1 所示。

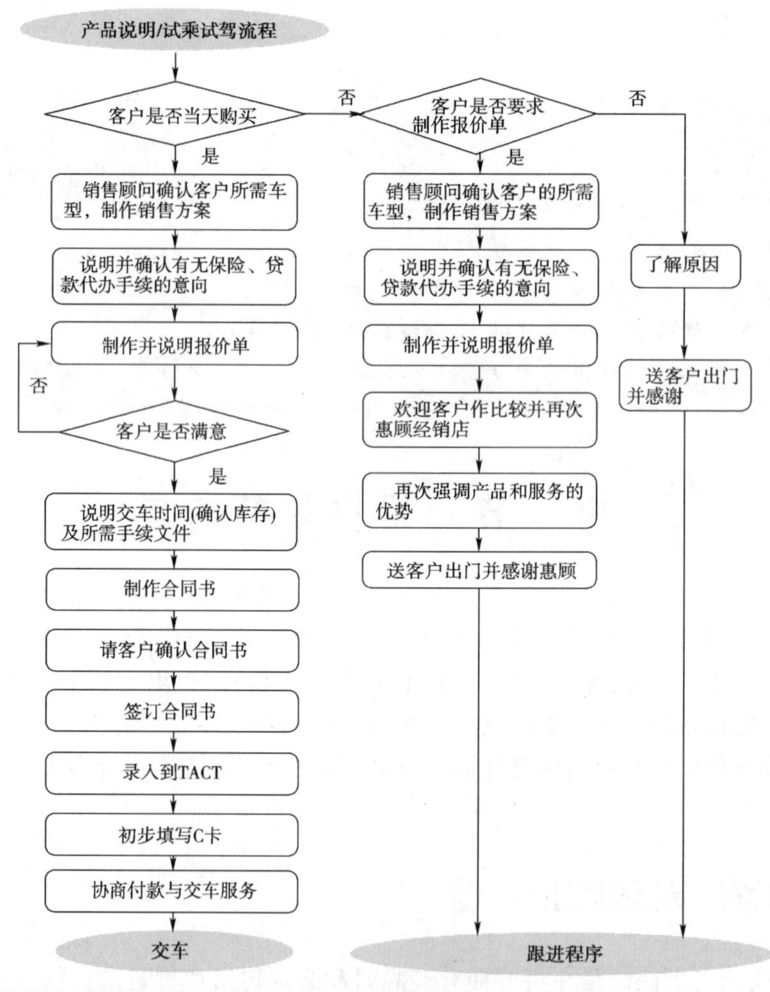

图 5-1 报价和签约成交的基本流程

二 客户对报价和签约成交环节的期望及应对措施

准确把握客户的心理是报价和签约成交的基础，只有对症下药才能在客户满意的基础上顺利达成销售。

1 报价环节的客户期望

在报价环节，客户需要一个专业的汽车销售顾问，能够在整个购买交易过程中做到诚实、可靠、透明，而且能完全满足客户的需求；能够推荐一款适合客户的车；能够让客户在某个时间范围内或某个确定日期前提取新车（越快越好，最好是可以马上提车），在车有现货时，让客户可以马上提车；能够让客户了解和评估相关信息（例如新车价格、二手车置换、服务价值、质保范围、合同条款和备件条件、付款手续等）；能够向客户说明所选择的产品、质保、服务和经销商都具有高附加值，而且交易公平，客户的购买价格不高于任何其他客户。

（1）情感关系导向类型的客户（图5-2）。所有类型的客户都期望得到更多的优惠，但这种类型的客户期望最先得到的优惠应当是提供的额外服务项目。

图5-2　情感关系导向类型客户特点

（2）性价比导向类型的客户（图5-3）。所有类型的客户都期望得到更多的优惠，但这种类型的客户期望最先得到的优惠应当是价格折扣。

（3）车辆性能导向类型的客户（图5-4）。所有类型的客户都期望得到更多的优惠，但这种类型的客户期望最先得到的优惠应当是可选择的免费配置。

图5-3　性价比导向类型客户特点

图5-4　车辆性能导向类型客户特点

2 签约成交环节的客户期望

在签约成交环节，客户需要一个专业的汽车销售顾问，能够签署合同以后，依旧保持对客户的重视；向客户解释后面的交车流程，让客户理解交车时间安排，并用客户最习惯的联系方式通知客户交车过程的最新信息；延迟交付会令客户不悦，如果发生意外延迟，请给客户合理的理由或解释，以及确切的新时间表；销售顾问在交车时有能力详细向客户说明车辆使用的相关知识；交车时间和地点可以由客户来决定；及时来电告诉客户交车流程的进展情况，但如果是为同一件事而多次打电话，会让客户反感；客户的新车在交付时是零缺陷的，经销商必须通过交车前检查确保这一点。

（1）情感关系导向类型的客户。如果对客户做出决定提供进一步的帮助，大部分客户会表示赞赏，相反，如果施加压力，大部分客户会产生抵触情绪。

（2）性价比导向类型的客户。这个类型的客户应当更期望优惠的成交方式。

(3)车辆性能导向类型的客户。这个类型的客户应该会需要更多关于产品细节的信息，并进一步对此进行讨论，提供更多车辆配置及使用方面的信息。

3 说明产品价格时的注意事项

根据客户对报价环节的期望，报价时应该注意以下事项。

(1)根据客户的需求拟订销售方案，包括保险、贷款、选装件、二手车置换等。

(2)清楚解释销售方案的所有细节，耐心回答客户的问题。

(3)让客户有充分的时间自主地审核销售方案。

(4)在报价前，再次总结客户选定的汽车车型的主要配备及客户利益，然后报价。

(5)报价完毕后，择重点强调客户选定的汽车车型对客户生活或工作带来的正面变化。

(6)使用报价表格准确地计算并说明产品价格及相关选装件的价格。

(7)明确说明客户应付的款项与所有费用及税金。

(8)若客户需要代办保险，使用专用的表格准确地计算并说明相关费用。

(9)必要时重复已做过的说明，并确认客户完全明白。

4 客户签约成交时的注意事项

根据客户对签约成交环节的期望，签约成交时应该如意以下事项。

(1)以“客户第一”的态度操作签约程序。

(2)准确填写合同中的相关资料，协助客户确认所有细节。

(3)专心处理客户签约事宜，谢绝外界一切干扰，暂不接电话，表示对客户尊重。

(4)恭喜客户做出了正确的选择，并承诺提供完善的售后服务，适当强调汽车产品给客户带来的实际利益与好处。

(5)签约后，使用“一条龙服务”表格，详细说明车辆购置程序及费用。

5 客户在签约成交时犹豫不决

坚持“客户第一”的态度，不对客户施加压力，耐心地了解客户需求与抗拒原因，协助客户解决问题，进一步提供相关信息。

6 客户决定暂时不签约成交时

坚持“客户第一”的态度，正面地协助客户解决问题；不对客户施加压力，表示理解；给客户足够时间考虑，不催促客户作决定，耐心地给客户作解释；以正面的态度积极跟踪，保持联系；若客户最终选择其他品牌，则明确原因并记录在案。

三 报价及签约成交材料

在进行汽车产品报价及签约成交时，要确保销售顾问有一整套完成的材料以支撑这笔交易，包括汽车选装资料、价格信息、利率表、必要的工具(如计算器、签字笔等)，还有非常重要的表格工具、报价单及成交合同等。

1 汽车产品报价单

向客户报价的之前,客户已经建立的汽车品牌、企业以及汽车销售顾问的价值,这个时候我们销售顾问需要了解购买行为的决定者必须在现场,客户对汽车品牌、车型已经明确表示基本认可,这个时候可以进入报价环节,报价时重要的工具就是报价单。

报价单是我们核对客户需求,将客户需求总结到文字上,记录客户信息及汽车产品信息,以及计算总体价格的重要工具,报价单包含的内容如图5-5所示。

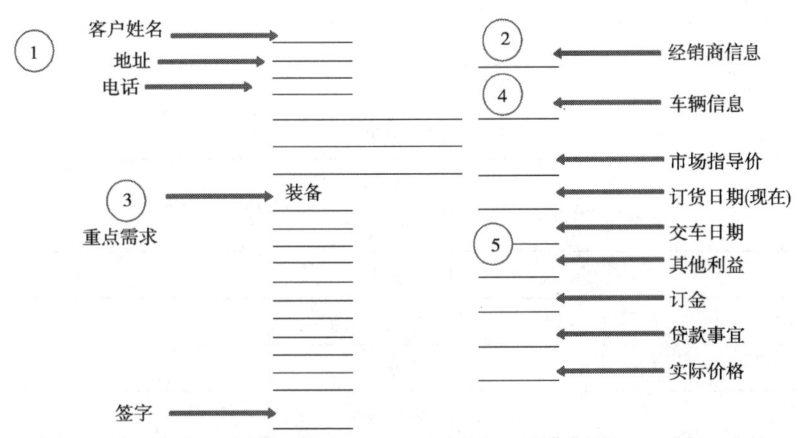

图5-5 汽车报价单包含的内容

当我们与客户沟通到这样一些问题时,我们可以理解为这是可以报价的信号:论及与付款相关的问题;论及颜色、内饰、装备并做肯定;论及交车时间;论及售后、备件问题;论及订金、合同;论及其他细节问题。

在向客户报价之前,要营造一个舒适的环境:合适的区域、整洁的座椅、没有电话打扰、关闭手机、提供茶水、必备的文件。填写报价单时,务必要准确核实客户的信息和需求,反复跟客户确认,必须让客户了解每一项金额,充分征询客户的意见,并耐心解释,直到客户接受。在金额优惠、交车时间等问题上,自己权力范围之外的,务必不要给客户承诺。下面我们以某汽车销售服务公司报价单(图5-6)为例学习。

2 汽车产品销售合同

当与客户进行报价协商之后,再次确认客户对你提出的购买方案是否满意,让客户采取主动,并允许客户有充分的时间做出决定。销售顾问应对客户的购买信号敏感,一个双方都感觉满意的协议将为销售的达成铺平道路。同时,如果客户感觉到满意,那么他就会更乐意向身边的人述说他的愉快经历,将身边有购车需求的人介绍给这位销售顾问。

在签订购买协议之前,要确认客户已经完全理解在价格协商阶段所提出方案中的所有内容。回应解决客户所有担心的问题,让客户有充分的时间自己来思考和决策所得到的方案。

××××汽车销售服务有限公司
汽车产品报价单

尊敬的客户，感谢您光临×××五星级经销商××××汽车销售服务有限公司选购车辆，以下为我公司汽车产品报价单，供您参阅。如果您选择分期付款购买××××汽车，贷款所需基本资料在报价单背面，谢谢。

报价单

车型：	颜色：	价格：
车辆主要配置：		
其他需求：		

附：购车总价（包含车辆入户费用）明细。

购车总价明细

车价：	车购税：
首付款：	贷款金额：
保险费用：	照相费：
拓号费：	上线检测费：
公证费：	抵押费：
牌照费：	续保押金：
贷款管理费：	服务费：
上路小计：	
贷款年限：	贷款利率：
利息：	月供：
销售顾问：	电话：

注：1. 以上费用仅供参考；
2. 贷款比率最终由银行根据购车人的条件来决定。

图5-6　某汽车销售公司汽车产品报价单

在客户对车辆和购买方案完全满意后，就可以完成书面文件工作，并向客户详细说明每个文件（如订单、销售合同、销售协议、保险单、贷款申请表等）。在客户充分了解之后，请客户签署订单及其他文件，将所有文件的客户留存部分交给客户并提醒客户妥善保管。最后解释交车的步骤、日期、地点等信息，获得客户的认可。下面我们以一个汽车合同实例来进行案例学习。

汽车销售合同

合同号：JH00×××××

供方：浙江××汽车有限公司
需方：×××××××××有限公司

经双方友好协商，确定浙江××汽车有限公司为供货单位，并达成以下条款。具体如下：

第一条 厂牌车辆型号、配置、供油方式、颜色、数量、价格供方保证向需方提供如下内容的合格汽车。

汽车产品购买信息

<table>
<tr><td>需方</td><td>厂牌型号</td><td>配置</td><td>供油方式</td><td>颜色</td><td>数量</td><td>单价</td><td>总价</td></tr>
<tr><td>XXXXXXXX
有限公司</td><td>福建戴姆勒威霆 119 商务版</td><td>真皮座椅、倒车雷达、整车地毯、迎宾踏板、尾门亮条、后保护板</td><td>汽油</td><td>黑</td><td>1</td><td>33.44 万</td><td>33.44 万</td></tr>
<tr><td rowspan="2"></td><td colspan="2">发动机号</td><td colspan="5">车架号</td></tr>
<tr><td colspan="2">316XXXXX</td><td colspan="5">LB1WA6880AXXXXXXX</td></tr>
<tr><td colspan="8">合计：33.44 万</td></tr>
<tr><td colspan="8">合同总价：人民币叁拾叁万肆仟肆佰元整</td></tr>
</table>

金额单位：万元

第二条 质量保证

供方保证本合同汽车是2011年1月1日(车辆制造日期)后生产的符合国家技术规格和质量标准的国产合格产品。

合同车辆在交货过程中，发生意外事故和故障损失，如撞、刮、裂、损等均由供方承担责任；需方验收合格提货后，需方人为造成的事故，供方概不负责。

如发生与合同车辆不符等重大问题，需方有权当场拒收。

第三条 交货时间、地点

1. 交货时间：供方确认需方款到账后2个工作日内交付。

2. 交货地点：杭州市×××路×××号，供方配合需方做好验收工作。

3. 在交付汽车时，供方必须向需方提供车辆上牌(验证)所需的一切相关资料及随车的工具器材。(附《新车交车确认单》)

第四条 售后服务

供方保证在汽车验收合格交货后及时办理合同车辆质保的有关手续，落实杭州市区范围的特约维修网点(站)，具体负责质保期内车辆的维修保养和质量索赔工作。

第五条 验收

合同签订生效后2个工作日内，由需方负责组织验收。

第六条 货款的支付

需方对车辆验收合格后，通知相关部门一次性支付合同车辆价款。

第七条 其他约定

1. 本合同所涉及车辆车价已包含以下配置：真皮座椅、倒车雷达、整车地毯、迎宾踏板、尾门亮条、后保护板。

2. 本合同所涉及车辆车价含免费保养一次。

3. 本合同只针对车架号为LB1WA6880AXXXXXXX指定车辆，如果需方在付款前验收

车辆时对该车不满意,供方不再提供其他车辆给需方选择,则合同自行终止,并且供方不承担违约责任。

第八条 违约责任

1. 供方逾期履行合同的,自逾期之日起,向需方每日偿付合同总价万分之一的滞纳金;供方逾期30日不能交货的,应向需方支付合同总价千分之三的违约金。

2. 需方逾期支付货款的,应向供方每日偿付合同总价万分之五的滞纳金。需方无正当理由拒收汽车、拒付货款的,应向供方偿付合同总价百分之五的违约金。

第九条 争议的解决

因汽车产品质量和售后服务质量问题发生的争议,应首先通过协商解决并达成书面协议。如协商不成,任何一方有权在供方注册所在地选择仲裁或诉讼的途径解决。

第十条 合同的生效

1. 本合同经供方和需方法定代表人或其委托人签字并加盖双方公章后生效。

2. 本合同壹式贰份,供、需方各执壹份。

供方(盖章):	需方(盖章):
法定代表人或受委托人	法定代表人或受委托人
(签字):	(签字):
地址:	地址:
邮编:	邮编:
电话:	电话:
传真:	传真:
开户银行:	开户银行:
账号:	账号:

签约时间:　　年　　月　　日

签约地点:杭州

3 客户购车相关手续

准确提醒客户办理购车相关手续,会减少客户不必要的麻烦,避免因客户的遗忘而降低客户的满意度,正确的告知客户购车需要的相关证件材料,可以体现销售顾问的专业性。

1 购车人所需手续

(1)购车人身份证、户口本、结婚证原件。

(2)购车人收入证明。

(3)购车人近3个月存折或银行卡对账单。

(4)购车人房产证明。

(5)购车人驾驶执照。

(6)营业执照、税务登记证书(企业法人提供)。

2 共同还款人所需手续

(1)共同还款人身份证、户口本原件。

(2)共同还款人收入证明。

(3)共同还款人近3个月存折或银行卡对账单。

(4)共同还款人房产证明。

(5)营业执照、税务登记证书(企业法人提供)。

3 办理临时牌照所需手续

(1)发票复印件。

(2)已生效保险单复印件。

(3)合格证复印件。

(4)有效身份证明(公共户需要提供组织机构代码证复印件)。

4 办理车辆入户所需手续

(1)发票原件(注册联、购车税联)。

(2)有效身份证明原件及复印件各贰份(公共户需要提供组织机构代码证)。

(3)已生效的交强险副本原件。

(4)合格证原件及复印件。

(5)车辆登记表及承诺函(公共户需加盖公章)。

注意:缴纳购车税需用银行卡支付,不收现金。

四 价格应对

客户在购买许多产品时,都会有还价的心理,购买汽车产品时也一样会寻求价格上的优惠,而此问题产生后的尖锐程度其实与销售顾问前期的铺垫工作、与客户的信任是否到位有着密切的关系。

汽车销售的最终价格与销售顾问个人和汽车经销企业的最终利润都有直接关系,汽车经销企业对汽车销售价格、优惠幅度都定期会有明确的要求。价格谈判的目的就是确保在优惠幅度之内达成汽车的销售,并且尽可能获得高的盈利。

应对客户杀价的能力是销售顾问必备的技能之一,根据客户的不同,销售情况的不同都有不同的做法,选择合适的做法既能够保证客户的满意度,也能创造最大的效益,实现共赢的局面。

1 客户谈价心理

汽车销售的过程中,每个销售顾问都会因为价格问题而失去一些客户,就算你给的是最低价,客户还是会还价,基本上最后成交的价格都不是最低价,而你周围总会有些比你更低的报价,现在的客户越来越了解产品,也越来越注重价格问题,这些都是我们会面对的事实。

销售顾问充分了解客户杀价的心理,对于应对价格问题有很大的帮助,客户常见的杀价

心理有以下几类。

(1)贪小便宜的心理:希望以比别人低的价格买到好东西。

(2)怀疑的心理:任何的价格,都怀疑其真实性。

(3)害怕吃亏的心理:害怕受骗,害怕买贵了。

(4)炫耀的心理:告诉他人,自己很会买东西,用较便宜的价格买到相同的产品。

(5)试探的心理:总是要试图杀价格,以求探寻底价。

(6)习惯性心理:只要是买东西,谈到价格,就习惯性地杀价。

2 销售顾问的应对

销售顾问在面对客户讨价还价时,常常会出现这样的问题:对产品服务,价值包装不够;不了解(缺乏)竞争客户咨询;对市场的动态咨询了解不足;魄力不足,或表现得无所谓;担心拒绝和失败,担心客户说"不";自己对产品和价格没有信心;自己也相信只有更低的价格才会有机会;自己和别人除了价格外已经不存在什么差别了。

会出现这样的问题,都是销售顾问的自身准备不足而造成的,面对价格问题,我们要有这样的心态:客户砍价是必然的,一定要沉着应对;判断客户砍价的主要原因;极具耐心的沟通,通常在和谐气氛下面对;讲诚信,努力达成双赢;富有竞争意识;某些情况下可以用"非和谐"方式与客户交流;被拒绝不一定是结束,往往只是一个开始,思考各种处理方法。

3 价格谈判概述

价格谈判在议价成交、达成协议的过程中起着至关重要的作用,一般而言,客户对轻易获得的让步永远保持着怀疑的态度,对合理且坚定的价位,比较能够产生认同感。所以在价格谈判中,除非已经非常确定市场行情,否则应先以建议售价为出发,再提供公司的促销价格,最后才考虑其他的让价或者提供赠品的做法。

客户要求进行价格谈判,意味着客户感兴趣,客户有成交的可能;价格谈判是对一个销售人员素质的全面考验,绝不仅仅是"讨价还价";价格谈判没有"常胜将军",没有专家;价格谈判绝对有原则和技巧,通过不断的反复的学习、实践、交流和总结,一定可以提高谈判的成功率。

(1)谈判的定义。谈判是一种互动,双方努力从各种选择中找到一个能充分满足双方利益和期望,而不致引起否决的方案作为共同决定。谈判没有所谓的输赢,只有比较符合谁的需求和利益。成功的谈判,双方都没有损失。

(2)价格谈判的目标。客户想付出的越少越好,销售顾问则想赚得越多越好;客户认为不讨价还价就会被销售顾问欺骗;客户并不完全了解他将要购买产品和服务的全部价值;客户可以从众多的经销商和销售顾问那里买到产品。当价格大于价值时,客户会觉得太贵了;当价格等于价值时,客户会觉得物有所值;而当价格小于价值时,客户就会觉得很便宜。所以建立价格与价值之间的平衡是所有价格谈判的目标所在(图 5-7)。

(3)价格谈判的原则。首先要准确把握价格谈判的时机,取得客户的"相对购买承诺"是开始价格谈判的前提条件,销售顾问的充分准备是价格谈判成功的重要因素。在价格谈

判的过程中，必须找到价格争议的真正原因，并协商解决争议。价格谈判最终要达到共赢，客户以理想的价格买到最合适的汽车产品，销售顾问以客户能够接受的最高价格卖出汽车产品，创造业绩的同时让客户找到“赢”的感觉。

(4)充分准备。充分的准备会让价格谈判更轻松，正所谓“知己知彼，百战不殆”。首先了解客户的背景(客户的购车经历、客户的决策行为类型)，然后建立客户的舒适感，取得客户的信任和好感(专业、热情、亲和力)。时刻关心客户的需求，让客户感觉到“我要帮你买到最合适你的车”，而不是“我要你买这款车，我要赚你的钱”。要设想好价格谈判过程中可能出现的情况，并提前预想应对措施，调整良好的心态。

图 5-7 价格与价值的平衡

4 价格谈判的技巧

1 初期谈判技巧

(1)注意拿捏好分寸，提出比你真正想要的价格还要高的价格。给自己一些谈判的空间；给客户一些还价的空间，避免产生僵局；提升产品或者服务的价值感(4S 店的服务等)；让客户觉得赢得了谈判。

(2)报价的对半法则。探询客户期望的价格；在自己的报价和客户的最初期望中寻求中间点；应用对半法则让步，寻求双方接受的平衡点。

(3)千万不要接受对方的第一个提议。若对方要求的某一个期望买价高出你的心理买价，你也千万不能立即接受；否则客户立即会产生“我可以拿到更好的价格”的想法；客户同样会觉得此事必有蹊跷；在后来的过程中会不停的挑毛病和要求其他赠送。

(4)适当的时候表现出惊讶的态度。在客户提出议价时表示惊讶。客户不会认为你马上就会接受他的提议，但是如果你不表示惊讶，等于告诉对方他的价格你愿意接受；如果你毫无惊讶的神情，客户的态度会更加强硬，附加条件会更多。

(5)扮演勉为其难的销售人员。这是一个在谈判开始之前先压缩客户议价范围的绝佳技巧；当你使用这个技巧时，客户会放弃一半的议价范围；小心提防勉为其难的买主。

(6)适当的时候要做到立场坚定，紧咬不放。以立场坚定的态度应对对方的杀价或超低报价，然后让客户给出一个更合适的报价；如果对方以同样的方法对付你，你应该反其道而制之。

2 中期谈判技巧

(1)借助公司高层的威力。如果客户要求的价格超出你想要成交的价格，你在两次让利之后客户还是要求再让，你可以借助高层的力量，表明自己实在无能为力，将决定权推到上

面。取得客户的相对承诺;让客户表明他现在就有签单的权利。

(2)避免对抗性的谈判。如果客户一开始就反对你的说法,不要和他争辩,千万不可造成对抗的氛围;使用"了解、我明白、我同意、感受到、发现"等字眼来化解对方的敌意;用转化的方法消除对方的抗拒。

(3)抛回烫手的山芋。别让其他人把问题丢给你;当对方这么做的时候,你要探测这个问题的真实性还是个幌子;永远记住怎样在不降低价格的情况下解决这个问题。

(4)交换条件法。在确认能够成交的基础上,如果客户提出更多的要求,你也要提出一些要求作为回报;可以避免客户再提更多的非分要求;牢记这样和客户沟通:"如果我帮了您这个忙,那么你可以帮我一点忙吗?"

❸ 后期谈判技巧

(1)好人/坏人法(红脸/白脸法)。当你和两个以上的对象谈判时,对方可能采用这样的方法;当你和同事一起采用这样的方法的时候,可以有效地向你的客户施压,同时还可以避免局面尴尬。

(2)蚕食鲸吞法。当客户基本决定成交的时候,让他同意之前不同意的事情;销售顾问一定要在最后做出进一步的努力;成交后可以推荐客户购买更多的东西。

(3)取消之前的议价。如果客户要求一降再降的话,在最后销售要想法取消以前的议价;这个方法很冒险,只有在买主不停杀价的情况下使用;避免正面冲突,要请一个上级主管来当红脸。

(4)让价的方法。常见的错误让价方法有以下几个:错误一,避免等额让步,如 \$250、\$250、\$250、\$250;错误二,避免在最后一步中让价太高,如 \$0、\$0、\$0、\$1000;错误三,起步全让光,如 \$1000、\$0、\$0、\$0;错误四,先少后多,如 \$100、\$200、\$300、\$400。

(5)拟订合同法。在洽谈的差不多的时候,借给客户倒茶水的机会离开,再次回到位置上的时候顺便拿上一份合同在自己的手上;有意的给客户解释合同上的条款,向有利的方向引导客户,让客户感觉不好意思不签合同。

签约成交话术拓展:

要求客户成交话术:

销售顾问:"李小姐,今天是您第五次来店,加上前几次的了解,想必都对您要投资的品牌和车型有了一个完整的概念了吧?"

技巧:对客户前面的情况作一个小结有助于后面提出成交要求。

客户:"没错,通过你们的介绍和其他品牌店的介绍,虽然是初次购车,我已经有了一个大概的认识了。"

说明:得到客户的回应,这是成交的良好开端。

销售顾问:"好,我们就来讨论一下您要买的车是什么样的吧?"

技巧:学会回顾,才能有所进步。

客户:"好的。"

说明:客户已经从心理上接受被诱导了。

销售顾问:"如果我没有记错的话,您首先考虑的是外形,要符合您的职业特点,对吧?"

技巧:把客户关注的第一个投资重点进行强化,有助于强化客户的购买欲望。

客户:"是的。"

说明:客户从心理上进一步被诱导。

销售顾问:"经过您的比较,这款车应该是比较合适您的想法的一款车,没错吧?"

技巧:循循善诱,强化认同。

客户:"你还记得真清楚。"

说明:客户从心理上进一步被诱导。

销售顾问:"从安全的角度看,四气囊的配置是最低的要求,应该不会错吧?"

技巧:再次针对客户关注的重点进行强化。

客户:"是的。"

说明:客户从心理上进一步被诱导。

销售顾问:"从内饰来看,真皮转向盘、带卫星导航的6碟DVD、8喇叭音响系统、真皮的可十个方向调整的座椅也是必需的选择,没错吧?"

技巧:继续针对客户关注的重点进行强化,接下来是一个渐进的强化过程,当客户认同的心理已经成为一种定式后,成交的曙光就显现了。

客户:"对!"

销售顾问:"如果我总结一下,那就是我们推荐的这款车最符合您的要求,对吧?"

技巧:这是关键一步。由于客户对问题的回答已经习惯"是的"、"对"、"没错",这时即使销售人员提出一个错误的结论,客户也会顺嘴回答"是"、"对"、"好的",这是一种高超的心理诱导术。

客户:"对。"

销售顾问:"那好吧,既然这款车您这么中意,只要您把这份合同签了,这部车就是您的了。"(边说边把已经事先准备好的合同递到客户面前,让客户在一个连串的"ok"后签下合同。)

技巧:马上提出成交要求。可以说,经过上面的步骤,客户已经不可能拒绝成交了,但结果的好坏除了与事前的准备,如合同的准备等有关外,还必须说对话。

客户:"……"

成功法则:成功激发客户的习惯性心理定式,是主动成交能够获得成功的关键。

成交控制话术:

销售顾问:"非常感谢马总,经过大家的共同努力,我们达成了一个双方都非常满意的合作,相信通过这种合作,你们购买的这几辆车也会极大地提升贵公司的形象,贵公司的事业会更加的兴旺发达,我们公司也会在与贵公司的合作中得到更多的进步。"

技巧:对客户的配合表示衷心地感谢,要显示出诚意。同时,营造一种双赢的气氛,让客户感到他们通过这次交易也获得了想要的。再次祝贺对方生意与事业兴隆,特别是购买这几辆车后对他们生意与事业的帮助更应该表达清晰。

客户:"哪里,哪里!这都是大家有缘,相信以后我们合作会更愉快。"

说明:客户的客套话,但也表露出了一种胜利的喜悦。

销售顾问:“马总,您看,为了让我们能够做好交车的各项准备工作,现在还得麻烦您办一件小手续,我们一起到财务交一下合同订金。”

技巧:要为合同的顺利执行设置一定的门槛,即在合同签署后收取一定的订金。这是一项技巧性的工作,如果订金顺利收取,那么决策后悔的概率就会大大降低。如果客户有所拒绝,除了信誉非常良好的客户,事后反悔的事例不在少数。

客户:“小问题,小王,你去办一下。”

销售顾问:“马总,您好,您看所有的手续已经办妥,我们已经安排了相关的部门和人员开始做交车的准备,您就等候我的通知,好吗?”

技巧:办理完所有的手续后,应该给客户一个承诺,让他们放心并对你的专业性表示极大认可,提升他们的满意度,这样才不容易发生“决策后悔”的事情。

客户:“没有问题。”

成功法则:除了客户满意外,设置能够限制“决策后悔”的门槛是合同顺利执行的前提与保障。

第二节　车辆交付

在与客户签订合同之后,销售的前期工作已经完成,销售目标也基本达成,下一个会影响整体销售服务观感的是车辆交付流程。车辆交付流程对整个客户管理过程而言,是下一个优质服务阶段的开始。销售达成过后的回访,客户是否有较高的满意度,车辆交付的过程也起到了关键作用。一个好的车辆交付流程,除了需要经销商全员配合以外,销售顾问是否能够站在客户的立场,仔细的进行检查,能够体现销售顾问的综合素养。事实上,交车环节是客户最兴奋最开心的时刻,销售顾问应该抓住机会进一步扩大客户的惊喜过程,让客户满意而归,并为以后的售后服务工作做一个良好的开始。

一　车辆交付概述

1　车辆交付的目的和意义

车辆交付环节是客户最期待的环节,但是同时也是汽车经销商销售过程中最容易轻视的、最薄弱的一个环节。强化交车流程,是创造客户忠诚度,引导客户长期合作与长期消费的关键因素。由于大部分客户都是第一次接触家用轿车,对轿车的使用方法和技巧掌握并不全面,通过交车过程对车辆的解释和提醒驾驶时需要注意的问题的步骤补充了在新车展示和试乘试驾过程中没有介绍到的内容,让客户全面了解购买汽车产品的使用方法,避免因为产品使用不当造成双方不必要的损失。为此,要通过制定一系列的标准,介绍相应技巧,学习常用的应对话术,让客户对汽车销售服务体制及产品保证有高度的认同,使得交车过程更能激发客户的热情,提升客户的满意度,将客户的喜悦心情带到极点,为售后跟踪联系预作铺垫。车辆交付环节客户满意度组成如图 5-8 所示。

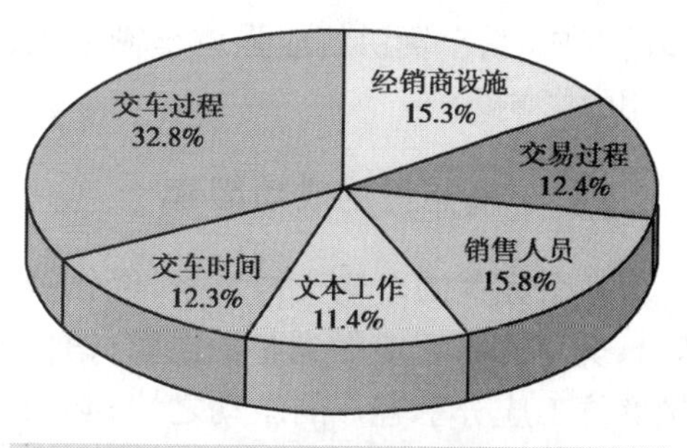

图 5-8 车辆交付环节客户满意度组成

2 交车环节的客户心理

在整个销售过程中，销售顾问的投入点和客户的投入点是有所区别的，客户的整个购买过程在车辆交付时会达到兴奋的最高点，客户对经历了整个销售过程而真正拥有自己的爱车感到喜悦，而销售顾问却很容易因为购车合同已签，汽车销售的达成结果已定，而将注意力转移到其他客户或其他的工作上，所以这就是我们这个环节需要解决的问题。交车环节客户与销售顾问精神状态对比如图 5-9 所示。

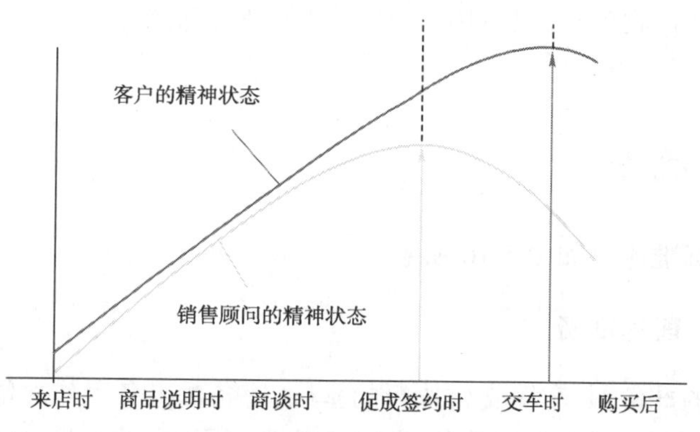

图 5-9 交车环节客户与销售顾问精神状态对比

从客户角度来看，客户对车辆交付这个环节有较高的期望。客户需要一个专业的销售顾问，能够为他提供以下服务。

(1)认真准备，让新车交付过程能成为值得回忆的难忘时刻，为客户带来欣喜。

(2)让车辆交付过程成为令客户非常难忘的体验。

(3)为车辆交付做好充分准备，并和客户一起分享这个激动人心的场面。

(4)确保交付的新车整洁干净、零缺陷，而且已经安装好客户之前所购买的选装配置。

(5)提前为客户准备好相关的文件，包括付款的形式和各种文件。

(6)让客户了解如何操作车辆上的相关功能。

(7)告诉客户车辆的免费保养项目和保养建议。

(8)介绍一位服务顾问与客户认识。

(9)告诉客户车辆交付持续的时间，因为客户急切地希望开走新车。

(10)为客户提供路线帮助，最近的加油站以及最近的路线，并祝福客户行车安全。

面对情感关系导向类型的客户时，车辆讲解应着重车辆的多用途性，包括家人、朋友乘坐，还有具备携带个人业余爱好相关物品的功能；面对性价比导向类型的客户时，车辆讲解应突出其高质量、驾驶性和合理的性价比，无论是新车价值还是残值；面对车辆性能导向类

型的客户时，车辆讲解应强调车辆形象，对车主形象的体现，以及发动机舱内各部件新技术应用的影响。

3 车辆交付的成功因素

一个完美的车辆交付过程，经销商应该准备一个室内交车间（标准展厅已包含此功能区），交车间布置应做到整洁温馨；销售顾问必须提前做好新车交付准备并恭候客户；所有经销商员工应分享客户的激动之情；必须设置欢迎牌，向每位客户表示欢迎；将车辆覆盖印有品牌标志的车罩，销售顾问与客户一道将其揭开；销售顾问解释相关文件和解答客户询问的过程最好不超过15分钟；车辆说明及交付最好持续大约60分钟，但应根据客户需求进行调整；不应匆忙完成交付，而应安排充足时间，并根据客户需求进行调整；100%向客户解释用户手册；100%为客户介绍服务顾问；100%向客户解释质保的范围和维修要求；100%感谢客户购车；100%使客户收到纪念品；100%使客户收到纪念照片；100%询问客户跟踪回访电话的恰当时间。

二 车辆交付流程

车辆交付的标准流程如图5-10所示。

1 车辆交付前的准备

车辆交付前的准备，是车辆交付执行的基础，完备的准备工作才能保证车辆交付时的万无一失，交车前的准备包括：车辆整备，即PDI检查；预约有关人员；准备车辆及随车物品；布置交车场地。汽车产品PDI检查表如图5-11所示。

交车前的准备要点：车辆整备工作务必要在交车前进行，以免在交车过程中检查出问题导致客户强烈的不满而影响满意度甚至交易的达成。和客户预约交车时间后，通知服务站相关人员参加，如遇困难则由销售经理出面协调解决。交车前，车辆里外一定要进行清洗，保证车辆内外美观整洁。注意校正时钟和调整收音机频道。根据当地风俗可以将车辆进行简单装饰，如布置彩绸和鲜花等。清点检验随车物品，避免遗漏。交车场地一定要布置妥当，简洁大方、温馨得体，充满轻松喜悦的气氛。

2 车辆交付的过程

车辆交付的过程包括：客户接待；交车前的综述；验收汽车产品；介绍随车物品；解释所交车辆；提醒驾驶时因注意的问题；介绍服务顾问；介绍服务及索赔政策；新车前合影留念；完善客户档案。

车辆交付的过程中有以下要点需要注意。

(1)销售人员迎接客户并将其领至交车间，销售经理应主动到交车间向客户问好。

(2)交车前简单向客户介绍交车流程和大致所需时间，以便客户能有所准备。

(3)车辆验收参照PDI检查项目，并让客户签字确认。

流程	销售顾问	销售经理	工具
确定购车款项缴纳情况	• 与财务部及时沟通		
车辆整备(PDI)	• 向售后服务提出PDI申请		PDI验收单
预约有关人员	• 与客户确定交车日期 • 通知服务顾问	• 协调确保服务顾问在场	
准备车辆及随车物品	• 随车物品、资料清点 • 车辆清洗、美容		交车检查表
安排交车场地	• 确定交车间预留 • 场地布置(背景，装饰，清洁等)		
顾客接待	• 主动出门迎接	• 到交车间与客户打招呼	
交车前综述	• 解释交车流程和大概所需时间，并得到客户的认可		
验收车辆	• 按照PDI验收单逐条验收		PDI验收单
解释车辆	• 按照清单逐项清点随车物品 • 按要点解释各功能和物品的使用方法		1.随车物品清单 2.车辆解释要点
提醒驾驶时需要注意的问题	• 按模版提醒驾驶要点		新车驾驶注意事项
介绍服务顾问	• 将服务顾问领至交车场地与客户见面		
介绍服务及索赔政策	• 介绍索赔政策 • 介绍售后服务项目		
完善顾客档案	• 完善客户信息，并在交车结束后录入CRM系统		CRM系统
新车前合影留念	• 销售顾问、服务顾问如有时间应参加与客户在新车前合影并表示庆祝		
（现场满意度调查 俱乐部入会登记）			
把客户送至大门			
寄出照片及感谢信	• 三天内将照片和感谢信以书面或电子方式寄给用户		感谢信模版

图5-10 车辆交付流程

PDI 检查表

编号 车型

车型代码	底 盘 号	发动机号	经销商代码	交车日期

1	发动机号、底盘号、车辆标牌是否清晰，是否与合格证号码相符	
2	发动机号、底盘号、车辆标牌是否符合交通管理部门规定	
3	核对随车文件（与上牌照相关文件）是否正确	
4	目视检查发动机舱（上部与下部）中的部件有无渗漏及损伤	
5	检查发动机机油油位，必要时添加机油	
6	检查冷却液液位（液位应达 max 标记）	
7	检查制动液液位（液位应达 max 标记）	
8	检查助力转向液压油油位（油位应达 max 标记）	
9	检查蓄 电池状态、电压，电极卡夹是否紧固	
10	检查前桥、主传动轴、转向系及万向节防尘套有无漏油或损伤	
11	检查制动液储罐及软管有无漏油或损伤	
12	检查车身底板有无损伤	
13	检查轮胎、轮辋状态，调整轮胎充气压力至规定值	
14	检查车轮螺栓及自锁螺母拧紧力矩	
15	检查底盘各可见螺栓拧紧力矩	
16	检查车身漆面及装饰件是否完好	
17	检查风窗及车窗玻璃是否清洁完好	
18	检查座椅调整、加热、后座椅折叠功能及安全带功能	
19	检查转向盘调整功能及燃油箱盖开启功能	
20	检查内饰各部位及行李舱是否清洁完好	
21	检查所以电器、开关、指示器及操纵件功能	
22	检查前、后刮水器各档功能、雨量传感器功能及调整清洗液喷嘴喷射角度	
23	检查车内外照灯、报警灯、指示灯、喇叭及前照灯灯光手动调整功能	
24	检查电动车窗玻璃升降、中央门锁、车外后视镜调整及天窗开关功能	
25	检查车外后视镜调整、内后视镜防眩目功能及天窗开关功能	
26	检查收音机功能，将收音密码贴于收音机说明书上；校准时钟；维修保养间隔显示归零	
27	检查空调功能，将自动空调的温度调至 22℃	
28	查询各电控单元故障存储	
29	检查随车文件、工具及三角警示标牌是否齐全	
30	装上车轮罩、点烟器、顶棚天线及脚垫	
31	除去前轴减振器上的止动器（运输安全件）；取下车内后视镜处的说明条	
32	试车：检查发动机、变速器、制动系、转向系、悬架等功能	
33	除去车内各种保护套、垫及膜	
34	除去车门边角塑料保护膜	
35	填写《保养手册》内的交车检查证明，加盖 PDI 公章	

本车已按生产厂规定完成交车前检查，质量符合生产厂技术规范

服务顾问签字： 销售顾问签字： 用户签字：

此单一式两份，服务站和业务部各保留一份

图 5-11 汽车产品 PDI 检查表

(4)依照《随车物品验收单》(图5-12)与客户当面清点随车物品。

随车物品验收单

尊敬的用户：

感谢您购买__________轿车,该车型号为：__________,发动机号：__________,底盘号：__________,颜色：__________,发票号码：__________,请您按以下清单点清随车物品,并留下您的详细联系方式,以便我们对您的轿车进行完善的售后服务：

名　称	数　量	单　位	确认打钩
合格证	壹	份	
免检单、技术参数表	各壹	份	
密码卡	壹	份	
保养手册	壹	本	
售后服务网通讯录	壹	本	
7500km免费保养凭证	壹	本	
安全系统说明书	壹	本	
操作系统及装备说明书	壹	本	
保养维护指南	壹	本	
技术数据	壹	本	
收录机说明书	壹	本	
点烟器	各壹	个	
天线	壹	个	
脚垫	肆	个	
防盗螺栓、扳手、螺丝刀、拆卸钩	各壹	个	
轮毂盖	肆	个	
备胎、轮胎套筒、千斤顶	各壹	个	
钥匙	贰	把	

该车车况良好,随车物品齐全。

购车单位(个人)名称：____________________

签收日期：________________　销售顾问：________________

图5-12　随车物品验收单

(5)如客户选装精品备件,则依照《精品装饰检验单》(图5-13)验收,并让客户签字确认。

(6)依照《车辆解释要点》(表5-1)向客户介绍车辆以及随车工具的使用方法。

(7)依照《新车驾驶注意事项》(表5-2)提醒客户驾驶新车时需要注意的问题,尤其是磨合期的注意事项。

(8)介绍服务顾问可以看成是销售与售后之间业务的交接过程,是留住服务客户最简单有效的方法。无论在任何时候,服务顾问都要在交车的时候预留出时间。在介绍服务顾问的时候,服务顾问务必表明自己的身份。

精品装饰检验单

尊敬的用户：

为了能使您对本公司所装饰精品满意，本着对用户负责的态度，我们对您所装精品进行了精心的检查。若您对本车所装精品质量满意，请在检验单内签字，谢谢合作！

祝您一路平安！

车型　　颜色　　车牌号　　销售人员　　安装日期

精品项目	已安装	验收
1. 贴膜	□	□
2. 安装防盗器	□	□
3. 加装倒车雷达	□	□
4. 改装电动座椅调节器	□	□
5. 安装车载电话	□	□
6. 安装 CD/VCD/DVD 显示器/喇叭/低音炮	□	□
7. 安装排挡锁	□	□
8. 加装桃木内饰	□	□
9. 车门内饰加装真皮	□	□
10. 车内座垫套	□	□
11. 安装地板	□	□
12. 加装真皮座椅	□	□
13. 安装中央扶手箱	□	□
* 安装新增项目	□	□
* 安装合格的车辆内外饰清洁是否满意	□	□

不满意原因：

本车已按规定完成检查，质量符合规范要求。

安装人员签字：＿＿＿＿＿＿＿＿　　用户签字：＿＿＿＿＿＿＿＿

图 5-13　精品装饰检验单

(9)服务顾问利用交车时间介绍服务站地址、联系方法、索赔项目、预约服务的好处等。

(10)完善前期跟踪中无法得到的客户信息，如身份证号和完整的联系方式。

(11)向客户赠送有纪念意义的小礼品，交车结束前，邀请客户与服务顾问在新车前合影留念，并再次向客户祝贺(图 5-14)。

(12)送别客户，客户离开时，销售顾问、销售经理、服务顾问到展厅门外列席送别，直到客户远离视线为止。

图 5-14　交车后合影留念

车辆解释要点　　表 5-1

项　　目	检　　查
1. 陪同客户走近车的同时，演示钥匙遥控器的使用	
2. 引导客户正确开启与关闭车辆前发动机舱盖，并解释发动机舱各部件位置	
3. 告知客户发动机号和底盘号的位置并和客户共同核对	
4. 告知发动机舱内各储液罐的位置及正确添加方式（冷却液、制动液、助力转向液、机油尺、刮水器液）	
5. 客户坐在驾驶位置时，告知其座椅及转向盘的正确调整方法	
6. 引导客户正确操作车门及行李舱的开启（尤其提醒客户注意车后门的儿童锁及后排座椅翻转功能）	
7. 引导客户进行车辆的电动升降玻璃、电动后视镜及天窗的正确操作	
8. 车辆仪表盘上各项仪表及指示灯的位置及所含内容（多功能显示器的正确使用）	
9. 详细解释车内各灯控开关的位置及使用（前照灯、转向灯、制动灯、雾灯及室内顶灯）	
10. 详细解释车内各电器开关位置及操作（如：空调、音响、除霜、刮水器等）	
11. 说明车辆安全装备的位置及使用（安全带、气囊等）	
12. 引导客户正确使用车辆换挡机构（手动挡挡位、自动挡挡位功能）	
13. 告知客户轮胎正常状态及加油口盖里侧的气压标值	
14. 告知客户随车工具及物品的正确摆放位置及功能（如千斤顶、套筒扳手、牵引钩、备胎、三角警示牌等）	
15. 指导客户正确使用随车工具（如千斤顶、三角警示牌、防盗螺栓等）	
16. 提醒车油不多，请先到附近加油站加油，并告知最近的路线	

新车驾驶注意事项 表 5-2

尊敬的客户,感谢您选择我公司为您服务,为了使您的爱车保持良好状态,建议您注意以下事项:
1. 长途行驶前请检查车辆状态,为即将进行的长途驾驶做好准备;行驶中请您注意车速及与周围车辆的间距
2. 早上驾车前请检查汽车底盘有无漏油、漏水现象,特别是长途用车之后,底盘有擦刮现象,请及时到维修站做检查
3. 切忌急加油,急制动
4. 行车前应观察车辆仪表指示器是否正常
5. 新车磨合过程(1000km)中车速不宜超过最高时速的 3/4,建议时速不超过 120km/h
6. 发动机转速不宜超过 3000r/min,空挡加油也别超过 3000r/min
7. 头 300km 制动片需要磨合,不要猛踩制动踏板,头几百千米制动出现响声也是正常的
8. 忌满载(五个人,十多个行李包),不宜超过满载的 50%
9. 请在 7500km 内及时来店进行首次保养
10. 建议汽油尽量使用高标号
11. 发动机长时间高速运转后,怠速稍停两分钟后再关闭发动机
12. 验证磨合效果:时速 50km/h,放空挡使汽车滑行,如滑行距离大于 600m 则磨合过关
13. 请在使用前详细阅读产品说明书,比较专业的问题可以来电咨询

3 交车后续工作

交车后续工作包括客户的信息记录和客户的后期跟踪回访。

交车后续工作的要点:销售顾问应将获取的客户信息及时更新到 CRM 系统(图 5-15),以便后期进行客户关怀,特别是销售流程前期无法获取的客户信息,如身份证号码及其他联系人信息等;销售顾问将交车照片和有总经理签字的感谢信寄给客户,可以选择传统邮寄或电子邮件,根据方便程度而定;销售顾问在做第一次回访的时候应询问是否收到照片和感谢信;定期做好客户的后期跟踪回访工作(表 5-3)。

客户购车回访安排表 表 5-3

事由及时间	联络方式	责任人	主要传达信息
交车之后立即	信函	总经理签字	表达恭贺和感谢支持,请他推荐我们的产品
交车后 1 天	电访	销售经理	使用是否一切正常
交车后 3 天	电访	销售顾问	确认一切正常,请客户向他人推荐我们的产品
交车后 2 周	亲访	销售顾问	确认一切正常,有无需求,提醒首次投保
交车后每 1 个月	亲访、电访	销售顾问或客服人员	询问是否一切正常,表示关心,请他推荐我们的产品
特殊促销,新车销售	亲访、电访或邮件	销售顾问或客服人员	主要诉求及优惠促销内容,新车型介绍
周年庆或生日等特殊事宜	电访或邮件	销售顾问或客服人员	视事而定
即将达到包修期、年检期等	电访或邮件	销售顾问或客服人员	是否需要协助,保险续保,请他推荐我们的产品
贷款即将到期	电访	销售顾问	换车计划,新产品介绍,请他推荐我们的产品

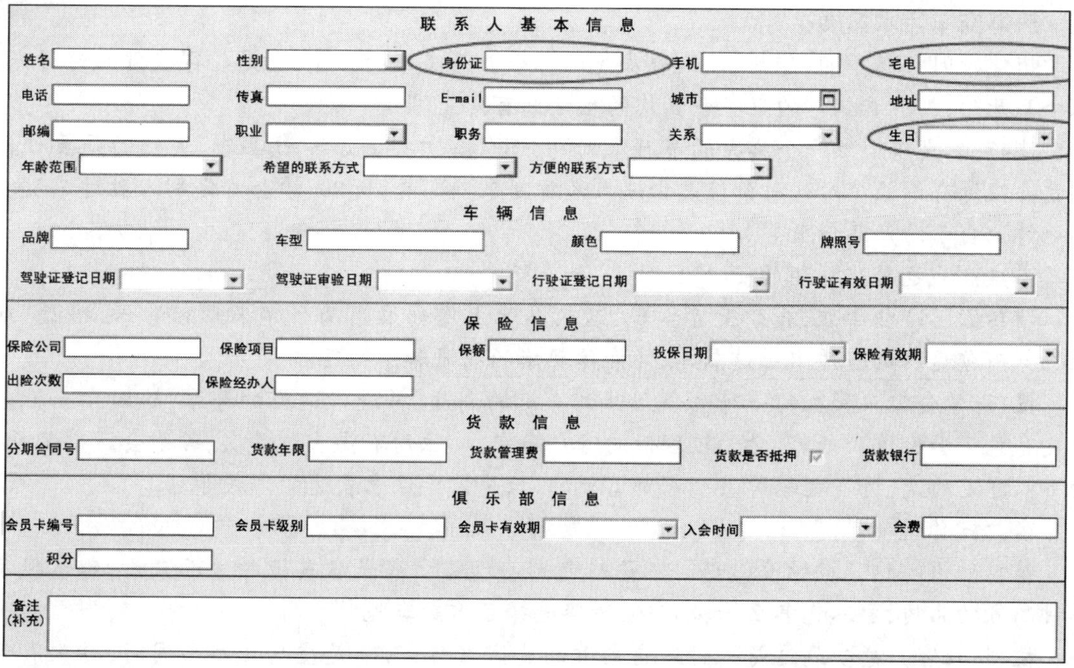

联系人基本信息

姓名　性别　身份证　手机　宅电
电话　传真　E-mail　城市　地址
邮编　职业　职务　关系　生日
年龄范围　希望的联系方式　方便的联系方式

车辆信息

品牌　车型　颜色　牌照号
驾驶证登记日期　驾驶证审验日期　行驶证登记日期　行驶证有效日期

保险信息

保险公司　保险项目　保额　投保日期　保险有效期
出险次数　保险经办人

贷款信息

分期合同号　贷款年限　贷款管理费　贷款是否抵押　贷款银行

俱乐部信息

会员卡编号　会员卡级别　会员卡有效期　入会时间　会费
积分

备注（补充）

图 5-15　CRM 客户信息记录

4 感谢信

感谢信形式内容如下。

感　谢　信

尊敬的客户：

真诚祝贺您拥有一辆______轿车，并对此表示衷心的感谢！

您购买______公司的______轿车是一个明智的选择，她将为您提供无穷的驾驶乐趣。为您提供尽善尽美的服务是我们______公司的宗旨。我店是按照______销售有限责任公司的统一标准设计建立的，拥有一流的设备，充足的原厂零备件和大量的专业技术人员，可以为您的车辆提供全面的服务。您在驾驶车辆过程中遇到的所有困难，我们将乐意为您解决。

请您按《保养手册》中定期规定的行驶里程或时间到______特许经销商处对您的爱车进行保养，这有助于在保持无故障驾驶的同时，确保您的汽车在保修范围内享受到由______汽车有限公司提供的保修服务。

谨向您致意并祝您驾车愉快！随信寄给您交车纪念照片，请留作纪念，谢谢！

总经理：______

______特许经销商______公司

______年______月______日

热情交车话术拓展：

销售顾问："杨小姐，您好，欢迎再次光临。今天是交车的日子，也是值得庆贺的好时光。从今天开始，拥有这辆车的日子会让您的生活更有意义。"

技巧：把交车当做一个盛大的节日来对待，不管客户是花多少钱买车，关键的是要让他们觉得投资有价值。而这种价值是由他人的肯定来确定的，所以，学会肯定别人胜过不厌其烦地讨论自己的产品与服务。

客户："我也是这样想的。"

销售顾问："杨小姐，我今天才发现，这款车配上您如果用两个字来形容的话，叫做'绝配'，只有您这样的气质配上这款车，才能体现您的高贵和您的气质。"

技巧：学会把车和人的一种结合上升到一定的高度，并进行适当的夸张，这对于女性来讲更有意义和价值。当然，对于较理性的客户而言，要注意不要言过其实，否则会适得其反。但可以肯定的是，赞美之辞是每个人都需要的，只是需要注意表达的方式即可。

客户："你过奖了。"

销售顾问："这是我的真心话。不论从色彩、造型上，还是从其他的方面来看，都体现了一种高贵的品质，要不您怎么千挑万选，最终选择了这款车呢？"

技巧：让客户感受到这是一种发自内心的真诚之辞，而不是虚伪之辞。同时，再次表示出对客户独特眼光的赞叹。

客户："当然还是你们推销的到位，让我有机会与这款车结缘。"

说明：客户的回应表示对销售人员的认可。

销售顾问："是啊！我们也相信当您驱车前往公司时，会有更多的目光关注到您及这款漂亮的车。"

技巧：再次以周围人群的眼光来激发客户的一种心理满足，进一步提升他们的满意度。

客户："你再说我都有些不好意思了。"

成功法则：客户良好的心理感受胜过一切。交车阶段对客户恰如其分的赞美，有助于提升客户的满意，让这种满意再上一个新的高度，可以再次激发客户对汽车产品、服务与经销企业的认同。

销售顾问："杨小姐，您好！为了让您在今后使用的过程中更好地掌握这款车的性能，更好地发挥其作用，现在我们花点时间来讨论一下有关的事项吧！"

技巧：首先你自己要把事情说清楚，同时客户也要愿意配合你，这才是一个正确的交车过程应该做的事情。

客户："好的。"

销售顾问："我们先从这款车的使用的注意事项开始。您看，我们先从最简单的车门开启介绍，好吗？"

技巧：使用中的注意事项要逐项介绍清楚，不论是从外到内还是从内到外，直到客户明白并会操作为止，这是当下交车过程最容易被偷工减料的部分，因而也是今后问题最多的部分。

客户:"好的。"

销售顾问:"您看,有关操作方面的注意事项已经介绍完了,您看一下有没有不清楚的地方?"

技巧:每一个项目介绍完成后,要征询客户的意见,看还有什么不清楚的地方,还有什么不会操作的地方,直到客户全会为止。

客户:"我基本清楚了。"

销售顾问:"接下来我介绍一下保养方面的要求与规范。没有问题吧?"

客户:"没有问题。"

销售顾问:"这款车的首次保养里程是7500km,您必须按时到店来进行保养,因为这涉及今后索赔政策兑现的问题。当然,我们售后会在适当的时间及时提醒您,即使您忘记了也没有关系。当首次保养结束后,保养的间隔里程是15 000km,您有没有发现,这是我们这个品牌的一大特点,即保养间隔里程最长,保养费用更低。"

技巧:当介绍中遇到汽车产品品质、性能和服务等比同类竞争产品优势的项目时,还应该再次不厌其烦地进行强调,让客户深化对这些优势的认识,为今后对该客户周边潜在客户的开发奠定一个良好的基础。此时,千万不要抱持一个错误的想法:这些内容在之前的销售中已经向客户介绍过,再强调就显得啰嗦了。

客户:"是这样的。"

销售顾问:"最后,我再介绍一下今后您在售后服务或其他服务中可能会与您合作的人员:这是我们的销售经理×××,这是我们的服务经理×××,这是我们的服务接待×××,这是我们公司最优秀的服务技师×××。相信他们今后会为您提供优质的、让您满意的服务。"

技巧:把所有与客户今后服务相关的人员介绍给他们,便于客户今后的服务。需要强调的是,介绍的时候要对被介绍对象的角色进行详细的说明,特别是他们的业务能力与水平是介绍的重点,目的只有一个,再次让客户放心,不担心未来使用过程中的服务问题,这也是提升客户满意度的关键一环。

客户:"谢谢!"

销售顾问:"关于您的新车,您看还有什么不清楚的地方吗?"

技巧:最后,还应该再次询问客户还有什么疑问或不清楚的地方,因为每一个人的沟通都会因理解而出现偏差,这一点需要注意。

客户:"没有了。如果今后使用中我遇到问题我应该找谁?"

销售顾问:"如果您今后使用中遇到任何的不清楚的地方,您可以与我们当中的任何一位联系,这是他们的联系方式,已经备注在给您的资料上,到时您可以查看一下。"

技巧:一定要设法留下所有被介绍人员的联系方式,同时让这种联系方式容易被找到。另外,要承诺其中任何一位接到客户的服务请求时,都会负责任地服务好客户。

成功法则:事前的说明比事后的解释好一万倍!如果没有交车时的"啰嗦",也就很难大幅度地减少售后服务中遇到的问题与麻烦。

第三节　汽车保险营销

汽车经销企业为了给购车客户提供全面的服务，也为了丰富企业的盈利方式，常常会和汽车保险公司合作，向购车的客户推荐在购车的同时就地为爱车投保。这也需要销售顾问与客户良好的沟通，为客户做车险方面的分析，同时也为个人和企业创造利润。

一　汽车保险基本常识

汽车保险可以分为交强险、主险、附加险，其中主险包括车辆损失险和商业第三者责任险两种。附加险包括全车盗抢险、玻璃单独破碎险、自燃损失险、新增加设备损失险、车上人员责任险、车身划痕损失险、停驶损失险、不计免赔险、高尔夫球具损失险、精神损害赔偿险等。

其中，交强险是必须投保的险种，是国家规定的强制保险。在验车、新车领取牌照时，都需要检验是否投保交强险，其他险种都是自愿投保的险种。

二　汽车保险的社会意义

汽车的普及，给我们的生活的各个方面都带来了极大的变化。但是作为交通手段（工具），与增加现代社会的便利相反，汽车导致的事故数量的增加、对受害者的赔偿逐渐高额化，也不容忽视。由于汽车事故的悲剧会给受害者和加害（肇事）者双方都带来巨大的经济上、精神上的痛苦，所以即使说客户通常会握着危险与不安的转向盘也不为过。因此，汽车保险在预防突发事故，减轻受害者、加害（肇事）者的经济负担中的作用是不可缺少的。对照为客户提供丰富舒适的汽车生涯这一汽车经销店的目的，销售汽车保险也可以说是社会性的使命。

三　保险与提高客户满意度

1　从汽车品牌经销商来看

我们向客户销售汽车保险，可以为客户的汽车生涯提供完整的支持。在客户有任何需求，特别是遇到困难时，汽车保险可以提高客户的满意度（图 5-16）。

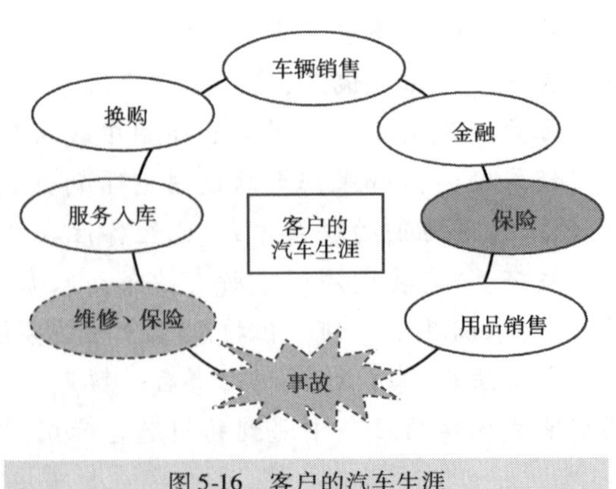

图 5-16　客户的汽车生涯

汽车品牌的营销理念中，对于购买汽车的客户，要为其提供全部汽车生涯的照料。汽车经销商通过提供“最高的品质”和“放心”，获得

“永久信任”的使命感。保险正是汽车生涯的必备品。

具体来说,在客户购买车辆的同时,作为保险专家为其提供保险方案,一旦发生事故帮助客户办理手续,通过提供经销店高品质的维修服务,可以为客户作贡献,进而提高客户满意度。

2 从客户角度来看

合同事项、保险维修都可以在同一个时间段完成,不需要烦琐的手续;能够接受适合的合同内容、事故时恰当的建议;可以享受到高品质的维修服务;了解到与保险相关的最新信息。

四 汽车保险与相关受益

比起在店内销售保险取得保险销售手续费,在售后服务中取得收益更加值得期待。为了提高销售收益,有必要确保保险的投保率。此外,一般来说,在店内投保的客户,其回到店内维修入库的概率很高,能够确保稳定的收益(但必须与保险公司建立良好的合作关系)。保险是一年签一次的合同,这就为定期检查客户需求创造了机会。可以借助于保险,创造与客户永久的关系,在车辆销售方面,在换车、增加购买、介绍等方面也会变得很自然。据说一个客户从购买新车到下次换车平均需要 4 ~ 5 年时间,但保险却能够长期确保每年的收益。如果在车辆销售不景气的时期仍有很多续保的话,就可以维持相当稳定的收入。

五 保险专员

汽车经销企业可以根据店内的保险投保率,利用汽车保险收入的手续费为基础来设置保险专员岗位,尽量设置专职的保险专员。

保险专员的工作包括:汽车保险合同手续的办理、保险公司的对应、保险业务的推进(图 5-17)。

六 提升新车投保率

为了让客户在店内购买保险,就要花心思考虑客户在各个阶段需要什么,以满足其要求。保险专员进行跟踪,以获得保险合同。为了能够恰当的应对客户需求,需要在日常进行相关保险业务的学习。通过掌握保险销售能力、管理业务能力提高“新车投保率”,积极销售与售后服务相关的汽车保险、特约保险。销售顾问的应对主要有三个步骤:来店时的应对、商谈时的应对、车辆成交时的应对。

七 老客户续保率的提升

如果客户在投保阶段,发生理赔情况时,都能得到妥善解决,日常的依靠力强,客户基本

保险专员的工作

1保险合同手续

以签订保险合同为主业
办理新车投保及续保的手续
向客户说明专门的保险知识、合同业务、理赔申请流程等事宜

2保险公司对应(合同、事故)

与保险公司相关的一切的窗口，合同交涉、报险、代办理赔、保险业务研修等

3保险业务推进

经销店内销售员的培训者
·召开店内保险业务、知识研修
·统计、分析各担当的投保率等数据
·管理保险业绩

图 5-17 保险专员的工作职责

上就会很依赖，如汽车经销商让客户感觉很依赖的话，客户就会继续选择在这里续保。但另一方面，事实上客户周围有很多信息，关于汽车保险方面的竞争也非常激烈，这就需要在到期的合同上下工夫了，必须对店内到期的合同进行有效的管理，在店内单独实施续保；掌握保险销售、管理业务，以提高续保率。

1 客户管理

将新的保险合同用每月的到期管理表来全部记载(表 5-4)。

保险合同到期管理表

表 5-4

加入者	AAA	BBB	CCC	DDD	EEE	FFF
满期日	5月1日	5月1日	5月2日	5月3日	5月4日	5月4日
担当者	X	Z	Y	Y	Z	X
保险证券番号	○○-○○	○○-○○	○○-○○	○○-○○	○○-○○	○○-○○

2 到期介绍时

客户保险合同到期前两个月联系客户续保，尝试收集新的相关信息。

3 续保介绍时

客户保险合同到期前一个月向客户进行续保介绍，提供最适合的保险方案，说明折扣等

制度。

4 续保手续时

在客户保险合同到期前一个星期，完成客户续保手续，记得要留出些时间，应对客户需求。尽早开展续保，客户的流失率就会降低。

5 探讨管理

与新车保险一样，对续保合同进行有效管理，对保险销售进行研修，提高销售技能。

八 其他客户的续保

签订保险合同的机会，并不是只在新车销售时。因事故来店维修的客户都是重要的续保潜在客户，需要对其进行信息收集、保险合同的推进。车辆销售以外，积极向来店维修的客户推荐保险，促使客户从他店转向到本店购买保险。

1 信息收集时期

向来店维修车辆的所有客户，询问购买保险处、到期时间以及保险的一些相关问题、不满等信息。此外，还要告诉客户店内也可以履行保险手续。在来店客户接待表中增设保险信息记入栏，可增加信息收集的频度。

2 信息管理

针对收集来的信息，制作每月的外来保险合同到期管理表。

3 到期介绍，合同争取

之后的续保也同老客户续保一样，尽早的开展续保活动，减少客户流失率。

4 探讨管理

与新车保险、续保一样，要对各个保险销售的进展状况进行管理，每天进行监督，共同研修技巧，总结经验。

外来保险合同转换的合同，不光要由销售顾问开展，也需要服务顾问的协助；为将信息收集纳入日常工作，需要提高员工的意识；增加信息收集量对外来车辆续保很有效果。

九 各种推进、培训资料的完备

汽车保险销售资料通常要放在客户容易看见的地方（资料台、前台）。培训研修资料各销售顾问及保险专员手头要常备。保险接洽工作时，事前整理、准备与客户洽谈所需资料（保费表、保险产品说明手册、单页、条款等），为在日常工作中能够向客户清晰说明，定期要

进行学习、提高、训练、总结。设定个人目标,管理每月达成情况。汽车销售顾问有需要改善的地方,应互相交流,共同提高水平。个人计划完成情况分析表见表5-5。

个人计划完成情况分析表　　表5-5

公司实绩	年初	1月	2月	3月	4月	5月	6月	7月	8月	9月	10月	11月	12月
车辆销售	305	65	65	60	55	60							
新车保险	215	50	40	40	40	45							
投保率	70.49%	76.92%	61.54%	66.67%	72.73%	75.00%							
到期件数	250	50	50	50	50	50							
续保数	210	45	48	40	38	39							
续保率	84.00%	90.00%	96.00%	80.00%	76.00%	78.00%							
他店转换率	48	8	7	12	15	6							
手续费合计(元)	284 420	59 740	54 150	57 040	58 590	54 900							
手续费单价(元)	602	580	570	620	630	610							
个人实绩	年计	1月	2月	3月	4月	5月	6月	7月	8月	9月	10月	11月	12月
AAA(目标)	120	10	10	10	10	10	10	10	10	10	10	10	10
AAA(结果)	50	8	8	12	15	7							
BBB(目标)	100	10	10	8	8	8	8	8	8	8	8	8	8
BBB(结果)	27	7	6	5	3	6							

第四节　汽车售后服务概述

一　汽车售后服务的意义

汽车销售服务总是伴随着客户与汽车4S店或汽车经销商合作的过程中而产生的。在整个市场营销服务的过程中分为售前服务、售中服务和售后服务。汽车售前服务是通过销售顾问把汽车产品的相关信息发送给目标客户,包括汽车的技术指标、主要性能、配置和价位等;售中服务则是为客户提供咨询、导购、订购、结算和汽车交接等服务;汽车售后服务是为客户对汽车做调试、保养、维修等,排除技术故障,提供技术支持,寄发产品改进或升级信息以及获得客户对汽车产品和服务的反馈信息。

汽车市场"售后服务"的出现,是市场竞争所致的必然结果。汽车产品在发展到一定程度时,制造技术已相差无几,也是汽车市场从产品转向服务的主要原因。然而,售后服务往往也是汽车4S店或汽车经销商的主打战略王牌,而现实的汽车售后服务中存在诸多的问题也是消费者所了解的,从而影响了消费者对汽车产品的购买和接受汽车售后服务产生了许多负面的影响。所以,将汽车产品的售后服务做好、做细的汽车4S店或汽车经销商感动了客户的心，提升了客户的满意度，也赢得了市场。由此可见汽车售后服务作用的重要性，汽车的售后服务在整个汽车营销过程中有着特殊的“使命”，对汽车产品和服务走入市场化起着积极的过渡与推动作用，对繁荣汽车市场有着深远的意义。

销售顾问在营销过程中也需要对汽车产品的售后服务向客户进行保证，将售后服务的内容向客户进行介绍，在交车的时候要向客户推荐值得信赖的服务顾问，这样才能实现汽车产品的一站式、终身服务理念。

二 汽车4S店售后服务流程

同汽车销售一样，汽车售后服务也有一套标准的流程，尽可能地提高售后服务工作的规范性和时效性，从而提高客户满意度。汽车4S店售后服务流程如图5-18所示。

1 预约

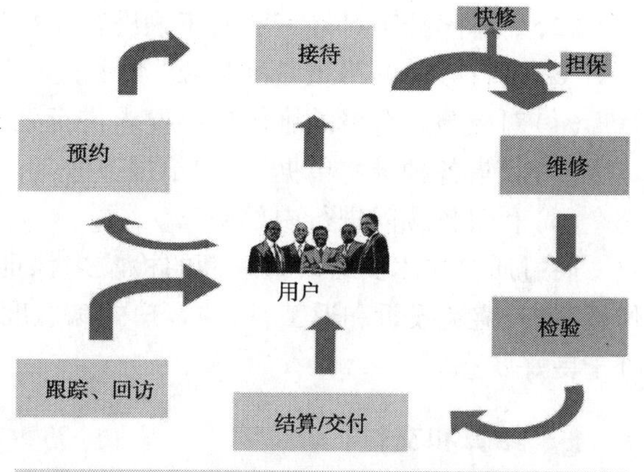

图5-18 汽车4S店售后服务流程

(1)接听客户预约电话并详细记录相关信息。

(2)通过电话进行诊断或制订解决方案。

(3)和客户约定维修的时间。

(4)按照预约要求进行准备工作(委托书、备件、专家、技工和工位、设备/工具、资料等)。

(5)确保预约的正常开展。

通过服务顾问来欢迎客户，听取客户需求诊断故障，制定维修项目，提供建议，制定委托书，估算维修价格和根据车间设备和人力资源组织和协调工作达到以下两个主要工作目标：使客户满意，从而提高客户忠诚度；开拓车间维修业务。

2 接待

(1)履行约定的维修任务。

(2)以恰当的方式欢迎客户。

(3)倾听客户故障描述，系统地检查客户车辆，判断车辆故障原因。

(4)制定维修项目，估算维修价格和约定交车时间。

(5)提供维修建议来促进维修业务。

(6)达成协议，完成任务委托书，客户签字确认。

(7)安排客户休息等候或离开。

3 维修

(1)根据任务委托书的维修项目进行维修工作。

(2)技术专家对技工遇到的技术难题给予帮助。

(3)服务顾问监控工作的进程。

(4)车间技工根据修理项目,到备件部门领取备件并履行相关手续。

(5)向客户通报任何对委托书的变更(项目、价格、交车时间)。

(6)完工后车间技工进行自检。

车间技工根据任务委托书的要求,使用专用工具和维修资料,对所有车辆机械装置和车身各部件执行高质量的维修和保养,使车辆恢复出厂的参数,达到质量要求并告知客户其未发现的故障,确保客户的满意。

4 检验

(1)审核维修任务委托书的工作是否全部完成。

(2)对车间技工自检完毕的车辆进行质量检验。

(3)进行必要的路试,发现静态条件下无法发现的故障。

(4)对检验不合格的维修按照要求进行处理。

(5)收集各种维修单据,传递给服务顾问。

(6)和服务顾问进行内部交车。

通过质检技术员对维修车辆的检验来保证维修质量达到客户的要求,防止不合格品交付给客户,避免投诉和返工,增加客户的满意度,维护4S店售后服务的信誉并保证交付车辆处于良好状态。

5 结算和交付

(1)审核维修委托书和领料单,确保结算准确。

(2)准备结算的有关单据,并通知客户取车。

(3)向客户解释所做的工作及收费情况。

(4)陪同客户付款。

(5)与客户一同检查竣工车辆。

(6)交付车辆并与客户道别。

在这个环节,我们通过结算、交付活动来兑现我们对客户关于质量、价格和时间的承诺并通过向客户解释维修内容和指出车辆存在的其他问题,使客户感受服务顾问的专业服务,增强客户的满意度和忠诚度。

6 跟踪回访

(1)在维修车辆交付一周内对客户进行跟踪回访。

(2)记录跟踪回访结果。

(3)对跟踪回访结果进行统计分析。

(4)对回访中发现的客户抱怨进行判断并传递到相关部门。

(5)通知各种措施维护客户关系。

通过对客户实施有效的跟踪回访活动,收集客户意见,平息客户抱怨,提高服务质量及客户满意度。

7 各大汽车公司售后服务流程

(1)福特汽车公司售后服务流程(图5-19)。

图5-19 福特汽车公司的售后服务流程

(2)丰田汽车公司售后服务流程(图5-20)。

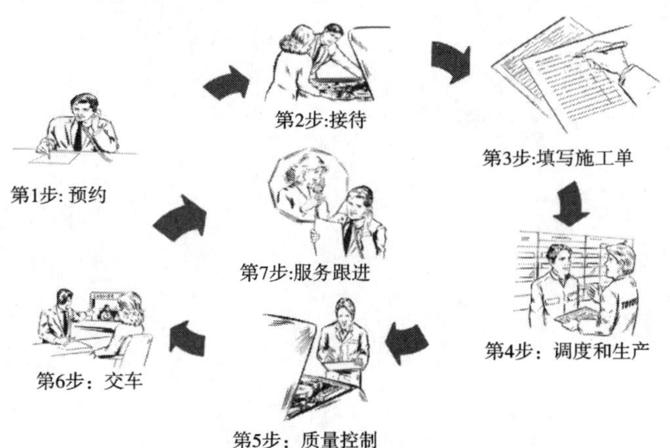

图5-20 丰田汽车公司的售后服务流程(丰田7步法服务程序)

(3)本田汽车公司售后服务流程(图5-21)。

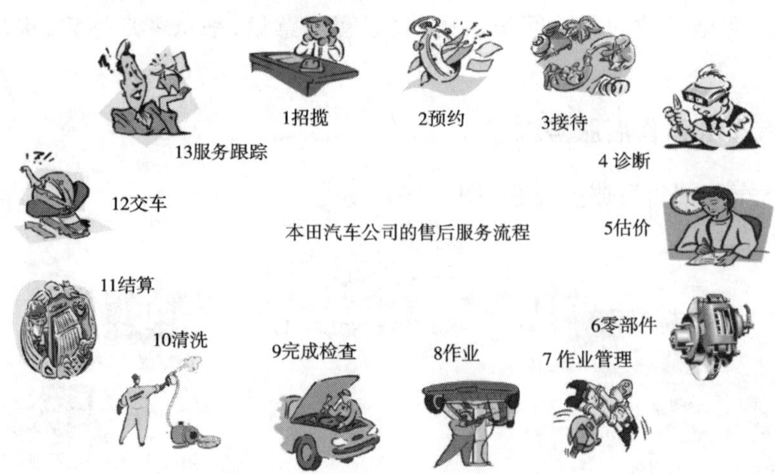

图 5-21 本田汽车公司的售后服务流程

售后服务作为汽车营销中一个必不可少的中间环节,不但在各产品市场领域起着至关重要的作用,在汽车售后服务行业中也对汽车产品和服务走向市场化起着过渡作用。汽车 4S 店或汽车经销商要以不断完善服务为突破口,以便利客户为原则,以优质的产品与独特的服务所具有的魅力和一切为客户着想的体贴来感动客户,从而提升客户的满意度与企业的知名度。

在汽车服务行业中,谁能提供消费者满意的服务,谁就会加快销售步伐,占有市场份额。要想使客户满意,就应做出竞争对手做不到、不愿意做或没有想到的超值服务,并及时予以践诺,提高各方面的服务质量,使汽车售后服务在汽车营销中真正地发挥其独特的作用,推动汽车行业向良好、健康的市场发展,也为汽车 4S 店或汽车经销商的长期发展做一块夯实的基石。

第六章 汽车备件管理与营销

学习目标

通过本章的学习,你应:

1. 能叙述我国汽车备件的发展现状和进行汽车备件管理的意义;
2. 知道汽车备件相关的基本常识;
3. 掌握汽车备件管理的基本方法;
4. 正确掌握汽车备件营销的基本技能;
5. 掌握汽车备件管理系统的使用方法。

第一节 汽车备件管理与营销概述

一 汽车4S店备件管理与销售的现状和意义

近年来,我国汽车市场迅猛发展,为国内各个汽车生产企业带来了前所未有的良好发展机遇。伴随着汽车大量进入家庭,私家车的销售正逐渐成为国内汽车市场销售的主力军,国内汽车市场年度销售总量在未来若干年稳定增长的趋势将不可逆转。

机遇总是与挑战并存,在这块巨大的“市场蛋糕”面前,各汽车相关企业都渴望占有更大的份额。比较其他消费性产品而言,汽车及汽车备件的销售更多需要依赖企业的品牌。好的企业品牌来源于好的市场口碑,好的市场口碑来源于优质的销售和售后服务。提升售后服务竞争力就是提升市场竞争力,就是树立市场口碑,从而树立企业品牌形象。

有效提升售后服务竞争力已成为汽车企业越来越重视的问题。有的汽车企业主推“24

小时全天候救援”服务,有的抓售后服务硬件设施投入,有的抓客户的接待过程,有的抓售后服务维修技术的提升,所有这些服务举措,由于汽车售后服务的特殊性,终究离不开汽车售后服务体系的“弹药”:稳定而及时供应的汽车备件。“巧妇难为无米之炊”,无论维修设施如何先进,维修技术如何全面,客户接待如何周到,如果没有稳定而及时的备件供应给予支持和保障,汽车售后服务将寸步难行,进而直接影响到汽车的销售业绩。所以,汽车备件供应的职能职责,决定了它在汽车售后服务与汽车市场营销中的重要作用。

目前,在汽车的整个获利过程中,整车销售、备件销售、维修服务的利润比例为2:1:4,而备件销售和维修服务两个环节又都依赖备件管理和供应。备件的销售过程,以及能否及时供应直接关系着汽车4S店的服务质量,关系着客户的满意度,体现4S店的服务能力,影响着汽车4S店的口碑。然而,汽车维修、保养所需备件的种类繁多,形状规格各异,需求量又带有偶然性,这都给汽车备件的管理带来一定的难度。较低的库存水平可以降低库存成本,但是库存水平低又容易导致缺货,一旦缺货就会造成生产中断及服务质量的下降。因此,服务水平和库存量、库存成本之间存在着矛盾,同时维持较低的库存成本、保持合适的库存量和适度的缺货率是汽车4S店备件管理的重要目标。事实上,现在很多汽车4S店在备件管理和销售上都还不够重视、不够规范,备件管理比较粗放,尚存许多需要改进的地方。

备件的管理和营销对于提升产品售后服务竞争力的重要性不言而喻,提高备件的销售能力,实现备件稳定而及时的供应,掌握有效的备件销售技巧,建立客观科学的备件管理体系成为重中之重。

二 中国汽车备件市场供应链

国内的汽车备件市场主要有两条供应渠道。

(1)主流渠道,指整车厂渠道,备件由整车厂的售后部门销售到特约汽车销售服务企业,再到车主,部分到批发商或独立维修企业。

(2)非主流渠道,指批发商从备件厂商采购,到经销商或独立维修厂。这种渠道中的备件厂商包括整车厂商,外国厂商和独立备件生产厂商。

三 备件管理中的安全管理

汽车备件中有大量易燃易爆等危险物品,比如各种油料、橡胶件、塑料件等,在管理和转移过程中,稍有不慎很容易引起火灾。火灾是备件仓库安全管理的最大威胁,消防就是消灭火灾和防止火灾。消防工作应当贯彻“预防为主,防消结合”的方针。同时,在搬运大型汽车总成备件时,还需要运用正确的搬运方式和搬运工具,如果操作有误,也可能造成工伤事故。下面针对汽车备件管理过程中所涉及的安全知识进行介绍。

1 防火

只要做好防火宣传和组织工作,采取行之有效的得力措施,火灾事故是可以避免的,具

体要采取以下措施。

(1)领导要高度重视仓库安全工作。

(2)广泛、深入地宣传火灾的危害性,提高防火自觉性是防止火灾事故的重要保证。

(3)确定防火责任人和岗位防火责任制。把防火工作落实到人,并通过岗位责任制使其制度化、经常化。

(4)严格分区,分类管理。凡是易燃、危险物资,一定要进危险仓库,凡是忌高温的物资,一定要存放在通风、不经常被日光暴晒的位置等。

(5)严格控制火种、火源和电源。凡是需要禁止一切火种的地方,要坚决防止引发一切火种生成的可能。如在严禁烟火的区域进行明火作业时,必须经有关部门和人员批准,并采取预防措施,在确保安全的条件下进行作业。工作完毕后,要及时清理现场,消灭明火残迹,严防死灰复燃而酿成火灾。冬季确实需要采用火炉取暖的库区内办公室,一定要有专人负责,并做到人走火灭。

2 灭火

灭火方法基本上有3种:一是隔离法,就是使燃烧物质与周围可燃物质隔开,使燃烧因无可燃物而停止;二是窒息法,就是阻止空气进入燃烧区,使燃烧物质得不到足够的氧气而熄灭,如用化学泡沫灭火剂扑灭油类火灾;三是冷却法,就是使燃烧物质温度降到燃点以下,燃烧也就停止了,如用水灭火就是冷却灭火法。

各种灭火剂的特点各不一样,使用对象也有所不同,如果使用不当,不但不能灭火,还会扩大损失。以下是几种常用灭火剂的特点和使用范围。

(1)水。水是最易得、最经济、最方便、最常用的灭火物质,灭火效果也比较好。但是有的火灾在一般情况下不能用水去扑救。如电器设备、带电系统发生火灾而在电源切断之前,与精密仪器及设备或汽油相关的火灾等,一般不能用水扑救。在特定情况下,水通过喷雾装置,在某种程度上也可以起到灭火作用。

(2)化学泡沫灭火剂。化学泡沫灭火剂是扑灭易燃液体和油类火灾的有效灭火剂,也能扑灭电器火灾,但它不适用于化学物品引发的火灾。

(3)空气泡沫灭火剂。空气泡沫灭火剂可以扑灭一般固体和液体发生的火灾。

(4)二氧化碳灭火剂。二氧化碳灭火剂对于扑灭电器、电子设备和某些忌水物资的火灾最适宜,灭火后不留痕迹,无腐蚀作用。

(5)干粉灭火剂。干粉灭火剂适用于扑灭油类、可燃液体、气体、电器设备的火灾,其粉末无毒、无腐蚀作用。

3 搬运

大型汽车备件需要利用吊车、拖车等搬运器械进行搬运;搬运力不能及的重物时,应找人帮忙;体积很小、很紧凑的零部件有时也可能很重,或者不好掌握平衡,切忌猛然用力,应先试探,量力而行,使用腿部力量将物品搬起。正确的人工搬运姿势如图6-1所示。

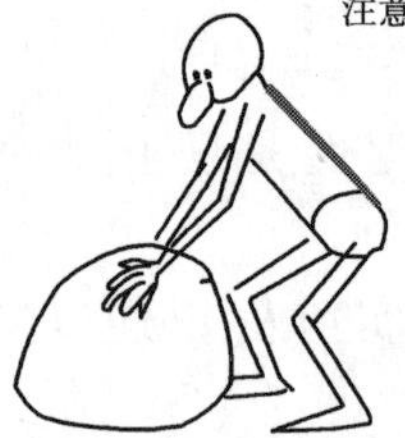

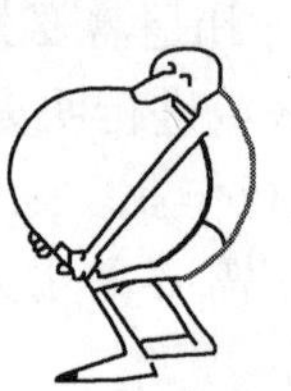
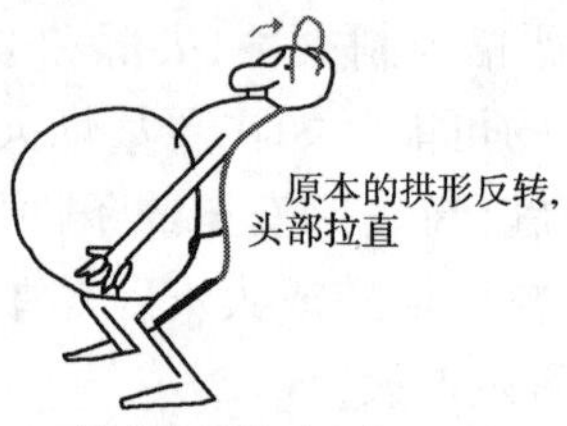

图 6-1　正确的人工搬运姿势示意图

第二节　汽车备件常识

一 汽车备件的概念及特点

在汽车销售服务行业中，把新车出厂后使用过程中所需要的汽车零部件和耗材统称为汽车备件。它包括新车出厂以后在维修保养过程中用来更换的新备件或修复件，汽车上需要更换或添加的各种油、液，以及用于提高汽车使用的安全性、舒适性和美观性的产品。

汽车备件作为商品来说，既具有普通商品的一般属性，也有其自身鲜明的特点（图 6-2）。

图 6-2　汽车备件的特点

1 品种繁多

汽车本身属于高科技产品，零部件种类繁多，而且又有品牌、车型的区别，所以，只要是有一定规模的汽车备件经销商、汽车综合修理厂或者是汽车品牌4S店，其经营活动中涉及的汽车备件都有上万种，甚至几十万种。

2 代用性复杂

汽车之间具有一些结构上的相似性，所以很多汽车备件可以在一定范围内代用，不同备件的代用性是不一样的，例如汽车内饰、轮胎、灯泡的代用性就很强，而集成芯片、传感器等备件的代用性就不强。掌握汽车备件的代用性，也是管理好汽车备件的重要条件。

3 识别体系复杂

一般每个品牌的汽车备件都有独立的原厂编号，即汽车备件编码，但是通常情况下，汽车备件经营者为了便于仓库的管理，还会自行为其进行编号。

4 价格变动快

整车的销售价格会随着市场经常变动，所以汽车备件的价格变动就更加频繁了，并且汽车备件价格也有季节性。例如，汽车空调在夏冬季节的使用频率偏高，备件需求偏大，价格就可能较春秋季偏高。

二 汽车备件的分类

一辆汽车的组成零件数以万计，不同品牌、不同车型之间又有所区别。我们按照用途将汽车备件分为三类：维修零件、油液和附件。

1 维修零件

维修零件是指维护和恢复汽车正常运行所必需的零部件，这些零部件能够保证车辆的行驶性、安全性和舒适性。维修零件按照组成部分的不同，又可以分为零件、分总成、总成、合件、组合件、套件几类。

(1)零件(图6-3)。零件是汽车的基本制造单元。不可再拆卸的、具有规定功能的整体就是零件，如活塞环、活塞、气门等。

(2)分总成(图6-4)。将两个或两个以上的零件采用装配工序组合到一起，对总成有隶属装配级别关系的部分就是分总成。如离合器片、活塞连杆、减振器、玻璃升降器等。

(3)总成。由若干零件、分总成装成一体，能单独起到某一作用的组合体称为总成，如发动机总成、离合器总成、变速器总成等。

(4)合件。由两个以上的零件组装，起着单一零件作用的组合体称为合件，如带盖的连杆、成对的轴瓦、带气门导管的缸盖等。合件的名称一般根据其中的主要零件确定。

(5)组合件。由几个零件或合件组装而成，但不能单独完成某一机构作用的组合体称为组合件，如变速器盖等。

(6)套件。在修理维护过程中，某些系统零件要求同时全部更换，在市场上一般采用套

件的形式供货，如发动机大修包（图6-5）、半轴修理包、转向器修理包等。

图6-3　汽车零件

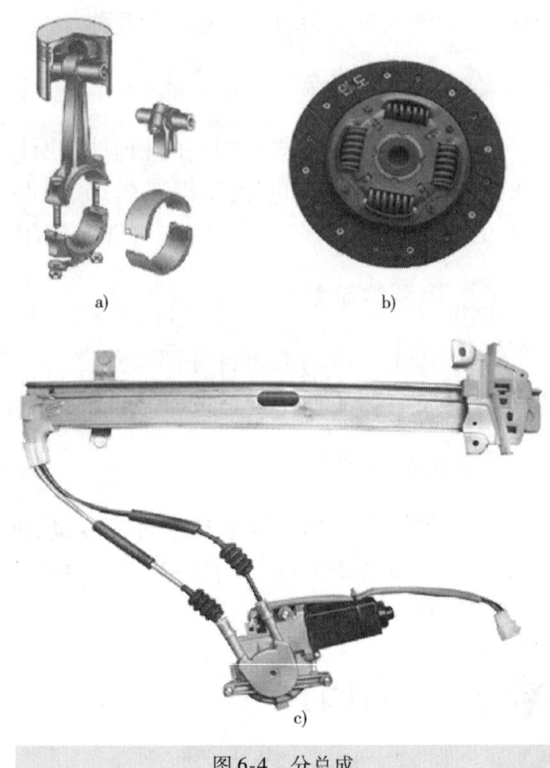

a)　b)　c)

图6-4　分总成

2 油液

保证汽车各部分正常工作，所需要消耗的液体材料，称为油液，包括汽车燃油、发动机机油、齿轮油与润滑脂、汽车工作液（制动液、冷却液）等。

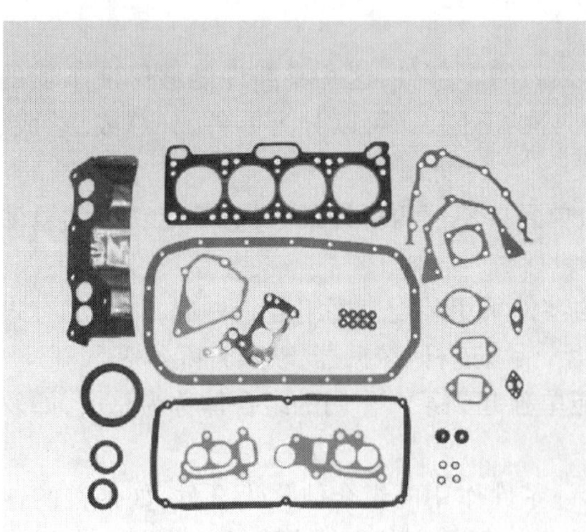

图6-5　发动机大修包

3 附件（图6-6）

附件是指用来改善或提高车辆乘坐舒适性、行驶安全性、车辆美观等性能的附加设备，如空调、音响设备、地毯、导航、遮阳板等，这些设备不影响车辆的基本行驶性能。

三　汽车备件的业务流程（图6-7）

汽车销售服务企业对于汽车备件的管理主要涉及汽车备件的订货采购、入库管理、库

存管理、出库管理及备件销售等环节。

图 6-6　附件

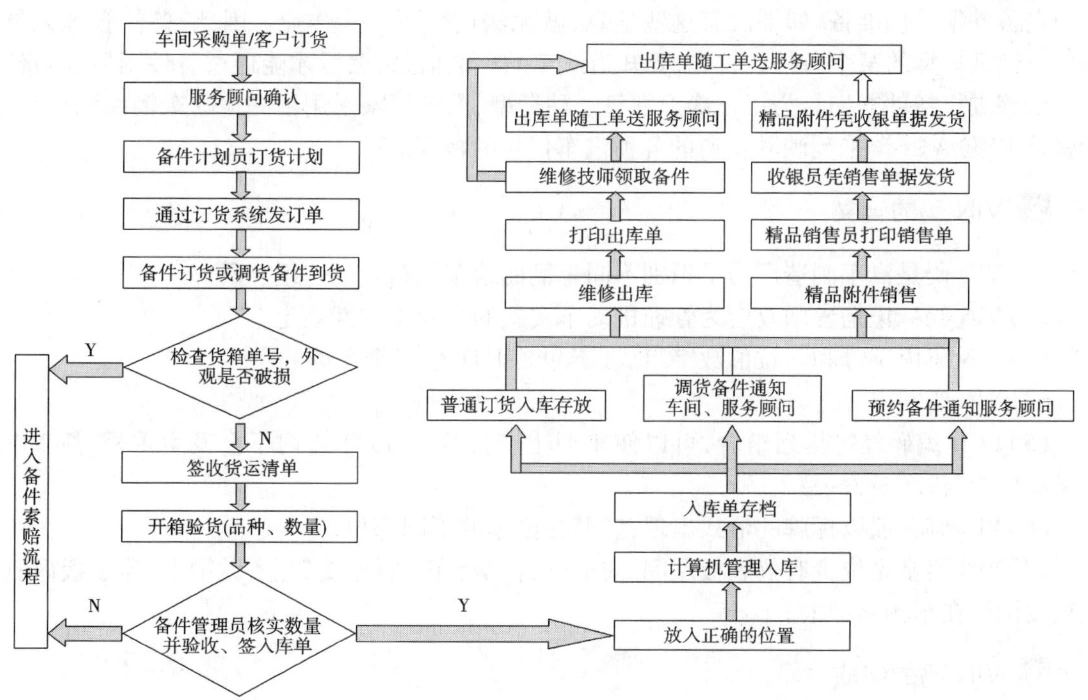

图 6-7　汽车备件业务流程

四 汽车备件编码

1 汽车备件查询的一般流程

备件查询是备件管理人员的一项基本工作，快速、准确地查询所需备件的相关信息，是进行备件订货、仓库管理、备件出库销售的基础。备件查询的一般流程如图6-8所示。

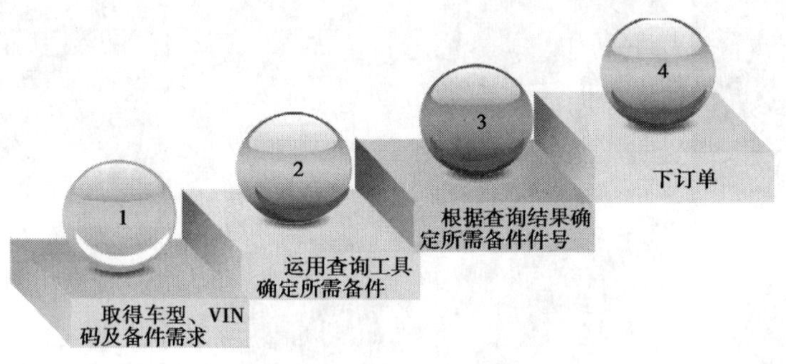

图6-8　备件查询的一般流程

由图6-8可知，车型、VIN码以及备件需求是备件查询的基础，取得上述信息是为下一步确定备件编号做准备，如果没有这些信息，就无法进行下一步作业。因此，备件管理人员需要查询某车型的某个备件。首先，要知道此车的车辆信息，然后才能通过备件图册或备件管理系统进行备件查询。为了正确识别每一种车型，汽车厂家采用了完整的车辆编码代号，也就是17位VIN码来反映其生产的各种汽车代号的特征。

2 VIN码的含义

(1)VIN码是汽车制造厂为了识别不同车辆而给车辆指定的一组字码。

(2)VIN码标记是各国政府为管理机动车实施的一项强制性规定。

(3)VIN码由字母和阿拉伯数字组成(不包含I、O、Q三个字母)。

(4)VIN码共17位。

(5)17位编码经过排列组合，可以使车型生产代号在30年之内不会发生重号，故VIN码又被称为“汽车身份证”。

(6)VIN码一般以标牌的形式出现，装贴在汽车的不同部位。

(7)VIN码常见位置有仪表板左侧、前横梁、行李舱内、悬架支架上、纵梁上、翼子板内侧及直接标注在车辆铭牌上。

3 VIN码的组成

VIN码由三个部分组成：第一部分，世界制造厂识别代号(WMI)；第二部分，车辆说明部分(VDS)；第三部分，车辆指示部分(VIS)，如图6-9所示。

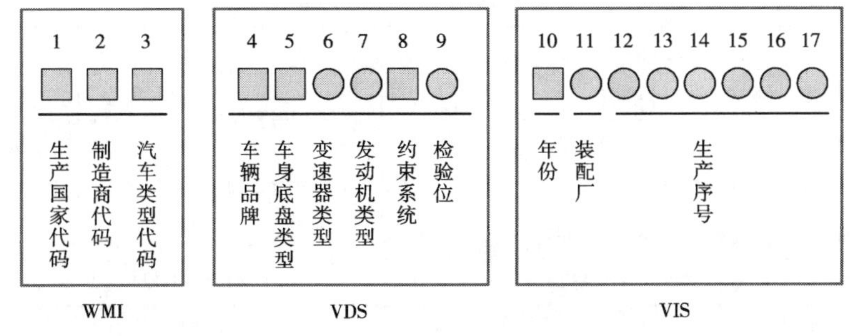

图 6-9 VIN 码的组成

4 VIN 码的应用

(1)车辆管理:登记注册、信息化管理。

(2)车辆检测:年检、排放检测。

(3)车辆防盗:识别车辆、结合 GPS 建立盗抢数据库。

(4)车辆维修:诊断、电脑匹配、备件订购、客户关系管理。

(5)二手车交易:查询车辆历史信息。

(6)汽车召回:年代、车型、批次和数量。

(7)车辆保险:保险登记、理赔,浮动费率的信息查询。

5 汽车备件编号规则

为了提高备件管理人员的工作效率,保证订购备件信息的准确性,采用电子化或网络化的汽车备件管理系统已大势所趋。另外,不同生产厂家、不同车型和年款的汽车备件互换性非常复杂,只有采用基于计算机的数据库技术才能对备件的互换性匹配进行快速、准确的查找与比对。为使汽车备件能够适应计算机管理,以便提高备件管理时的准确性,汽车制造厂家都对所生产的汽车备件实行编码分类,编码的规定各不相同,但都有相对固定的规则。这些固定的编码统称为原厂编码,由英文和数字组成,每一个字符都有特定的含义,即每一个备件都用一组不定量的数字和字母表示,不同的制造厂家表示的方法各不相同,每个汽车制造厂家均有自己的一套备件编号体系,不能相互通用。

汽车备件编码一般采用 10 ~ 15 位数字或数字与字母共同组合而成,构成汽车备件编号,编号是唯一的,一种备件对应一个编号。有些公司的备件编号分为若干段,目的是便于识别备件所属的总成或大类。一汽大众—捷达轿车备件编码大类见表 6-1。

6 汽车备件的查询

(1)汽车备件查询的工具。通过查阅备件目录来确认备件编号。汽车备件查询工具主要有备件图册、微缩胶片备件目录和电子备件目录三种形式。三者只是形式不同,但内容上是一样的。

一汽大众—捷达轿车备件编码大类 表 6-1

分类	含 义	分类	含 义
1	发动机、燃油喷射系统	6	车轮、制动系统
2	燃油箱、排气系统、空调制冷循环部件	7	手动、脚动杠杆操作机构
3	变速器	8	车身及装饰件、空调壳体、前后保险杆
4	前轴、前轮驱动差速器、转向系、前减振器	9	电器
5	后轴、后轮驱动差速器、后减振器	0	附件(千斤顶、天线、收音机)

(2)汽车备件查询方法(图 6-10)。

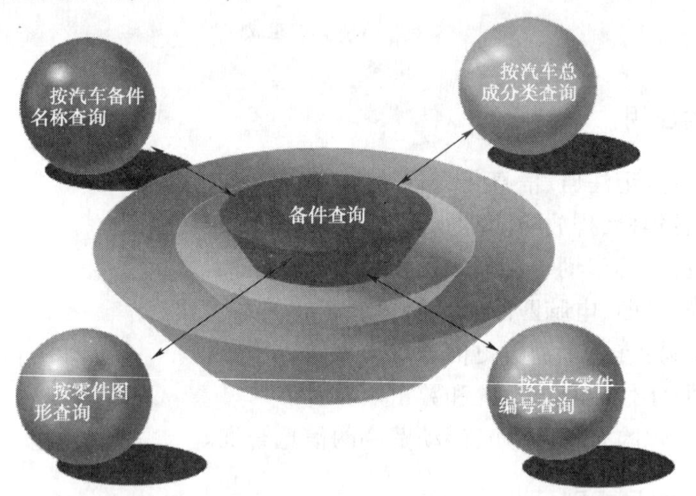

图 6-10 汽车备件查询方法

第三节 汽车备件管理

一 汽车备件的订货与采购管理

汽车备件的订货与采购管理直接关系到生产企业能否得到发展,消费者需求能否得到满足,是决定销售服务企业经营状况是否良好的关键问题。

1 汽车备件市场调查与预测

备件订货是汽车备件管理的重要环节。订货人员应该具有良好的职业敏感性,及时了解汽车及备件市场信息,对市场进行准确的调研和预测,为制订备件订货计划提供有效的现实依据,并将有关信息反馈给备件供应商及汽车备件生产企业。

(1)市场的概念(图 6-11)。

(2)汽车备件市场调查。汽车备件市场调查是应用各种科学的调查方法,搜集、整理、分析汽车备件市场资料，对汽车备件市场的状况进行反映或描述，以认识汽车备件市场发展变化规律的过程。它包括市场环境调查、市场状况调查、销售可能性调查，以及对消费者及消费需求、企业产品、产品价格、影响销售的社会和自然因素、销售渠道等方面进行调查。

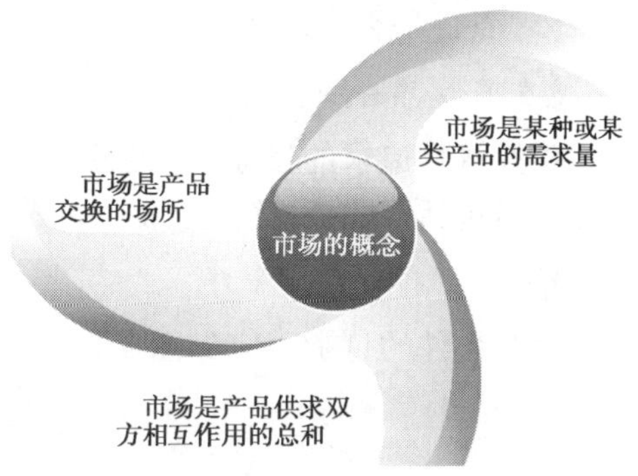

图 6-11　市场的概念

(3)汽车备件市场预测。汽车备件市场的预测应根据汽车备件市场过去和现在的表现，应用科学的预测方法对汽车备件市场未来的发展变化进行预计或估计，从而为科学决策提供依据。汽车备件市场预测的方法主要采取定量预测法。

定量预测法：定量预测法是根据过去几个月发生的经营统计数据，运用一定的数学模型，通过计算与分析来确定市场未来发展趋势在数量上变动的预测方法。定量预测法具体包括以下两种。

①算术平均法：将过去几个月的实际观察数据相加，然后求其平均值来进行预测的方法。

②加权平均法：根据每个时期观察值的重要程度，分别给予不同的权数，求出加权平均值作为预测值。

2 汽车备件的订货

1 汽车备件订货员的岗位职责

(1)订货员应该与厂商保持良好的供求关系，掌握市场信息，对市场及订货进行预测，并将有关信息反馈备件供应商。

(2)科学制定备件订购计划，并向厂商发出备件订单，开展备件订货工作。

(3)及时做好备件的入库工作，以实收数量为准，打印入库单。负责备件相关的财务核算及统计工作。

(4)根据供应和经营状况，适时做出库存调整计划，负责做好入库验收工作。对于购入备件存在的问题，做出书面统计。

(5)贯彻执行备件仓库管理制度，完成公司交办的其他任务。

2 备件订货计划的制订

备件订货计划的制订需要考虑以下五个方面内容。

(1)本企业售后维修客户的实际保有量、客户流失率、车型分布、使用年限和行驶里程数、维修技术特点。

(2)了解最新的技术要求。

(3)掌握本企业备件库存结构、备件销售历史、销售趋势。

(4)备件是否是常用件、易损件，是否具有季节特点，当月是否有促销活动。

(5)备件是否有替换件,考虑节假日的供货影响。

❸ 良性库存

备件订货追求的目标是"良性库存",即以最合理的库存最大限度地满足用户的需求。库存成本包括订购成本(采购费、验收入库费)和储存成本(占用资金利息、仓库管理费)。

❹ 汽车备件订货程序

汽车备件的订货程序如图6-12所示。

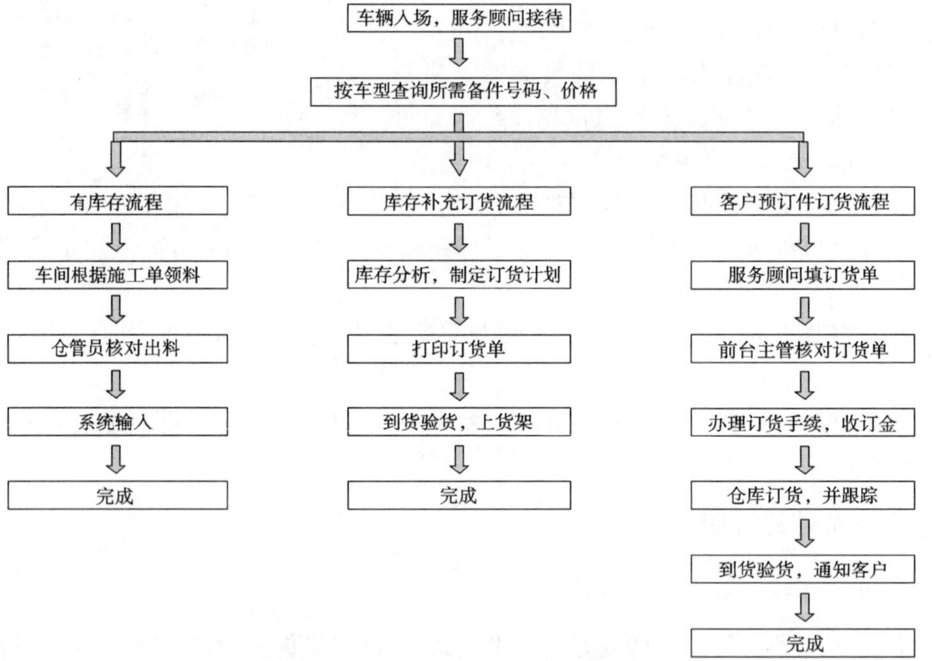

图6-12　汽车备件的订货程序

3 汽车备件的采购

❶ 汽车备件进货的原则

(1)坚持数量、质量、规格、型号、价格综合考虑的购进原则,合理组织货源,保证备件适合用户的需要。

(2)坚持依质论价、优质优价,坚持按需进货、以销定购的原则。

(3)进购的备件必须加强质量的监督和检查,防止假冒伪劣备件进入企业。

(4)购进备件必须有产品合格证及商标。

(5)购进的备件必须有完整的内、外包装,并有相应标志。

(6)要求供货单位按合同规定按时发货,以防应季不到或过季到货,造成备件缺货或积压。

(7)对价值高的备件和需求量相对较小的备件必须落实好客户,方可进货。

❷ 对所购备件的分类检验

对不同批次、不同货源、不同品牌的汽车备件进行检验的方法也有所不同，如图 6-13 所示。

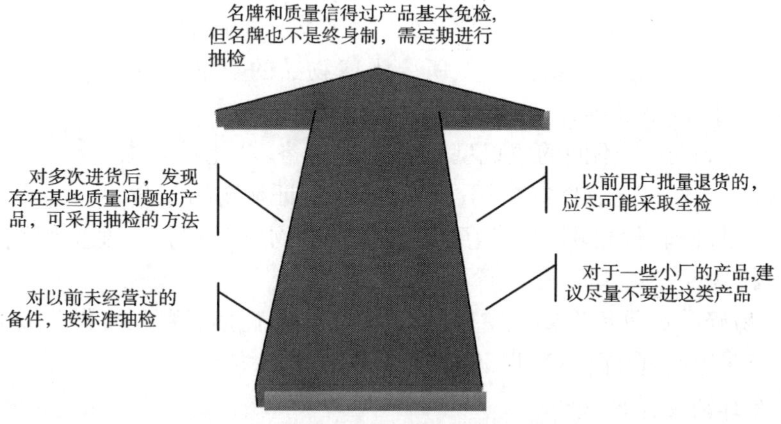

图 6-13　汽车备件的分类检验

❸ 供货方式的选择

(1)对于需求量大、产品定型、任务稳定的主要备件，应当选择定点供应直达供货的方式。

(2)对需求量大但任务不稳定或一次性需要的备件，应当与生产厂签订合同，采取直达供货的方式，以减少中转环节。

(3)对需求量少的备件，宜采取直接采购的方式，以减少库存积压。

❹ 供货商的选择

对供货商的选择，不是单一的看某一个方面，要从价格和费用、产品质量、交付情况、服务水平等综合方面考察，从而做出最有效、最正确的选择。

二 汽车备件的出入库管理

1 汽车备件的验收

(1)汽车备件的验收流程。汽车备件的验收流程主要是从验收准备开始，包括场地准备、资料准备等；然后是资料的核对，核对汽车备件数量等信息；再到实物的检验，针对不同的备件，采用不同的检验方式；最后是验收记录，检验合格后，办理验收手续。

(2)验收注意事项。对汽车备件的验收注意事项主要包括三个方面：对备件品种的验收、对备件数量的验收以及对备件质量的验收。

(3)异常情况处理。验收过程中可能会出现零件短缺、零件多余、零件误发等异常情况，

这个时候需要及时发现问题，与供应商取得联系，尽快说明情况，解决问题。

2 汽车备件的入库

1 汽车备件入库管理制度

(1)备件采购回来后，首先办理入库手续，由采购人员向仓库管理员逐件交接。库房管理员要根据采购计划单的项目认真清点所要入库物品的数量，并检查物品的规格、质量，做到数量、规格、品种、价格准确无误，质量完好，配套齐全。

(2)备件入库，要按照不同的主机型号、质材、规格、功能和要求，分类、分别放入货架的相应位置储存，在储存时注意做好防锈、防潮处理，保证货物的安全。

(3)备件数量准确、价格不错。做到账、标牌、货物三者相符。发生问题不能随意的更改，应查明原因，是否有漏入库、多入库。

(4)精密、易碎及贵重备件要轻拿轻放。严禁挤压、碰撞、倒置，要做到妥善保存，其中贵重物品应放入公司内小仓库保存，以防被盗。

2 汽车备件的入库流程

汽车备件的入库流程如图 6-14 所示。

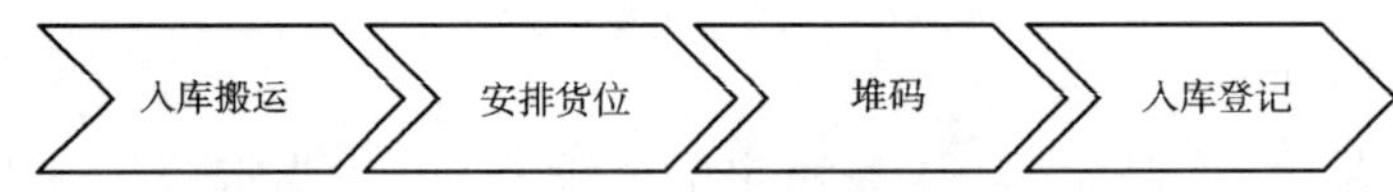

图 6-14　汽车备件的入库流程

3 汽车备件的出库

1 汽车备件出库管理制度

(1)仓库管理部门应在下列几种情况下出货：维修作业领料、维修换件借用、客户购买、索赔。

(2)除以上各项出库外，公司仓库管理部可根据实际情形的需要出库。

(3)各个部门人员向仓库部门领货时，应在仓库的柜台办理，不得随意自行进入仓库内部。

(4)各项出库必须有统一的领料单证，同时由领取人亲笔签名方可领取。

2 汽车备件的出库流程

汽车备件的出库流程如图 6-15 所示。

3 出库要求

(1)“三不”，即未接单据不登账，未经审核不备货，未经复核不出库。

(2)“三核”，即在发货时，要核实凭证、核对账卡、核对实物。

(3)“五检查”，即对单据和实物进行品名检查、规格检查、包装检查、件数检查、重量检查。

4 汽车备件仓库日常管理

1 备件库管理基础知识

为了更科学的进行库存管理，也为了有一个安全、高效、高品质、人际和谐、精神状态朝气蓬勃的工作环境，同时使企业能够实现降低成本、提高备件供应效率、降低损耗、最终实现提高客户满意度这一目的，备件仓库应实现5S管理。

5S的中文意思是整理（Seiri）、整顿（Seiton）、清扫（Seiso）、清洁（Seiketsu）和素养（Shitsuke）这5个词的缩写。因为这5个词日语中罗马拼音的第一个字母都是“S”，所以简称为“5S”，开展以整理、整顿、清扫、清洁和修身为内容的活动，称为“5S”活动。

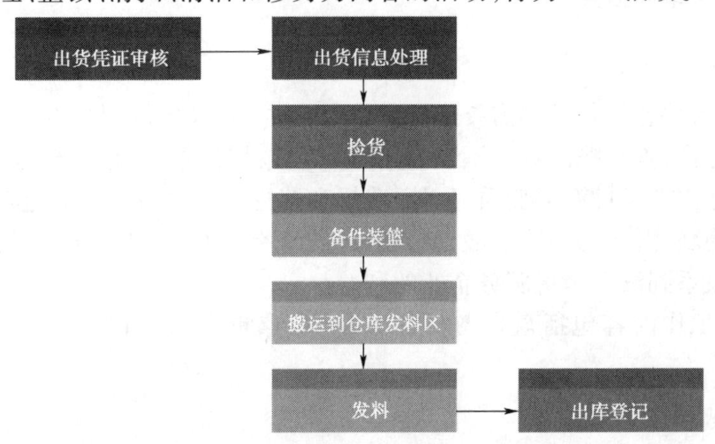

图6-15 汽车备件的出库流程

2 5S管理对工作人员的要求

（1）自己的工作环境必须不断的整理、整顿，物品、材料不可乱放。桌面及抽屉定时清理，物品、工具及文件等要放置于规定场所。

（2）道路必须经常维持清洁和畅通。消耗品（抹布、手套、拖把等）定位摆放，定量管理。

（3）下班前打扫、收拾，扫除垃圾、纸屑、烟蒂、塑料袋、抹布，清理擦拭设备、工作台、门、窗。

（4）遵守作息时间（不迟到早退、无故缺席），工作态度良好（无谈天、说笑、擅离职守、看小说、打瞌睡、吃东西等现象）。

3 备件仓库5S管理要求

（1）仓库内不要堆放多余的备件。

（2）各种备件应有明确的标志。

（3）按照不同备件进行存放。

（4）合理进行备件管理。

4 备件仓库管理员岗位基本职责

（1）对库存管理工作严格按照仓库保管原则及5S实施。

(2)掌握查询不同品牌或车型备件编码体系的方法。

(3)掌握查询不同品牌新、旧车型备件的应用知识。

(4)接到备件的货单后,一定要严格按照接货程序进行验收与收货。

(5)对于预留的备件,必须合理地安排好预留位置,同时立即填写好到货通知书,及时提交给发货员以便及时通知维修前台进行备件领取。

(6)认真做好库房内防火、防水工作,及时发现隐患,及时报告。

(7)如遇休息与休假时,应把所遗留或未完成的工作进行书面交代,给代工同事。

(8)在日常工作中,必须与各个部门及时沟通,并协作各部门做好工作。

5 汽车备件库存盘点

1 库存盘点的含义

盘点是每个备件仓库每日都需要进行的业务之一,仓库定期对库存汽车备件的数量进行核对,清点实存数,查对账面数。不仅要清查库存数与存数是否相符,有无溢缺或规格互串,还要查明在库汽车备件有无变质、失效、残损和销售呆滞等情况。通过存盘,彻底查清库存数量,已有或隐蔽、潜在的差错事故,发现在库汽车备件的异状,及时抢救、减少和避免损失,这些都直接关系到汽车销售服务企业的利益。

备件盘点的工作内容包括盘存备件的数量、盘点重量、核对账目与实物、核对账目与账目。

2 库存盘点的分类

库存盘点按照时间上的不同可以分为日常盘点跟定期盘点,如图6-16所示。

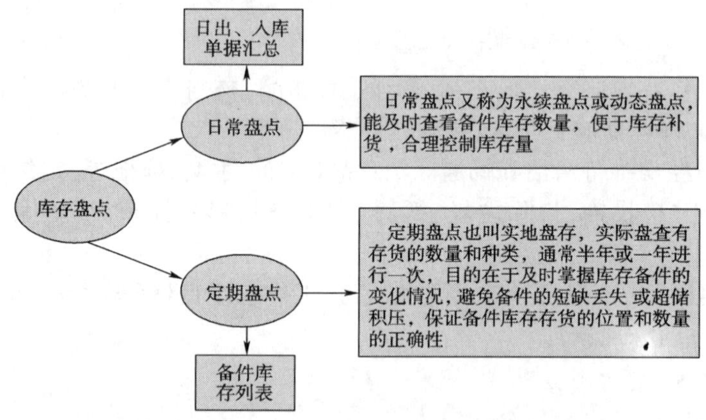

图6-16　库存盘点的分类

3 盘点工作的流程

汽车备件仓库盘点的工作流程如图6-17所示。

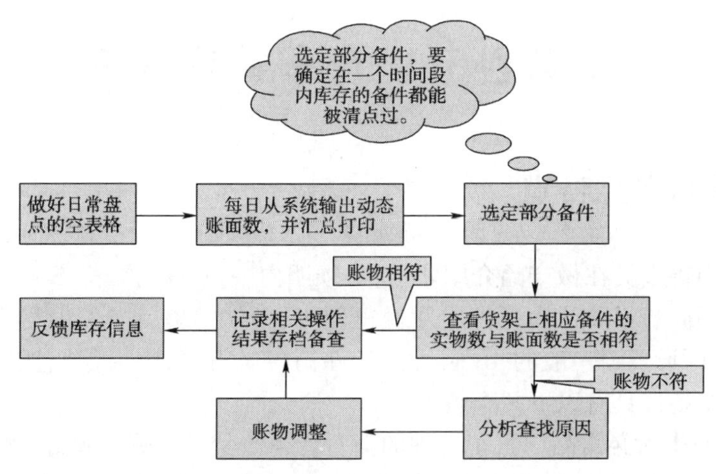

图 6-17　汽车备件盘点的工作流程

4 盘点结果处理

(1)账物不符。账物不符主要有两种可能,即盘亏和盘盈,处理方式如图 6-18 所示。

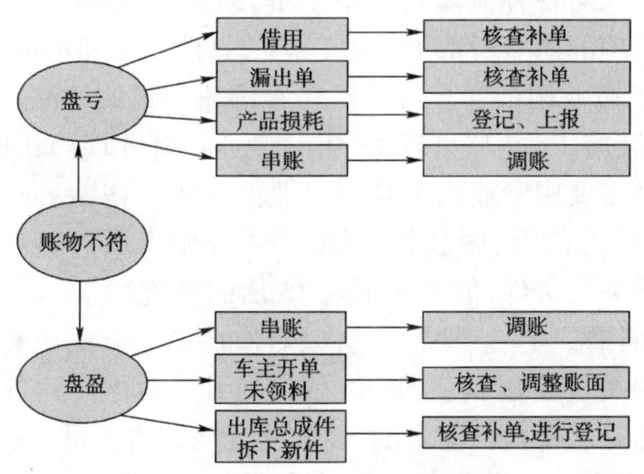

图 6-18　盘点中账物不符的处理方式

(2)呆滞备件。造成呆滞备件的主要原因有以下几个:车型老化或停产,有些车型已经老化或停产,原来库存的备件就有可能难以出库;库存不合理,单次订货过多,造成超过一年时间备件未全部出库,或者一些特殊性的备件或季节性的备件在有需求的时候进货量大,剩余部分一年内无需求造成的呆滞;客户订单到货后,客户已在其他店更换;事故车订货后最终却未更换。呆滞备件的处理方式如图 6-19 所示。

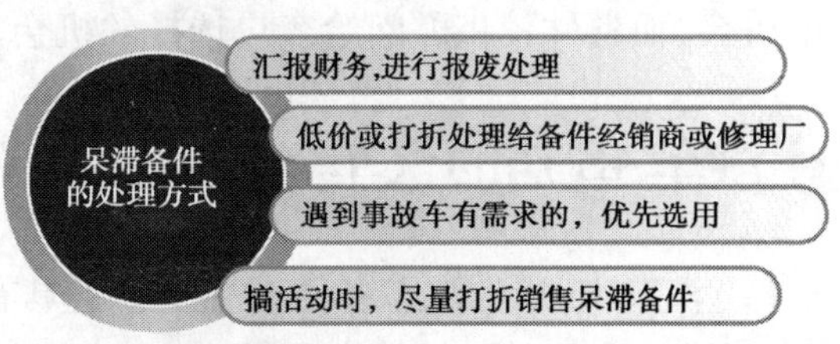

图 6-19　呆滞备件的处理方式

第四节　汽车备件营销

一 汽车备件的产品特点

汽车备件的销售人员在做产品介绍之前，必须明白一点——汽车4S店跟备件超市卖的备件到底有什么不同。不要认为备件展厅做得漂亮，备件销售就自然做得很好。据调查统计，有很多备件展厅设置得一般的4S店反而备件销售做得好，因为他们抓住了备件销售重点中的重点。汽车备件具有以下几个特点：

(1)不常用，非生活必需品。汽车备件的消费者不清楚到底哪种膜好、哪种膜不好，因为这涉及专业的鉴定知识；也没有几个客户懂什么叫水性底盘装甲，什么叫油性底盘装甲，销售人员不说他根本就不知道那是什么东西，如何区别。对于备件的了解，几乎全靠销售人员来说，说了以后消费者才知道。因为这些东西是日常生活中不常用的非必需品。

(2)客户不了解其具体功能与用途。由于汽车备件没有大量的广告宣传，又不是常用的生活必需品，所以大多数人对各种汽车备件不了解，即使是从各种途径作了了解，认识也并不深刻，绝大多数汽车备件的消费者都不了解它们的具体功能和用途。

(3)大多需要与施工服务相结合。汽车备件不像超市里的产品，可以付钱后拿着就走，而是大多数产品需要安装施工，并且只有4S店的专业技师才能施工的。像防爆膜，送给客户他也不知道怎么贴，必需要用专业的工具请专业的贴膜师傅贴。此外，还有车载DVD、汽车防盗器、汽车真皮座椅、大包围、底盘装甲等，均需要施工服务。当然也有头枕、香水、座套、挂饰等不需要施工服务的备件，但这些不是4S店的主流产品。

由于汽车备件本身具有以上三个特点，所以对应在销售方面也有着与一般产品不同的方式、特点。汽车备件的销售要以销售顾问的介绍、引导为主。到备件区来选购备件的客户，由于他不懂哪种产品是适合自己需求的，他需要询问销售人员，只有等销售人员介绍后，他才知道要哪个产品。在这个销售过程中，汽车备件的销售顾问扮演着另外的一种角色，叫做医生角色。因为客户买备件的过程跟病人看病的过程类似，不同的是，医生很少给病人选药的机会，而备件销售顾问给客户选择的机会。

二 汽车4S店的汽车备件销售优势

(1)汽车4S店的汽车备件产品质感上具有良好的第一印象。产品展示出来的时候，能够很直接、很直观地告诉消费者，该产品多么与众不同，这样才能俘获消费者的心。

(2)汽车4S店所提供的汽车备件产品要和别人的不一样，所提供的服务要是别人无法做到的。例如，装上某款产品以后就有可能损坏客户的原车，但专车专用产品则不会损坏客户的原车，这就是与众不同。

(3)不可比性。汽车4S店之所以要经营原厂备件是因为它们拥有不可比性，除了4S

店,其他地方是找不到的。提到原厂的、和车型相匹配的,消费者就会很信服,因此,这是一个直观的说法和原则。

(4)配套的售后服务。作为汽车4S店,首先要明白自身与其他经营汽车备件的店面有什么不同,选择备件的时候切记4S店的备件一定是少而精,不要求多。施工服务是4S店的价值的体现,不要对一个产品实施施工,而对另一个产品不施工。没有施工、没有售后服务的产品是不值钱的,就是因为有了施工、有了售后服务,客户才愿意进店。

三 汽车备件销售的时机

汽车备件销售流程以汽车产品销售流程为主线,全程以备件知识和销售技巧为基础,重点分别在3个关键节点展开备件销售。3个关键节点分别是:试乘试驾点、报价成交点、交车关键点。售后服务环节也是销售备件的重要环节,只是存在不定时的特性。

1 试乘试驾关键点

通过实物展示或展示试乘试驾车来介绍备件的卖点,并让客户实际体验这些卖点。

(1)试乘试驾关键点备件销售技巧:平时注重对备件相关知识的熟悉掌握和不断积累,深刻理解话术内涵,做好基本准备;在前期的接待、咨询过程中,注意观察和分析客户的性格特点和兴趣喜好,以便依据客户的需求并结合试乘试驾环节来进行备件的推荐。

(2)试乘试驾关键点备件推荐话术范例:张先生,您要是没有意见,请在这张试驾协议上签字,然后我就陪您一起去感受和体验这辆车的各项优越的性能,好吗?(走向并进入试驾车)您看,这辆试乘试驾体验车上还安装了一套智能导航系统呢,等一会我们在道路上也可以感受一下它实际的效果。

2 报价成交关键点

为避免出现客户提出免费送备件或想要打折购买备件的要求,建议在明确客户签约意向或签约后再向客户推荐重点产品。对包含备件的总的支付方式、支付额进行说明,准备备件并安排相关人员进行安装。

(1)报价成交关键点备件销售技巧:首先要确保车辆的成交,哪怕是需要赠送一部分备件来赢得成交,切忌为了销售备件而引起客户的抵触情绪,最后影响到整车的销售。

(2)报价成交关键点备件销售展厅推荐话术范例:王先生,恭喜您选好了称心的车型和颜色,我将为您办理相关的购车单据的填写……还有,这里是几款特别适合您这款车的备件,效果非常好,也很实用,刚才您也看到过的。您看,这是备件目录(拿出备件目录)。

3 交车关键点

当客户没有订购备件时,通过向客户发放备件目录或宣传单页,寻找与客户再次协商的机会,强调备件的独特魅力。

(1)交车关键点备件销售技巧:不断探寻客户的需求,抓住最后一个关键节点,争取获得客户的认可。但是不要急于求成,客户若是暂时不认可,也一定要专业礼貌的完成交车环节,为客户留下一个良好的购车印象,便于日后和客户保持顺畅的联系,争取其他的销售机会。

(2)交车关键点备件销售展厅推荐话术范例:张先生,您的这台交车我们已经为您准备好了,保险和牌照也都办好了。停在交车区里面呢,我和您一起去看看吧! 您选的3个备件:前保险杠隔栅饰条、尾灯饰框和排气管套筒已经装在车上了,真的是很漂亮,我的同事都说好看,您看看。好了,张先生,车辆的功能和资料我就介绍到这里了,您还有什么需要我解释的吗? 这是我的名片,还有昨天我特意为您选的几款装饰件,特别适合您这款车,我都标记在这里了(备件目录)。您有时间的时候,我就帮您安排。祝您用车愉快顺利!

四 汽车备件销售的注意事项

(1)由于备件部分是属于车辆的附加值部分,客户比较容易产生对销售的抵触情绪,洽谈时尽量根据客户的需求通过明确客观的分析与详尽的功能讲解和演示,让客户明白他选择的备件是非常适合自己、适合自己车辆的,是"物有所值"的,切忌给客户造成"强买强卖"的推销感觉。

(2)由于有些备件有安装时机的问题,比如防爆太阳膜要在车辆上牌以后安装、底盘装甲要在天气好的时候安装等,这些情况在安装前一定要向客户说明清楚。

(3)价格优惠是备件销售和谈判的最大问题,当然如果前期的需求分析做得尽量准确,这部分压力就会减轻,遇到价格分歧时,首先要告知客户公司的政策,然后说明自己的权限,在公司政策原则基础下,通过销售策略来和客户进行洽谈,原则上是利润最大化。当备件可能影响到车辆成交时,可在允许的原则下推出"赠送套餐"的方式,促进车辆成交。

五 汽车备件展示方案

备件展示方面重视让客户更加方便地了解备件,做到让客户不用询问即可找到适合自己车辆的备件。除了备件超市外,制作加装备件项目和价格表,让客户了解备件的功能、优势及使用备件的好处。

设立独立备件超市,位于经销店入口处,位置明显,一目了然,方便客户参观选购。充分显示出对纯正备件的重视,纯正备件展示随处可见。

给所有展车都加装备件,在展车的前风窗玻璃上放置加装备件目录产地及报价,让客户更直观地了解。

对于汽车备件的销售是与整车销售相辅相成的,如果销售工作做得到位,就能够起到相互促进的作用,并且共同提高客户的满意度,而在销售技巧中又有许多共同的地方,这都需要我们在以后的实际工作中总结和提高。

第五节　汽车备件管理系统

近年来，计算机技术的发展突飞猛进，同时各行业要处理的信息也越来越繁杂，这使得计算机软件应用在企业业务管理中的地位不断提升。传统的汽车备件企业业务管理办法是用纸张记录备件的进销存信息，这种方式浪费了大量的人力、物力，而且计算数据的准确性也无法保证。所以，汽车备件销售服务企业引入一套汽车备件管理系统是非常必要的。

汽车备件销售服务企业在日常管理中，有大量的备件信息需要处理，可以说是数以万计的备件种类信息。汽车备件管理系统能够有效地减少工作量，将备件销售、管理工作科学化、规范化，提高工作效率，创造更大的利润。

一 汽车备件管理软件特点

汽车备件管理软件是一套通用行业的企业管理软件，具有专门针对商品进、销、存、财务（汽车备件店）流程管理的管理软件（包括备件管理、财务管理、客户关系管理等），其功能模块包括备件的进货、销售、库存管理、财务管理、客户关系管理、短信群发、经营日报表、经营状况表、月结盘点表等综合报表统计，提供一系列的优质服务。销售单据提供多样化的打印格式，基础资料提供导入与导出功能，数据库备份与恢复、数据情况功能，还可将所有单据导出 Excel。这是进销存软件、汽车备件软件、客户管理软件完美结合的一款专业企业通用管理软件，具备通用性、界面友好、操作简便、功能实用的特点。

系统专业、先进、稳定，模块设计简洁实用，共有进销（备件）业务、进销（备件）报表、库存管理、客户管理、财务管理、系统管理六大功能模块，每一个功能在设计上本着“简单、实用、易学、高效”的原则，力求操作直观方便，为管理节省人力、物力。

二 主要功能介绍

1 备件进销存管理

汽车备件管理主要是对备件的销售、进货、退货、库存管理等进行记录和统计，使烦琐的备件管理业务规范化、透明化。在使用系统的备件管理前，需要先对仓库的备件库存信息进行初期的盘库建档处理，以建立与实际仓库库存相符的真实备件进销存管理，只需把汽车备件的名称、数量信息录入相应仓库中即可。

（1）订货单。订货单也叫采购订货单，可在每月制定相应的采购计划，根据仓库情况和出库情况制作订货单。补充库存计划定期制定一次，如在每月月底制定。补充库存计划是针对常备库存备件，为了满足日常销售的需要而补充的订货。如果销售非常平稳且安全库存量足够的话，那么定期的补充库存计划就可以满足日常销售的需要。销售量的起伏性可能使备件突然缺档，因此，我们每天还应当巡查库存，看看哪些备件的库存已经低于库存低

限，对于低于库存低限的备件，应当马上制定紧急订货计划。针对非常备库存的备件，只要发现客户有订货，在紧急订货计划中也要马上反应。在订货入库中，可以根据供应商调出所有的订货单，有选择性的入库，也可以在采购入库单中直接选中订货单的整单入库。

(2)入库管理。入库管理包括订货入库、采购入库、工具入库、扫描入库、调拨入库、销售退货入库、领料退料、盘盈入库(直接入库)，录入备件的供应商、备件名称、编码、规格、价格、数量以及所入的仓库信息，财务复核后进行入账处理，财务管理模块中会生成相应的入库付款记录。

其中，采购入库一般用于未做订单直接入库，或是一些零散的入库；工具入库是指企业内部用的工具、常用消耗性办公用具等的入库；扫描入库针对那些经常大批量入库的用户，可以先在库存中定义好条形码，再到扫描入库时用条码枪扫描备件入库，提高入库效率；入库退货单用于对发现有问题的备件进行退货处理。

(3)客户订单。如果分销商或客户向公司订货，一般是通过发传真、电话、邮件 EXCEL 表等方式发来，然后，我们可以将订单录入到本软件的销售订单中，客户订单又可以转化为本软件中的销售单。在订单销售中可以根据客户调出所有未出库的客户订单，有选择性的出库，订单销售完成后会自动改写已出库数量，也可以在销售单中直接选中客户订单整单出库。

(4)出库管理。出库管理包括订单销售、销售单出库、领料单出库、扫描销售出库、入库退货出库、调拨出库、盘亏出库(直接减库存)等，录入备件名称、编码、规格、价格、数量、仓库及相关信息，复核后系统自动进行入账处理，财务管理模块中会生成相应的销售收款记录等。其中，销售单出库一般用于未做订单直接出库，或是一些零散的出库；工具出库指企业内部用的工具、常用消耗性办公用具领用登记等；扫描销售针对那些经常大批量入库的用户，在扫描销售出库中用条码枪扫描备件出库，提高出库效率；入库退货单出库是对发现有问题备件进行退货处理。

(5)库存管理。库存管理包括备件库存查询、库存修改、盘点、报损、备件价格维护、库存警戒线设置及库存报警等功能。管理员可及时通过本系统轻松掌握库存资料，制订相应的进货计划。

(6)备件业务统计报表。备件业务统计报表包括销售出库单查询、入库单查询、订货单明细账、入库汇总账、入库明细账、入库退货明细和汇总账、工具入库账、工具领用出库账、销售明细账和汇总账、销售退货明细账和汇总账、客户订单明细账、备件进销存明细账盘点损益表、库存调拨报表、货品损耗账目等。

2 财务收、付款管理

(1)财务收款。系统中的财务收款信息包括备件销售收款单、入库退货的应收款项。在汽车备件模块进行了入账业务操作后，财务收款模块会自动记录相应的收款信息。进行各项单据的财务收款操作时，可对某一笔业务进行入账，也可以一次性对多张业务单据进行入账。收款时会自动填写收款金额、收款人、收款日期、收款方式、业务单号、当次应收、实收、优惠等数据，以便于之后财务数据的稽核和统计。对于记账客户，应记录承诺付款日期，便

于款项催收。

(2)应付账款结算。财务中的应付账款主要是备件采购时对供应商的备件款项结算,对应的采购入库、工具入库、订货入库、扫描入库等所有入库单和销售退货单的应付款,与收款类似,财务付款时也需录入付款金额、付款日期、发票号、付款方式、付款人、业务单号、当次应付、实付、优惠信息等。

(3)收付款查询、财务收支汇总账和经营状况统计表包括对应收、应付款查询、已收已付款、收款人汇总等查询,便于企业及时了解财务状况、资金分布情况。

(4)财务对账单。财务对账单包括所有收款单、付款单的对账,可以跟供应商、客户进行一定日期范围内预收款、应收款、预付款、应付款等等进行对账。

3 财务核算管理

备件成本核算。系统可在客户维修和销售出库后,统计维修中用料的成本价格、领料价格以及销售出库时备件成本价和销售价,整体了解维修以及销售时的成本和毛利。

4 工具管理

在系统中,平时需要使用的工具与备件是分开入库,工具管理主要管理工具的借出、归还以及报废情况,通过对工具的台账来了解现有工具的入库、借出、报废以及库存数量,方便对工具的管理。

5 客户关系管理

(1)客户档案。现代企业的经营管理越来越重视客户服务、客户反馈、客户信息挖掘分析及客户关怀,留住了客户即是留住了企业的生命线。本系统内的客户关系管理完整、细致,而且功能强大,完全等同于一个专业的客户关系管理系统。

在客户管理中,客户档案是录入的一个最主要模块,主要信息有客户的姓名、联系方式、车辆信息、客户生日、客户类型、地区、分类、客户来源等,字段设置简洁实用,先进合理,除了在此模块可以查询客户的详细资料,更方便以后对客户多种数据的统计和查询,便于客户管理工作的展开。客户档案可以处理供应商、销售客户、合作伙伴等所有资源,通过客户类型来区分。如果客户是一个企业,还可以建立多个联系人,并记录联系记录,同时可以设置日期自动提醒,这样就能够不错过任何一个工作安排或任何一个合作机会。这里还有短信功能,能够及时联系、问候客户。

(2)客户分析模块。客户分析包括客户资料按不同的信息分析统计、客户价值分析、热销产品分析、销售分析、销售走势、业绩排名等。

6 系统安全管理

(1)用户权限管理。在系统中,每个操作员都必须使用自己的登录名和用户密码来登录系统,用户采用按模块授权和功能按钮控制的方法,每个用户只能看到已授权的模块信息,只能进行已授权的操作(比如删除单据、新增单据、打印等这些权限是分开的),严格控制了

操作员的管理权限，在备件管理部分，还可以对操作员按仓库授权，用户只能查看到已有权限的仓库信息，每一个报表我们都进行了权限控制，通过系统控制有效保证客户数据的安全性。

(2)数据备份和数据导入、导出。系统数据库基于大型规模关系数据库开发，为了防止病毒侵入或突然断电等事故造成的系统破坏，应该经常对数据库进行备份，这样即使操作系统被破坏后，也一样能够把数据备份时的资料信息恢复过来。系统每隔两天检查备份，可以自动备份数据库，省去了数据库损坏或丢失之忧。

除了数据备份外，本系统还支持部分或全部数据的导出、清除、导入等操作，可进行任意数据的转移操作。

先进的管理软件能够帮助个人，帮助企业提升工作效率，使工作更科学、更细致，但是只有良好的个人管理、软件管理、企业管理结合到一起，才会形成一个好的良性循环，使得个人和企业不断发展。

第七章 客户的跟踪与管理

学习目标

通过本章的学习，你应：

1. 理解客户关系管理定义和意义；
2. 正确完成客户开发与管理；
3. 正确掌握客户投诉的处理方法和技巧；
4. 了解汽车销售客户管理系统；
5. 了解汽车售后服务流程及意义。

第一节 客户关系管理概述

一 客户关系管理概念的产生

最早发展客户关系管理的国家是美国，在1980年初便出现了所谓的“接触管理”(Contact Management)，即专门收集客户与公司联系的所有信息；1985年，巴巴拉·本德·杰克逊提出了关系营销的概念，使人们对市场营销理论的研究又迈上了一个新的台阶；到1990年，则演变成包括电话服务中心支持资料分析的客户关怀(Customer Care)。

1999年，Gartner Group Inc公司提出了CRM(Customer Relationship Management，即客户关系管理)概念。Gartner Group Inc在早些提出的ERP概念中，强调对供应链进行整体管理。而客户作为供应链中的一环，为什么要针对它单独提出一个CRM概念呢？原因之一在于，在ERP(Enterprise Resource Planning 企业资源计划系统)的实际应用中，人们发现由于

ERP 系统本身功能方面的局限性，也由于 IT 技术发展阶段的局限性，ERP 系统并没有很好地实现对供应链下游（客户端）的管理，针对 3C 因素中的客户多样性，ERP 并没有给出良好的解决办法。另一方面，到 20 世纪 90 年代末期，互联网的应用越来越普及，CTI、客户信息处理技术（如数据仓库、商业智能、知识发现等技术）得到了长足的发展，结合新经济的需求和新技术的发展，Gartner GroupInc 提出了 CRM 概念。从 20 世纪 90 年代末期开始，CRM 市场一直处于一种爆炸性增长的状态。

二 客户关系管理的概念

我们先通过几个案例来了解什么是客户关系管理。

案例一：一位男士，在下班回家的路上，走进自家附近的杂货店，拿起一瓶酱油，看了看说明及价格，然后放了回去，三分钟后他又回到那家杂货店，再拿起那瓶酱油看了又看。（这时你如果是杂货店的老板，你会怎么做？）这家商店的老板会走向那位先生然后告诉他，“张先生，您太太平常买的就是这种酱油，它含有较丰富的豆类成分，味道鲜美。另外您太太是我们这里的老客户，可以记账消费月结，而且都打 9.5 折。您太太上次买酱油大概也有一个月了，应该差不多用完了，您只要签个名，就可以顺道带回去了，您太太一定会非常高兴。”

案例二：在你为你母亲的生日订购鲜花之后，花店会于第二年你母亲生日来临之前提醒你这个重要的日子，并送上祝福。

案例三：经过了一次旅行，旅行社会记得你喜欢靠窗的座位和备有有线电视的旅馆房间等，并记录你旅游的喜好，定期向你推荐行程。

这样的商家会给你怎样的体验和感觉？你愿意继续在这里消费吗？

从这些故事中我们可以看出，其实客户关系管理早就不知不觉地被人们所实践。只是一个具有一定规模的企业能够像那个杂货店老板一样记住每一个熟客的详细信息，并采用相应的服务策略吗？如果您的企业也想拥有像杂货店老板那样良好的客户关系，那么客户关系管理对您的企业无疑会有很大的帮助。

CRM 概念引入中国已有数年，其字面意思虽是客户关系管理，但其深层的内涵却有许多的解释。以下摘录国外研究 CRM 的几位专家对 CRM 的不同定义，通过这些定义让我们对 CRM 有一个初步的认识。

CRM（Customer Relationship Management）就是客户关系管理。从字义上看，是指企业用 CRM 来管理与客户之间的关系。CRM 是选择和管理有价值客户及其关系的一种商业策略，CRM 要求用以客户为中心的商业哲学和企业文化来支持有效的市场营销、销售与服务流程。如果企业拥有正确的领导、策略和企业文化，CRM 应用将为企业实现有效的客户关系管理。

CRM 的实施目标就是通过对企业业务流程的全面管理来降低企业成本，通过提供更快速和周到的优质服务来吸引和保持更多的客户。作为一种新型管理机制，CRM 极大地改善了企业与客户之间的关系，实施于企业的市场营销、销售、服务与技术支持等与客户相关的领域。

综上,客户关系管理(CRM)有三层含义:体现为新态企业管理的指导思想和理念;是创新的企业管理模式和运营机制;是企业管理中信息技术、软硬件系统集成的管理方法和应用解决方案的总和。

CRM 的核心思想是:客户是企业的一项重要资产,客户关怀是 CRM 的中心,客户关怀的目的是与所选客户建立长期和有效的业务关系,在与客户的每一个“接触点”上都更加接近客户、了解客户,最大限度地增加利润和利润占有率。

CRM 的核心是客户价值管理,它将客户价值分为既成价值、潜在价值和模型价值,通过一对一营销原则,满足不同价值客户的个性化需求,提高客户忠诚度和保有率,实现客户价值持续贡献,从而全面提升企业盈利能力。

三 客户关系管理在实践中的误区

1 把 CRM 的实施看成是一个软件的引入

CRM 首先是个管理理念,同时 CRM 又是一种旨在改善企业与客户之间关系的需求,保证客户实现的终生价值。CRM 的实施是一项复杂的系统工程,需要各个企业根据具体情况实施,不同企业都有适合于自己的不同实施方法和实施步骤。

2 将呼叫中心等同于 CRM

很多厂商以为呼叫中心就是 CRM,建立呼叫中心采集客户信息,进行客户关怀和回访,就是 CRM 了,其实这是一个很大的误解。呼叫中心的核心在于降低成本,提高效率,而 CRM 的核心在于客户细分和客户价值定位。

3 在 CRM 管理上试图建立统一的客户战略

在不同的产品线、不同的销售区域和不同实力的经销商等角度,客户视图和客户流程是有差异的,因此客户战略也是有差异的。而有一些汽车厂商却试图通过 CRM 系统推广统一的流程,没有考虑到差异化的因素并预留个性化定制的空间。

四 客户关系管理在汽车行业的应用

综观国内汽车行业的 CRM,我们可以将汽车行业 CRM 应用分为四个层次,每个层次又因为不同的角色分为多种特色的实践,即使是同一层次同一角色也会因为具体的企业环境和管理因素而体现出不同的 CRM 需求。

1 第一层次——基于呼叫中心的客户服务

基于热线、销售咨询和品牌关怀等方面的动机,大部分汽车厂商都建立了呼叫中心系统作为客户服务中心的热线,部分有实力的经销商也建立了呼叫中心系统。

这一层次更多的还是被动式的服务和主动关怀的尝试,价值体现在节约成本,提高客户低层次的满意度上。

典型代表有:上海大众、一汽大众、神龙汽车、福田汽车、江铃汽车等。

2 第二层次——客户信息管理与流程管理

客户信息管理的重点对于整车厂商、经销商和零部件商是不同的,对于汽车行业的客户信息档案的采集分析,在三个不同角色的体现也是不同的,整车厂商更多的是已购车的客户信息,经销商更多的是潜在客户和意向客户的信息管理,零部件商更多关注的是维系维修客户的信息,因此,客户信息管理对于整个汽车行业价值链而言并非一个简单的事情。

流程管理主要分为销售流程、服务流程和关怀流程。在一个客户购买使用一辆车的前前后后,要经历整车厂商、经销商和维修服务商等多个流程,这些流程的标准化和规范化如何去体现,又是整个汽车行业价值链的一个关键问题。

这一层次上,很多整车厂商通过 ERP 系统和 DMS(经销商管理系统)来进行部分客户信息管理和交易流程的管理,但也有部分厂商部署了专业的 CRM 系统来管理客户信息,同时部分厂商的经销商体系也建立了 CRM 系统,比较整体地管理客户的信息。零部件厂商也开始关注客户信息和流程,通过 CRM 战略实现客户导向。

典型代表有:

整车厂商——上海通用、一汽大众、神龙汽车、东风襄樊旅行车等。

经销/维修服务体系——上海通用经销商(服务站)、一汽大众经销商(服务站)等。

零部件厂商——东风朝柴、东风康明斯发动机、江淮等。

3 第三层次——客户细分与客户价值、客户满意度与忠诚度

这一层次只有在第二层次完善和积累的基础上才有可能进行,因为对客户的细分和对细分之后的客户价值的定位,没有详细的客户信息和过程信息是不可能完成的。基于积累的真实有效的客户相关数据进行建模分析,细分客户群,并分辨客户细分群的不同价值,从而能够实现客户的差异化对待。

当竞争激烈的时候,如何吸引客户并持续消费,客户满意度就是一个重要因素,只有满意才能确保客户不流失。而当前的二手置换等服务使客户的转移成本降低,换新车不再是痛苦而有损失的事情,因此客户满意度与忠诚度必将成为汽车行业最关注的问题。

在这一层次,因为国内企业部署 CRM 的时间还比较短,所以只有像 2000 年就部署了 Siebel 系统的上海通用,在积累了多年的客户数据后能够开始部分分析和预测工作。

典型代表有:上海通用、上海大众等。

4 第四层次——企业价值链协同

在汽车行业的客户生命周期中,要经历汽车制造、新车经销商、汽车维护、二手置换、汽车贷款、汽车保险、装潢装饰、汽油消耗、汽车维修、备品备件、汽车租赁等多项服务。而这些服务,又是由整个汽车价值链中的不同角色分别承担,如何有效地管理整个客户的生命周

期,就意味着整个汽车行业的价值链内的相关企业要建立企业协同体系,有效地共享资源和管理资源。

整车厂商关注销售收入和收益,但是他们没有与客户直接接触的渠道,客户信息是他们的迫切需要。销售经销商在共享销售信息上就会体现出两种态度:一方面,乐于接受整车厂商通过其网站和其他媒介得到的销售线索和潜在客户信息,另一方面又不愿共享他们收集到的潜在客户信息。客户生命周期,跨越潜在客户、销售(经销商)、服务(维修商)、置换(中介/专卖店)、汽车金融(贷款、保险)多个价值链的环节,企业价值链的协同成为关键,信息共享的级别和权限尤为重要。

五 客户关系管理在实践中的不足

(1)忽视客户资料信息的建立和利用,未严格地执行客户回访制度,影响到与客户的各种情感服务。

(2)客户接待服务、对客户新车介绍的能力及新车交付质量等方面,令客户满意还有一定的差距。

(3)服务流程不能够适应CRM的需要。因为CRM是一个把企业包括市场、技术和服务支持、企业管理、内部财务制度等全部经营要素应用到能够提高客户满意上来,因此需要与CRM相关的部门进行协调,在共享服务信息的基础上,快速完整地处理客户需求。

(4)以客户为中心的观念停留于形式,服务观念还很淡泊,没有认识到CRM的重要性,认为CRM仅仅是一种技术,购买了一套CRM软件,构建一个平台,就认为CRM实施成功了。

(5)缺乏有效的客户价值管理方法,比如在汽车经销企业,他们也在努力区分客户价值,以期把最好的服务给予最有价值的客户,但区分的方法过于简单,并没有达到把最有效的服务提供给最有价值客户的目的。

(6)缺乏对客户信息的分析和挖掘。一些汽车服务企业可能通过实施CRM拥有了很多客户和潜在客户的资料,但绝大部分信息都处于闲置阶段,不能够对数据进行科学分析,也就不能制定科学的汽车客户服务计划。

六 客户关系管理对策研究

汽车客户服务指实行全方位覆盖客户购买要求的发展战略。客户有什么样的要求,就供给什么样的产品,提供什么样的服务。做到不断挖掘客户的需求,不断了解客户的满意度,并努力超越他们的期望。

建议:CRM在汽车服务行业中的实施,必须将客户为中心贯穿整个实施过程。

(1)完善客户资料信息,深度挖掘客户信息。组织专门人员来集中管理客户信息,保证客户关系管理的正常运作。

(2)要充分考虑客户信息的收集,利用在服务过程中收集到的各种潜在客户、现有客户

的有效信息，建立一个客户资料库以及客户价值评估体系。

(3)在CRM系统掌有大量现有与潜在客户信息的基础上，对其进行分析，使得决策者所掌握的信息更全，从而做出相关的服务决策。

(4)要与客户建立一个统一的交流渠道，CRM的实施要让客户通过互联网或者企业建立起来的呼叫中心与企业服务人员以及企业进行交流，而且确保这种交流是连贯的、方便客户的、有效的。

(5)让汽车服务企业各部门的员工都能共享客户信息，让服务人员掌握第一手客户信息，同时保证各个服务部门和CRM功能模块之间数据的连贯性。

(6)设立一个高效的CRM项目小组，负责监督整个项目的实施过程，并控制CRM的实施进度，同时与企业员工进行定期沟通，定期向领导汇报CRM实施情况。

(7)强化与ERP功能的集成。CRM与ERP在财务、制造、库存、分销等联系起来，从而提供一个闭环的客户互动循环，这样还能使企业在系统间收集相关的商业情报。

第二节　客户开发与管理

什么是客户开发呢？我们先通过一个汽车推销员的事例来认识一下客户开发。

假设你接到这样一个任务，在一家超市推销一瓶红酒，时间是一天，你认为自己有能力做到吗？你可能会说："小菜一碟。"那么，再给你一个新任务，推销汽车，一天一辆，你做得到吗？你也许会说："那就不一定了。"

如果是连续多年都是每天卖出一辆汽车呢？您肯定会说："不可能，没人做得到。"可是，世界上就有人做得到，这个人在15年的汽车推销生涯中总共卖出了13001辆汽车，平均每天销售6辆，而且全部是一对一销售给个人的。他也因此创造了吉尼斯汽车销售的世界纪录，同时获得了"世界上最伟大推销员"的称号，这个人就是乔·吉拉德先生。

那么乔·吉拉德的销售秘诀是什么呢？我们来看看其中关于客户开发的几条。

①名片满天飞——向每一个人推销。每一个人都使用名片，但乔的做法与众不同：他到处递送名片，在餐馆就餐付账时，他要把名片夹在账单中；在运动场上，他把名片大把地抛向空中；在打公用电话时，他把名片留在电话机上。名片漫天飞舞，就像雪花一样，飘散在运动场的每一个角落。你可能对这种做法感到奇怪。但乔认为，这种做法帮他做成了一笔笔生意。

乔认为，每一位推销员都应设法让更多的人知道他是干什么的，销售的是什么产品。这样，当他们需要他的产品时，就会想到他。乔抛散名片是一件非同寻常的事，人们不会忘记这种事。

当人们买汽车时，自然会想起那个抛散名片的推销员，想起名片上的名字——乔·吉拉德。同时，要点还在于，有人就有客户，如果你让他们知道你在哪里，你卖的是什么，你就有可能拥有得到更多生意的机会。

②建立客户档案——更多地了解客户。乔说："不论你推销的是任何东西，最有效的办法就是让客户相信——真心相信——你喜欢他，关心他。"如果客户对你抱有好感，你成交的

希望就增加了。要使客户相信你喜欢他、关心他，那你就必须了解客户，搜集客户的各种有关资料。

乔中肯地指出："如果你想要把东西卖给某人，你就应该尽自己的力量去收集他与你生意有关的情报。不论你推销的是什么东西。如果你每天肯花一点时间来了解自己的客户，做好准备，铺平道路，那么，你就不愁没有自己的客户。"

刚开始工作时，乔将搜集到的客户资料写在纸上，塞进抽屉里。后来，有几次因为缺乏整理而忘记追踪某一位准客户，他开始意识到自己动手建立客户档案的重要性。他去文具店买了日记本和一个小小的卡片档案夹，把原来写在纸片上的资料全部做成记录，建立起了他的客户档案。乔认为，推销员应该像一台机器，具有录音机和电脑的功能，在和客户交往过程中，将客户所说的有用情况都记录下来，从中把握一些有用的材料。乔说："在建立自己的卡片档案时，你要记下有关客户和潜在客户的所有资料，他们的孩子、嗜好、学历、职务、成就、旅行过的地方、年龄、文化背景及其他任何与他们有关的事情，这些都是有用的推销情报。"

所有这些资料都可以帮助你接近客户，使你能够有效地跟客户讨论问题，谈论他们自己感兴趣的话题，有了这些材料，你就会知道他们喜欢什么、不喜欢什么，你可以让他们高谈阔论，兴高采烈，手舞足蹈。只要你有办法使客户心情舒畅，他们不会让你大失所望。

③猎犬计划——让客户帮助你寻找客户。乔认为，干推销这一行，需要别人的帮助。乔的很多生意都是由"猎犬"（那些会让别人到他那里买东西的客户）帮助的结果。乔的一句名言就是"买过我汽车的客户都会帮我推销"。

在生意成交之后，乔总会把一叠名片和猎犬计划的说明书交给购车客户。说明书告诉购车客户，如果他介绍别人来买车，成交之后，每辆车他会得到25美元的酬劳。

几天之后，乔会寄给客户感谢卡和一叠名片，以后至少每年他会收到乔的一封附有猎犬计划的信件，提醒他乔的承诺仍然有效。如果乔发现客户是一位领导人物，其他人会听他的话，那么，乔会更加努力促成交易并设法让其成为猎犬。实施猎犬计划的关键是守信用——一定要付给客户25美元。乔的原则是：宁可错付50个人，也不要漏掉一个该付的人。猎犬计划使乔的收益很大。

1976年，猎犬计划为乔带来了150笔生意，约占总交易额的三分之一。乔付出了1400美元的猎犬费用，收获了75000美元的佣金。

作为未来的销售顾问，我们先来预想一下以下问题：平均每月来展厅的客户数量是多少？每天有多少客户？这些客户中的成交数量有多少？剩余的客户当年是否买车？会回来买我们的产品的客户数量有多少？现在每个销售顾问拥有多少客户资源？保存这些客户资源的方式是哪些？客户资源包括的内容有哪些？能通过电话直接进行联系的客户有多少？客户资源中能与我日常沟通的客户比例是多少？又有多少客户或他身边的朋友想到买车就能想到我？

在竞争激烈的市场中，能否通过有效的方法获取客户资源往往是企业成败的关键。况且客户越来越明白如何满足自己的需要和维系自己的利益，客户是很难轻易获得与保持的。因此，加强客户开发管理对企业的发展至关重要。

一 客户开发与管理概述

1 什么是客户开发

客户开发工作是销售工作的第一步，通常来讲是业务人员通过市场调查初步了解市场和客户情况，对有实力和有意向的客户重点沟通，最终完成目标区域的客户开发计划。但以上只是一个企业客户开发工作的冰山一角，要成功做好企业的客户开发工作，企业需要从企业自身资源情况出发，了解竞争对手在客户方面的一些做法，制定适合企业的客户开发战略，再落实到销售一线人员客户开发执行，是一个庞大的系统工程。

2 客户开发的前提

客户开发的前提是确定目标市场，研究目标客户，从而制定客户开发市场营销策略。营销人员的首要任务是开发准客户，通过多种方法寻找准客户并对准客户进行资格鉴定，使企业的营销活动有明确的目标与方向，使潜在客户成为现实客户。

3 汽车企业可持续的竞争优势

在越来越激烈的市场竞争环境下，对于汽车销售服务企业来说，必须具备三个方面的优势才能保持自身的竞争力，即产品好、服务好、客户关系好(图7-1)。

图7-1　汽车销售服务企业可持续竞争的优势

4 客户开发与管理的漏斗原理

我们将客户的开发与管理比作一个漏斗来分析其过程(图7-2)。

根据漏斗原理，我们所要做的就是扩大漏斗的上端，建立品牌知名度，扩大宣传，增加展厅客流量，提高留档客户的质量与数量；让漏斗变扁，积极缩短成交时间；扩大漏斗下口，争取更多的客户成交。

二 客户的分类

1 客户的购买周期

我们要对客户进行分类，先要从客户的角度分析客户的购买周期以及心理变化，然后才

能准确判断客户处于哪个心理阶段，进而根据客户对车辆需求的急迫程度进行分类（图7-3）。

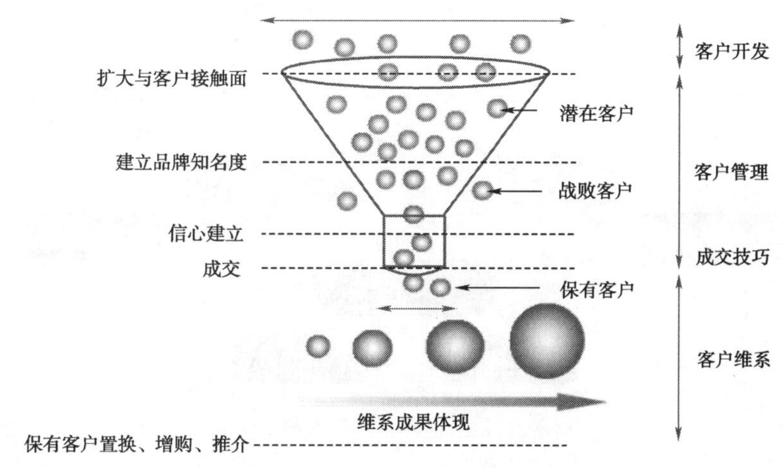

图 7-2　客户开发与管理的漏斗原理

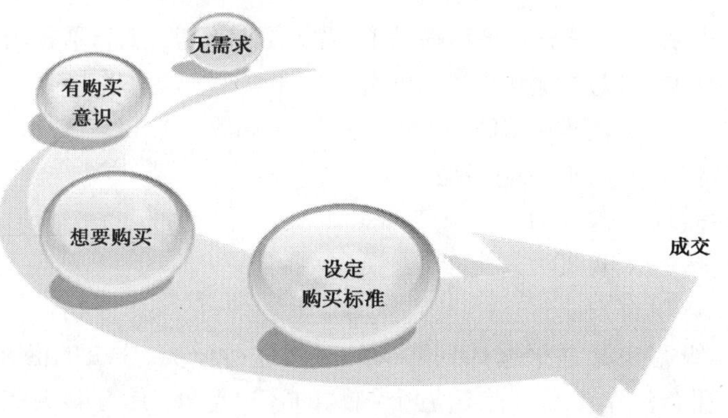

图 7-3　客户购买周期

客户在各个购买阶段的转变过程可以归纳为四个阶段，先产生注意，通过查阅产品资料、电话与经销商接触，然后通过分析产品给客户带来的益处而产生兴趣，再经过销售顾问的产品介绍、试乘试驾而产生购买愿望，最后经过协商，达成购买的行为。

2 客户的分类及定义

在不同的购买阶段，可以将客户分为潜在客户、保有客户和战败客户三类。

潜在客户：有联系信息，且存在购车意向的客户。

保有客户：通过汽车经销服务企业达成成功销售的客户，这里可以包括本企业自销的保有客户、本品牌他销的保有客户。

战败客户：留下购车信息，经过一定程度的沟通之后，没有购买本品牌汽车产品，转而购买了其他品牌汽车产品的客户。

潜在客户的来源有很多种,如图 7-4 所示。

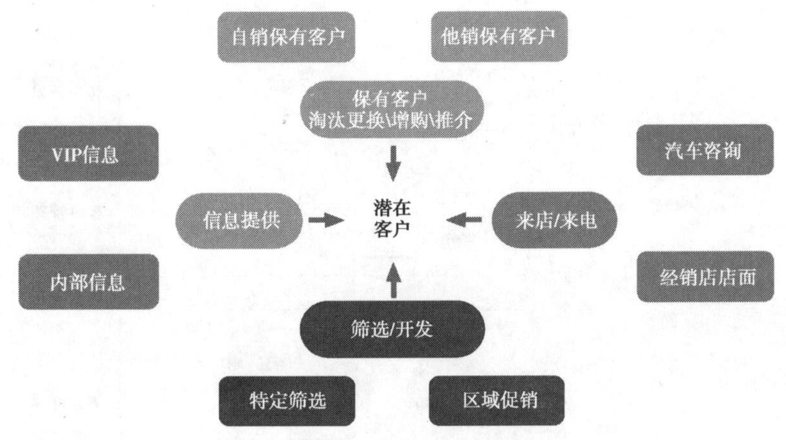

图 7-4　潜在客户的来源

3 客户分级

前面总结了构成销售的三个要素——信心、需求、购买力,三个要素同时具备时,才能完成销售。根据三个要素可以进行潜在客户的分级。

H 级潜在客户:信心 + 需求 + 购买力。

A 级潜在客户:信心 + 需求 + 购买力。

B 级潜在客户:需求 + 购买力。

C 级潜在客户:信心 + 购买力。

O 级潜在客户:订单客户。

其中 H 级和 A 级客户又是根据计划购买的时间进行分类,H 级的潜在客户相比 A 级潜在客户希望更快的拥有汽车产品。除这五个级别的客户意外,具有购买能力、准备购买但尚未接触你的企业所经营的品牌的客户都将是你的潜在客户。

4 客户级别的判定与跟踪

客户级别判定的依据:从时间判断,可以根据客户首次留下可联系信息到下订单的时间段以及从跟踪回访的时间起到客户下订单的时间段的长短进行判断;从现象判断,按照地区法规、生活习惯并结合时间段来判断;从销售顾问在客户接待中需求分析的深层次分析来判断(表 7-1)。

客户级别判定　　表 7-1

级　别	确度判别基准	购 买 周 期	客户跟踪频率
O 级 (订单)	购买合同已签 全款已交但未提车 已收订金	预收订金	至少每周一次维系访问

续上表

级 别	确度判别基准	购买周期	客户跟踪频率
H 级	车型、车色、型号已选定 已提供付款方式及交车日期 分期手续进行中 二手车置换进行处理中	7 日内成交	至少每两日一次维系访问
A 级	车型、车色、型号已选定 商谈付款方式及交车日期 商谈分期付款手续 要求协助处理旧车	7 日以上 ~ 15 日以内成交	至少每四日一次维系访问
B 级	已谈判购车条件 购车时间已确定 选定下次商谈日期 再次来看展示车辆 要求协助处理旧车	15 日以上 ~ 一个月内成交	至少每周一次维系访问
C 级	购车时间模糊 要求协助处理旧车	一个月以上时间成交	至少每半个月一次维系访问

5 各类客户跟进措施

根据不同的客户，销售顾问必须采用不同的跟进措施(表 7-2)。

各类客户的跟进措施及工作内容

表 7-2

描 述	目标对象	工作内容	
相关服务手续工作	已成交客户	车款作业 领牌作业 保险作业	配件工作 交车作业
销售促进措施	H、A、B 级潜在客户	强化商品信心 购买抗拒处理 疑问的答疑	促进成交 购车流程说明 购车需求分析
客户维护	VIP 保有客户 战败客户	提供相关产品 提供相关活动咨询 维护客户关系 宣传售后服务	
客户开发	C 级潜在客户	帮助树立品牌信心 介绍汽车产品卖点 销售顾问自我介绍 搜集整理客户资料 对有望购车者，商定下次来访时间	

三 潜在客户开发流程

通过制定潜在客户开发的有效流程，可以提高客户的开发程序性和时效性，潜在客户开发的流程如图7-5所示。

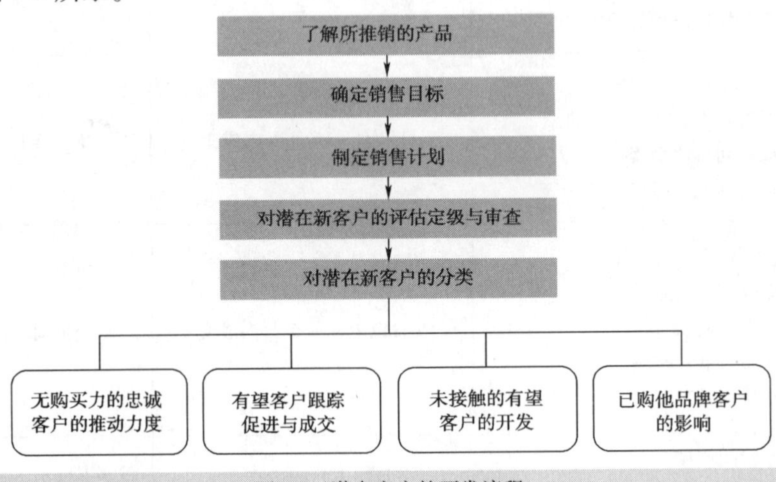

图7-5　潜在客户的开发流程

对自己所销售的汽车产品的熟知是一切销售计划的开始，然后对所有客户进行有效的分类，再根据不同的客户制定不同的销售计划。

四 保有客户的管理

1 新客户与保有客户对比

有调查表明，维系保有客户的成本是开发新客户成本的1/6，保有客户和开发新客户的差异见表7-3。

新客户与保有客户对比　　表7-3

比较项目	新客户	保有客户
满意度	不确定	高
忠诚度	低	高
信用度	待确定	已确定
信任度	低	高
劳务量	高	低
成交时间	长	短
销售利益	少	多

2 保有客户维系管理的目的和意义

保有客户的良好管理能够为企业和个人创造利润。保有客户的维系管理，能够在客户身上产生"化学连锁反应",客户会告诉身边的人自己的购车体验,宣传销售顾问和汽车销售服务企业;保有客户也存在车辆的更换,也是潜在客户的一部分;保有客户会来店进行维护、维修、美容等业务,为汽车销售服务企业继续创造利润。

保有客户的管理要求建立完善的客户信息,以便后续有效追踪;有系统、有重点、有次序地追踪客户;适时地给客户提供信息和帮助;在合适的时机与客户保持联系;避免遗忘对重要客户的追踪;提高销售顾问的工作效率和最终成交率。

3 保有客户管理原则

保有客户属于公司的财产而非销售顾问的个人财产,因此要将销售顾问个人资源转换为经销商的资源;保有客户的资料要经常更新、定期盘点,确保资料的正确性;保有客户的维系是有周期性的,不同阶段要有不同的维系方式,主要是以客户关怀和客户提醒为目的。

4 保有客户的维系回访

对保有客户的维系,主要是根据销售顾问收集的客户信息,在特定的时间对客户进行回访(表7-4)。

保有客户的回访　　表7-4

类型	回访内容
即时回访	祝贺购买汽车产品,在客户最高兴的时刻予以回访,增进经销店与客户之间关系; 对购买汽车产品的客户致谢,建立经销商与客户之间的感情联络; 在客户购买后2天内必须进行回访
7天回访	对购买汽车产品的客户致谢,建立经销商与客户之间的感情联络; 及时把握客户在最初使用阶段对汽车产品的反馈信息; 宣传售后服务、进行首保提醒; 请求车主推荐亲朋好友购买
1个月回访	了解汽车产品使用情况; 宣传售后服务、进行首保提醒; 请求车主推荐亲朋好友购买
每3个月定期回访	问候车主、了解汽车产品使用情况; 提醒车主5 000～7 500km免费保养及定期保养; 协助解决车主使用汽车产品中存在的问题; 推荐精品装饰、零配件等
12个月、24个月定期回访	问候车主、了解汽车产品使用情况; 请求车主续保,提醒车主年检事宜; 协助解决车主使用汽车产品中存在的问题; 推荐精品装饰、零配件等; 请求车主推荐亲朋好友购买
36个月、48个月、60个月定期回访	问候车主、了解汽车产品使用情况; 请求车主续保,提醒车主年检事宜; 协助解决车主使用汽车产品中存在的问题; 引导车主换购车型; 推荐精品装饰、零配件等; 请求车主推荐亲朋好友购买

五 客户管理流程及工具

无论是潜在客户、战败客户还是保有客户，都需要我们进行有效的管理，才能使销售工作更具时效性，客户管理流程如图7-6所示。

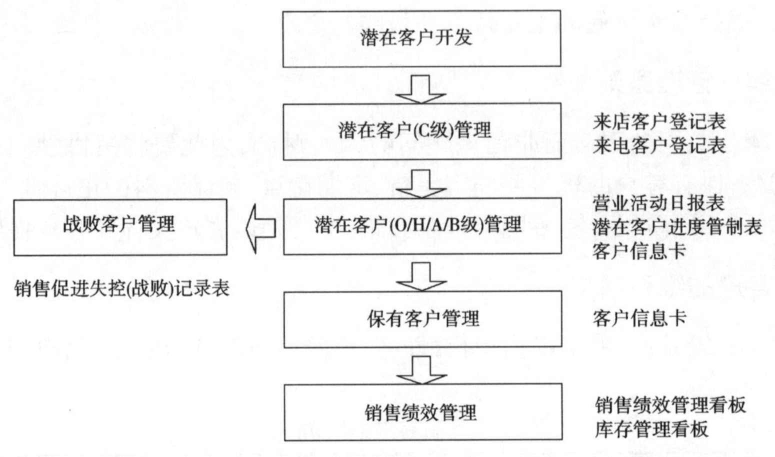

图7-6　客户管理流程

每个品牌的汽车经销企业都有自己记录、收集客户信息的表格、单据或软件，我们以其中两个为例进行学习。

（1）来电客户登记表（表7-5）。

来电客户登记表　　表7-5

来电客户登记表

年　月　日

序号	客户姓名	电话	地址	想购		商谈内容	意向确定	销售顾问	渠道
				车型	车色				
1									
2									
3									
4									
5									
6									
7									
8									
9									
10									
11									
12									
13									
14									
15									
16									
17									
18									
19									
20									

(2)客户 A-C 卡登记表(表 7-6)。

客户 A-C 卡登记表 表 7-6

<table>
<tr><td colspan="18">A 卡⇨C 卡 建档日期____年___月___日
销售人员姓名：</td></tr>
<tr><td colspan="2">预计购买日</td><td colspan="10">A. 一个月内 B. 三个月内 C. 六个月内</td><td>意向车型</td><td colspan="3"></td><td colspan="2">新购/换车/增购</td></tr>
<tr><td rowspan="2">个人</td><td>姓名</td><td colspan="5"></td><td colspan="2">男/女</td><td colspan="3">年 月 日生</td><td>公司（行业）</td><td colspan="5"></td></tr>
<tr><td>住址</td><td colspan="7"></td><td colspan="3">电话</td><td>决策者</td><td colspan="5"></td></tr>
<tr><td rowspan="3">公司</td><td>公司名</td><td colspan="7"></td><td colspan="3">负责人</td><td colspan="2"></td><td colspan="2">电话</td><td colspan="2"></td></tr>
<tr><td>地址</td><td colspan="7"></td><td colspan="3">电话(公司)</td><td colspan="2"></td><td colspan="2">行业</td><td colspan="2"></td></tr>
<tr><td>联系人</td><td colspan="3"></td><td>电话</td><td colspan="2"></td><td colspan="4">总保有台数</td><td colspan="6">丰田 台、其他品牌 台＝合计 台</td></tr>
<tr><td colspan="2">来店契机</td><td colspan="16">1. 平日来店 2. 来电 3. 店头/店外展示 4. 他销客户 5. DM 6. DH 7. 访问 8. 广告宣传等 9. 自销客户 10. 介绍</td></tr>
<tr><td colspan="2">合适面谈时间</td><td colspan="8">星期____ ____时(AM/PM)店头/私宅/公司</td><td colspan="2">竞争车型</td><td></td><td></td><td colspan="2">竞争店</td><td colspan="2"></td></tr>
<tr><td colspan="2">家庭成员</td><td colspan="4"></td><td colspan="3">兴趣爱好</td><td></td><td colspan="2">介绍人/关系</td><td colspan="6"></td></tr>
<tr><td colspan="2">购入车种</td><td></td><td colspan="3">车牌号</td><td colspan="3"></td><td>上牌时间</td><td colspan="2"></td><td>支付方法</td><td colspan="5">现金/贷款(期)银行名</td></tr>
<tr><td colspan="2">替换车种(车型)</td><td></td><td colspan="3">车牌号</td><td colspan="3"></td><td>使用年数</td><td colspan="2"></td><td>行驶里程</td><td colspan="2">km</td><td colspan="2">新/二手车</td><td></td></tr>
<tr><td rowspan="6">共有车型</td><td>车名</td><td colspan="2">使用月数</td><td colspan="2">经销店</td><td colspan="3">保险公司</td><td colspan="2">车牌号</td><td colspan="7">备注(其他事项)</td></tr>
<tr><td></td><td colspan="2"></td><td colspan="2"></td><td colspan="3"></td><td colspan="2"></td><td colspan="7" rowspan="5"></td></tr>
<tr><td></td><td colspan="2"></td><td colspan="2"></td><td colspan="3"></td><td colspan="2"></td></tr>
<tr><td></td><td colspan="2"></td><td colspan="2"></td><td colspan="3"></td><td colspan="2"></td></tr>
<tr><td></td><td colspan="2"></td><td colspan="2"></td><td colspan="3"></td><td colspan="2"></td></tr>
<tr><td></td><td colspan="2"></td><td colspan="2"></td><td colspan="3"></td><td colspan="2"></td></tr>
</table>

第三节 客户投诉处理技巧

如何建立和维护客户关系，是汽车销售服务企业的核心和根本。培养客户的忠诚，做到使客户真正满意，除了要重视诸多影响客户满意的因素外，还要处理好客户的投诉意见。

如果投诉意见处理不当，就会使企业失去一个客户。因此，在平时就要时刻注意与客户保持良好的关系，从接受预约开始到交车送别为止，对工作流程的每一个环节都要认真去完成。在处理客户投诉意见时，根据不同的客户采取不同的处理方法，最终使客户满意是很重要的。

一 客户投诉的基本认知

1 什么是客户投诉

客户投诉是指客户对产品质量、维修品质、服务质量或价格等要点感到不满而抱怨，要求企业负责处理或提出相应弥补措施，或诉求其他相关单位协助安排处理。有些客户投诉有可能来自客户的主观情绪影响。

2 客户投诉的意义

客户投诉有利于汽车销售服务企业寻找工作中的不足，可以检查自身产品是否达到了客户期望的水准；企业的服务是否符合客户的需求；客户还有哪些需求是企业忽略的；解决客户投诉等于对公司进行了改进；长期良好的解决客户的投诉，可以累计公司资源与声誉。

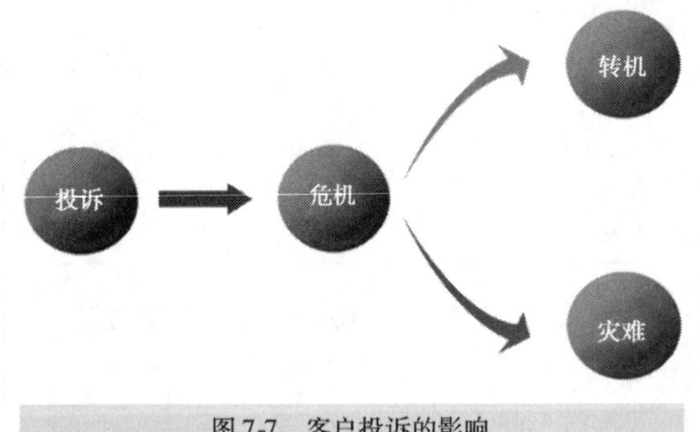

图 7-7　客户投诉的影响

3 客户投诉可能导致的结果

如果对客户的投诉有良好的处理，可以让客户的投诉变成一次提高客户满意度的机会；如果处理不当，那么就是客户流失的灾难，并且还会在流失的客户周围产生连带影响(图7-7)。

当客户对我们的产品或者服务不满时，我们是否及时地进行解决会产生截然不同的结果(表 7-7)。

客户投诉调查分析表　　表 7-7

客户投诉种类	比　例	结　果
不去投诉	91%	不回来
投诉没有解决	81%	不回来
投诉得到解决	25%	不回来
投诉很快解决	85%	大多数会回来

面对客户投诉，我们应掌握什么样的原则呢？在解决客户投诉问题的过程中，应该争取客户的信任，赢得客户的认同；展现积极主动的服务形象；抓住创造忠诚客户的机会。

4 客户投诉的正确认识

(1)投诉是客户的基本权利，应尊重面对它。

(2)对待客户的投诉应具备同理心，争取客人的认同与信任。

(3)投诉的最佳处理方式是争取“双赢”，否则至少让客人觉得有些获得。

(4)投诉处理没有标准答案，我们应不断学习，才能提升处理投诉的能力。

(5)面对客人的投诉时,我们扮演的角色是受气桶、清道夫或心理医生。

二 客户投诉的类型

1 销售类

汽车产品销售过程中承诺未履行、交车日期延误、买贵了(价格调整)、夸大产品性能、夸大保修索赔内容、销售服务态度不佳等。

2 备件类

(1)备件供应:在维修过程中,未能及时供应车辆所需备件。

(2)备件价格:客户主观认为备件价格过高或收费不合理。

(3)备件质量:备件的外观、质量或耐久性等问题。

3 服务类

(1)服务质量:汽车销售过程中,未能达到客户的期望值,如服务态度不好、怠慢、轻率等。

(2)售后索赔:由于未明确沟通保修索赔条件等。

(3)产品质量:由于设计、制造或装配不良所产生的质量缺陷。

4 重大客户投诉

(1)在处理程序方面,该投诉已经过维修站、经销商、现场经理的处理且无法和客户达成一致的处理意见。

(2)在处理方式方面,该投诉无法通过公司的售后政策、无法采用维修和技术手段实施解决。

(3)在客户的心态方面,客户的期望已超过车辆本身的赔偿期望。

(4)在赔偿金额方面,大大超出我们按惯例实施的善意补偿标准(人民币一万元以上)。

(5)在风险方面,该投诉可能涉及公关、媒体、法律等,处理不当会直接造成公司信誉的损毁。例如,涉及车辆行驶安全或高额赔偿,可能引起重大负面效应(媒体、聚众、法律)。

三 投诉客户的期望需求

1 客户投诉的期望

(1)心情上期望:受欢迎、受重视、被理解、感觉舒适。

(2)对于投诉处理过程与结果的期望:投诉处理的结果符合期望而且合理、公平;程序上符合程序,并顾及人情法理方面;互动处理时,具备关怀心、包容心与同理心。

2 导致客户不满的主要原因

导致客户不满的主要原因很多时候是源于心理层面：

(1)不被尊重：客户感觉不受尊重。

(2)不平等待遇：主要是因为有过去的经验作比较，大部分是由于价格、精神受到不平等的待遇。

(3)受骗的感觉：由于经销商有意的欺瞒而导致客户的不满。

(4)历史经验的累积：从新车购入到售后服务的阶段中，累积多次不满而产生抱怨。

四 客户投诉处理流程

1 客户投诉处理流程

规范的客户投诉处理流程能够迅速而有效的安抚客户的情绪，使得投诉快速解决，产生的负面效果最小化(图7-8)。

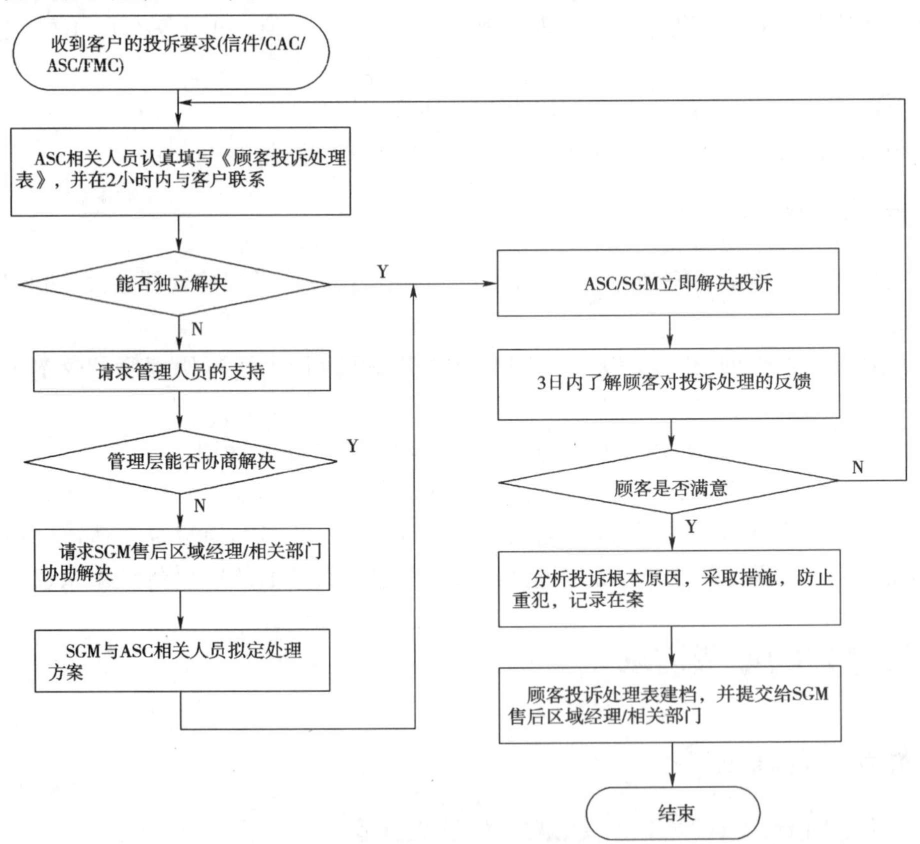

图7-8　客户投诉处理流程

2 客户投诉处理跟踪表

客户投诉处理跟踪表是给客户一个清晰的处理过程、明白的处理结果，让客户感觉到被重视，也让企业和相关责任人总结教训经验（表7-8）。

客户投诉处理跟踪表　　表7-8

客户投诉处理跟踪表

表编号：　　填表日期：

车辆识别号		里程数		车型	
CAC 案例号		车主		电话	
维修站名称		FMC		状态	
车辆故障或投诉内容：					
投诉性质：（潜在媒体曝光、消协等机构投诉还是一般投诉）					
顾客背景：（填写客户的基本情况，有无特殊背景，或车辆的背景）					
顾客需求或倾向：					
情况跟踪和目前维修状态：					
最终结果：（有结果就填）					

注：状态有 On-going（处理中无结论）、Inprocess（已有结论在排序）、Hold（冷处理或保持状态）、Closed（关闭）四种。请酌情填入状态框。

五 客户投诉处理的原则与方法技巧

1 客户投诉处理的原则

处理客户投诉的原则：不回避，第一时间处理；先处理心情，再处理事情；了解客户的背景；探察投诉的原因，界定控制范围；不做过度的承诺；必要时，坚持原则；争取双赢；取得授权，必要时让上级参与，运用团队解决问题。

2 客户投诉处理的方法

面对客户投诉,处理的基本方法是先处理心情、再处理事情。

(1)安抚客户情绪,真诚接待,安抚心情。

(2)积极倾听,善用沟通技巧以探查客户意图。

(3)认同客户情感,表示负责处理。

(4)做好准备工作,了解客户以往维修记录,调查产生投诉的过程,分析客户投诉产生的原因。

(5)探寻客户的需求,了解客户投诉的真实原因。

(6)综合考虑客户的需求,提出有选择的解决方案,不能超出服务能力范围。

(7)尊重客户的观点,处理过程保持公平中立,争取获得客户的认同,改变气氛。

(8)明确处理方式与时限,向客户汇报处理过程,请客户审核评价。

(9)超越客户期望值,额外的赠送、补偿。

(10)确认客户的满意程度,客户服务经理重点进行后续跟踪。

(11)及时总结投诉处理的经验和教训,制定预防措施。

3 客户投诉的处理技巧

掌握适当的技巧,对客户的投诉处理将带来很大帮助,例如:隔离群众;善用提问发掘客户的不满;认真倾听,并表示关怀;不要抢话并急于反驳;确认投诉内容;表示歉意;认同客户的情感;将话题转移到我们服务好的方面;以请示上级、走程序为由,争取时间;对所陈述的事实有明显的差异,应采取否认法;在预估事情可能发生时,先给予提醒。

客户投诉的具体处理方法与技巧见表 7-9。

投诉处理的基本方法与技巧　　表 7-9

处理过程	基本方法与技巧	应避免的做法
聆听顾客	1. 积极主动地处理问题的态度; 2. 保持面带微笑; 3. 保持平静的心情和适合的语速音调; 4. 认真听取顾客投诉,不遗漏细节,确认问题所在; 5. 让顾客先发泄情绪; 6. 不打断顾客的陈述	1. 不耐烦的表情或不愿意接待顾客的态度; 2. 同顾客争执、激烈讨论,情绪激动; 3. 挑剔顾客的态度不好,说话不客气; 4. 直接回绝或中途做其他事情、听电话等; 5. 推托或辩护的态度
表示同情	1. 善用自己的举止语气去劝慰对方,稳定顾客较激动的情绪; 2. 站在顾客的立场为对方设想; 3. 对顾客的行为表示理解; 4. 主动做好投诉细节的记录	1. 不做记录,让客人自己写; 2. 表明不能帮助顾客; 3. 有不尊重人的言语行为; 4. 激化矛盾

续上表

处理过程	基本方法与技巧	应避免的做法
询问顾客	1. 重复顾客所说的重点，确认是否理解顾客的意思和目的； 2. 了解顾客抱怨的重点所在，分析抱怨事件的严重性； 3. 告诉顾客我们已经了解到问题所在，并确认问题是可以解决的	1. 重复次数太多； 2. 处理时间过长； 3. 犹豫，拿不定主意； 4. 为难情绪； 5. 听不懂顾客的地方方言
解决方案	1. 不被顾客抱怨的情绪影响，就事论事，耐心地解释，援引汽车行业的相关制度进行处理； 2. 圆满的解决方案要使顾客感觉到公平合理； 3. 超出处理者权限范围的，要向顾客说明，并迅速请示前台主管或服务经理； 4. 暂时无法处理的，可将事情详细记录，留下顾客的联系电话，并承诺尽快答复	1. 处理问题过于死板； 2. 一味地满足顾客要求，给予不合理的承诺； 3. 将问题推给他人处理； 4. 超出处理者权限范围的，不能第一时间汇报； 5. 忘记给顾客一个处理结果的答复
达成协议	1. 同顾客商量已经提出的解决方案； 2. 表示我们已经尽最大的努力解决问题； 3. 迅速执行顾客同意的解决方法	1. 具体解决的时间太长； 2. 没有将此事追踪到底
感谢顾客	1. 感谢顾客给我们工作提出的不足； 2. 表示今后一定改进工作； 3. 对由于我方失误而造成顾客的不便，予以道歉	1. 没有感谢顾客； 2. 对不满意的顾客，未将情况迅速汇报； 3. 对不满意的顾客表现出不在乎或讨厌的态度

六 客户投诉的处理禁忌

处理客户投诉时，不良的表现、方法会加剧紧张气氛，扩大客户的不良情绪，扩大投诉可能产生的不良后果，所以，处理客户投诉时一定要注意方式方法。客户投诉处理禁忌见表7-10。

客户投诉处理禁忌　　表7-10

禁　忌	正确方法
立刻与客户讲道理	先听，后讲
急于得出结论	先解释，不要直接得出结论
一味的道歉	道歉不是办法，解决问题是关键
言行不一，缺乏诚意	说到做到
这是常有的事	不要让客户认为这是普遍性问题

续上表

禁　　忌	正 确 方 法
你要知道,一分钱,一分货	无论什么样的客户,我们都提供同样优质的服务
绝对不可能	不要用如此武断的口气
这个我们不清楚,你去问别人吧	为了您能够得到更准确的答复,我帮您联系×××来处理好吗
公司的规定就是这样的	为了您的车辆能够良好的使用,所以公司制定了这样的规则
随意答复客户	确认了准确信息再回复客户

七 客户投诉预防

最好的解决投诉的办法就是不让投诉发生;察觉客户哪怕细微的不满意,比客户考虑得更多,把小小的不满意或者抱怨扼杀在萌芽状态(图7-9)。

1 汽车产品销售及售后服务工作标准化并落实到位

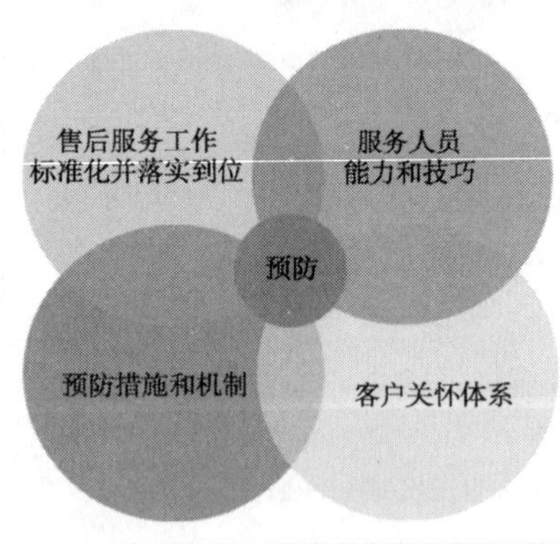

图7-9　客户投诉预防方法

贯彻销售和售后服务核心流程并控制关键点;提升服务质量;提升维修质量;监控产品质量;日常工作检查并改进。

2 预防投诉的措施和机制

落实首问责任制;设有畅通的客户反馈、投诉渠道;高效的投诉处理流程;应急预案和快速反应;定期回顾与经验总结。

3 客户关怀体系

经常与客户沟通;定期组织客户活动;生日、节日等问候;客户满意度调查;流失客户回访。

4 服务人员能力和态度

识别客户类型,把握客户期望值;重视客户要求,掌握客户的变化;定期组织培训,提升员工处理抱怨、投诉的技巧和能力;积极的态度,不逃避、不推卸、不隐瞒。

第四节　汽车销售客户关系管理系统

一 客户关系管理系统概述

CRM(Customer Relationship Management)客户关系管理是一种以“客户关系一对一理

论"为基础,旨在改善企业与客户之间关系的新型管理机制。

客户关系管理系统(CRM)可以利用信息科学技术,实现市场营销、销售、服务等活动自动化,是企业能更高效地为客户提供满意、周到的服务,以提高客户满意度、忠诚度为目的的一种管理经营方式。客户关系管理既是一种管理理念,又是一种软件技术。以客户为中心的管理理念是CRM实施的基础。

CRM系统的宗旨是:为了满足每个客户的特殊需求,同每个客户建立联系,通过同客户的联系来了解客户的不同需求,并在此基础上进行"一对一"个性化服务。通常CRM包括销售管理、市场营销管理、客户服务系统以及呼叫中心等方面。

"以客户为中心",提高客户满意度,培养、维持客户忠诚度,在今天这个电子商务时代显得日益重要。客户关系管理正是改善企业与客户之间关系的新型管理机制,越来越多的企业运用CRM来增加收入、优化赢利性,从而提高客户满意度。

二 汽车销售客户关系管理系统

汽车销售客户关系管理系统是对汽车行业的经营特点及行业发展需求,专门为汽车行业经营管理量身定做的管理系统,主要是对潜在客户跟踪促进,系统集客户登记、客户审核、客户回访、确认客户购车成功/失败等功能模块为一体,可随时查看今日成功客户、今日失败客户、今日咨询客户、今日需回访客户等情况,使销售顾问对本店的业务经营了如指掌。

三 汽车销售客户关系管理系统功能

1 输入记录功能

汽车销售客户关系管理系统提供了对客户级别、信息来源、竞品车型、车辆颜色、从事行业、购车形态、购车预期、关注点、衣着打扮、交通方式、购车用途、欲购车型、参考竞品、客户登记、客户审核、客户回访等的模式录入和表格界面录入,可使售车顾问全面记录掌握客户信息。

2 查询提醒功能

在与客户的接触、进行销售及对其回访的过程中,随时查看客户的信息及销售进度等信息,定时提醒每日、每周、每月需要回访、电话联系的客户,帮助销售顾问完成工作任务。

3 报表分析功能

对所有人员录入的信息进行分析,形成报表,时刻了解汽车销售服务企业情况、客户流量情况、客户分类、销售计划,并进行分析,形成数据图。

四 系统界面举例

不同品牌、不同地区的汽车销售服务企业都有各自的一套客户关系管理系统，功能上都包含客户的信息记录、客户跟踪提醒、销售计划、数据分析、资料查询、资源共享等内容，我们以一些操作界面进行举例学习。

(1)系统登录界面(图7-10)。

图7-10　客户关系管理系统登录界面

(2)基础信息录入界面(图7-11)。

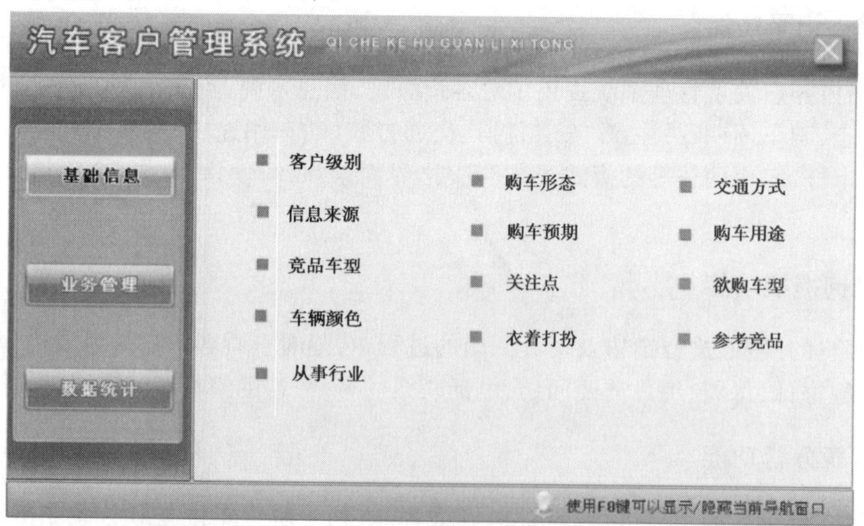

图7-11　客户关系管理系统基础信息录入

(3)业务管理界面(图 7-12)。

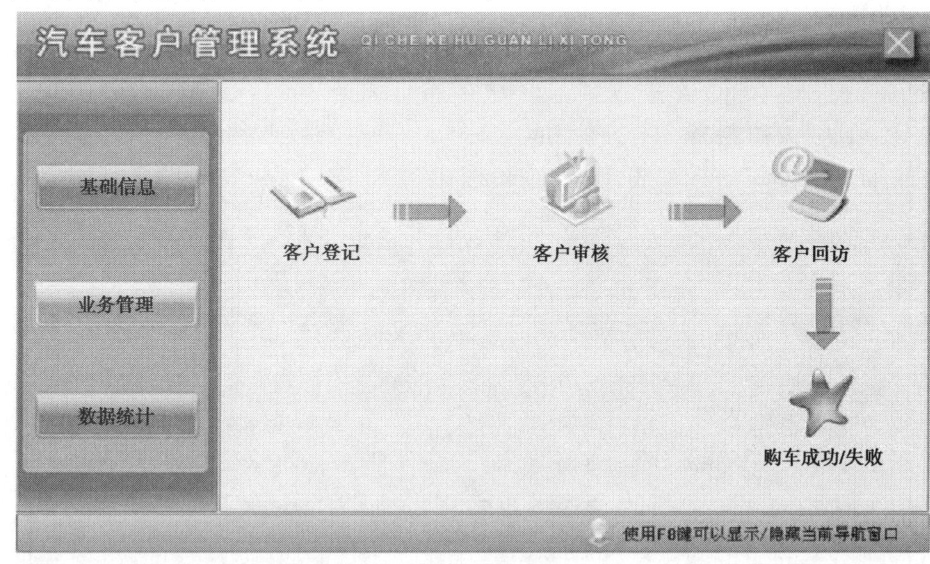

图 7-12　汽车销售客户关系管理系统业务管理

(4)数据统计界面(图 7-13)。

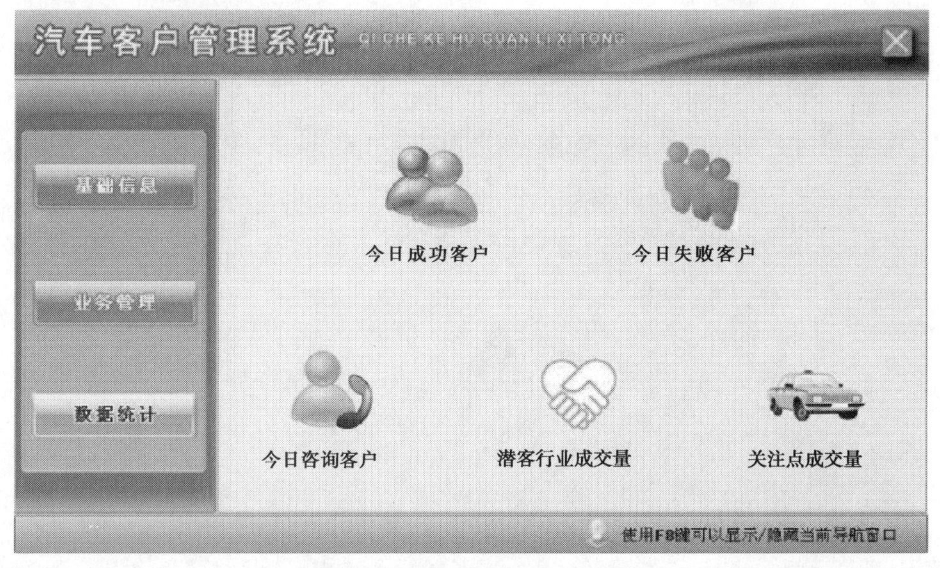

图 7-13　汽车销售客户关系管理系统数据统计

(5)客户信息登记界面(图 7-14)。

对汽车销售客户关系管理系统的有效利用,可以大大加强我们销售工作的条理性、时效性,方便我们对客户的管理以及对自身工作的日常管理,进而提升了我们的工作效率、工作质量和销售水平,能够最大限度的促进我们销售工作的最终达成。从企业角度来看,客户关系管理系统的应用提升了企业收集、认识客户的能力,缩减了销售成本以及销售管理成本,

提升了新、老客户的满意度和忠诚度，扩大了企业利润，使企业的管理更加科学、有效。

图 7-14　客户信息登记界面

第八章

汽车销售顾问的自我管理与提升

学习目标

通过本章的学习,你应能:

1. 叙述职业道德的基本内容;
2. 掌握汽车销售顾问应该遵守的职业道德;
3. 正确执行汽车销售顾问的自我管理;
4. 叙述职业规划的基本概念;
5. 正确运用职业规划的简单步骤和原则,进行职业规划。

第一节 汽车销售顾问的职业道德

1 职业的概念

人们参与社会分工,利用专门的知识和技能,为社会创造财富,获得合理报酬,以满足物质生活和精神生活,这样的社会工作就是职业。

2 道德的概念

道德一词,最早见于老子《道德经》一书。“道生之,德蓄之;物形之,器成之;是以万物莫不尊道而贵德。道之尊,德之贵;夫莫之命而常自然。”行于万物为“道”,通于天地为“德”。

“道”是自然运行和人世共通的真理，而“德”则是品行、德性。形象的比喻道为“路”，德为“车”。“道德”合在一起，则为调节人同人及人同社会之间行为规范的总和。

3 职业道德的定义

职业道德就是指同人们的职业活动紧密联系的道德准则、道德情操、道德品质的总和。

4 职业道德的内容

(1)爱岗敬业。爱岗敬业是个人生存和发展的需要，是社会存在和进步的需要。爱岗敬业的表现：守业和乐业，守业是责任、乐业是境界；岗位成才、岗位建功、岗位创新；认真做事、用心做事。

(2)诚实守信。诚实守信是为人之本，立业之要。人不诚，业不兴，家不旺，国不强；诚者，天之道，思诚者，人之道也。诚实守信表现为：真诚对别人，求实做自己；修合无人见，存心有天知。

(3)遵纪守法。没有规矩不成方圆，法纪就是国家的规矩。遵纪守法是一种自我约束；遵纪守法是从“自律”到“自觉”；遵纪守法就是踩制动，善于踩制动，驰骋千里；不踩制动，滑进监狱；法纪无时不在，无处不在。

(4)团结互助。互助是人的属性，没有互助，就没有人类，就没有现代文明。团结互助要从点滴做起、从自己做起；团结互助的基础是包容；团结互助无处不在，无时不有。快乐是生命的理由，互助是快乐的根源。

(5)文明礼貌。文明礼貌是中华民族的传统美德，是和谐社会的重要特征，是人类社会追求的最高状态。广义的文明是：物质文明、精神文明、制度文明、社会文明(经济高度发达，社会公平正义，个人全面发展)。狭义的文明是：言谈举止、举手顿足。文明礼貌表现为：家庭文明，职业文明，社会文明。

5 职业道德的意义

职业道德不仅是从业人员在职业活动中的行为标准和要求，而且是本行业对社会所承担的道德责任和义务。职业道德是社会道德在职业生活中的具体化，无论从事什么样的职业都应该有良好的职业道德，俗语说：“要做生意，就要先做人”。德才兼备才是真正的人才，否则再有才能也是枉然，没有发挥的空间。良好的职业道德有利于促进个人、企业、社会的共同发展。

6 汽车销售顾问的职业道德

作为一名汽车销售顾问，必须具有高尚的品质和情操，诚实严谨、恪尽职守的态度，廉洁奉公、公道正派的作风。其原因是，汽车这种产品的价值很高，并且是一件复杂产品，如果汽车销售顾问欺骗客户，客户会受到较大的损失，同时还可能给汽车销售商带来更多的经济损失(图8-1)。因为汽车销售顾问的一言一行、一举一动都代表着企业，企业的形象则是靠汽车销售顾问来向社会大众展示的，所以也可以说汽车销售顾问是一个企业的外交官，我们不仅销售的是汽车，我们推销出去的更是个人形象、企业形象、品牌形象。

图 8-1　职业道德与利益的权衡

汽车销售顾问的职业道德内容包括礼貌的接待、真诚的沟通、周到的服务、专业的知识、过硬的产品、合理的推荐、善待投诉等。下面我们共同学习《上海市汽车销售行业协会章程》中制订的上海市汽车销售行业销售人员职业道德规范，其他各地汽车销售人员可以参照学习。

第一条　总　　则

为维护上海市汽车销售行业销售人员的职业声誉，全面提高汽车销售员工队伍的道德水准，规范汽车销售人员的销售行为，保障汽车销售人员切实履行对国家和消费者所承担的责任和义务，依据有关法律和《上海市汽车销售行业协会章程》，特制订上海市汽车销售行业销售人员职业道德规范。

一、遵守法律法规，执行规章制度。

二、掌握汽车销售技能，规范汽车销售行为。

三、做好汽车销售业务，严禁损企利己。

四、注重文明经商，诚信对待客户。

五、构建和谐关系，融入企业氛围。

第二条　汽车销售人员职业道德规范内涵

一、遵守法律法规：遵纪守法，维护公德，陶冶品行，注重修养，珍视汽车销售人员职业声誉。执行规章制度：服从分配，令行禁止，忠于职守，工作有序，维护企业文化和形象。

二、掌握汽车销售技能：科学求真，业精技强，开拓客户，建档回访，注重售前、售中、售后服务。规范汽车销售行为：诚实守信，履行合同，同行互助，公平竞争，共同提高汽车销售服务水平。

三、做好汽车销售业务：依法经营，服务到位，拓展思路，高效务实，努力完成企业各项指标。严禁损企利己：尊重企业，维护商誉，秉公办事，不谋私利，抵制有损企业利益的行为。

四、注重文明经商：仪表端庄，言语文雅，态度诚恳，讲究卫生，以真诚的态度接待客户。诚信对待客户：严谨求实，认真对待，热情服务，客户至上，提供周到和细致的汽车销售服务。

五、构建和谐关系：诚信友爱，和睦相处，相互协调，团队合作，融入企业凝聚力工程建设。融入企业氛围：爱岗敬业，尽心尽责，审视自我，参与管理，做个称职的汽车销售人员。

第三条　实施范围和操作办法

一、本规范适用于上海市汽车销售行业中的所有销售人员，售后服务人员、上牌服务人员可参照本规范执行。

二、对于违反本规范的汽车销售人员及服务人员，由其所在单位予以处理，处理意见报市汽车销售协会备案。

三、对于多次及严重违反本规范的汽车销售人员，市汽车销售协会经调查核实后，除企业合理处置外，并在协会的有关宣传平台上进行汽车销售行业的内部通报。

四、本规范实施后，要对行业内汽车销售人员进行培训发证，创造条件建立个人档案和人才交流数据库。

五、各汽车销售企业可以根据本规范制定实施细则。

第四条　附　　则

一、本规范经上海市汽车销售行业协会理事会通过，在本市全行业试行。

二、本规范由上海市汽车销售行业协会负责解释。

三、本规范自发布之日起试行。

7 职业道德修养

职业道德修养是指从事各种职业活动的人员，按照职业道德基本原则和规范，在职业活动中所进行的自我教育、自我改造、自我完善；使自己形成良好的职业道德品质，达到一定的职业道德境界。

培养正确的职业道德修养的途径：正确的世界观、人生观、价值观是具有良好职业道德修养的前提；良好的习惯是职业道德修养的帮手，有什么样的习惯，就有什么样的人生；学习先进人物的优秀品质，不断激励自己，择善人而交，择善书而读，择善言而听，择善行而从。

第二节　汽车销售顾问的自我管理与成长

彼得·杜拉克说过：有伟大成就的人，向来善于自我管理，然而，这些人毕竟是凤毛麟角。但在当今社会，即使是资质平庸的人，也必须学习自我管理。汽车销售是一项充满压力和挫折的工作，销售人员要善于提高自己的自我管理能力、抗压能力和抗挫折能力以及对各种工作状况的应变适应能力。只有良好的自我管理，才能成就成功的事业。

一 自我管理的观念

下面我们先通过两个案例，来分析自我管理的重要性。

案例一：小玉早上慌慌张张赶到了公司，没有吃早饭还差点迟到，真险！早会上，小玉打开提包，突然发现里面只装了一个化妆袋，《工作笔记》和手机都忘在家里了，真糟糕！回不回去拿呢？小玉想来想去，最后还是决定今天就这样将就了。早会结束了，正好这时小玉的一个最要好的朋友打公司办公电话找小玉，说商场有很多衣服在做打折的活动，让小玉陪着逛街。就这样，小玉忍不住答应了邀请。小玉告诉主管，有一个重要的客户要去拜访，就走了……过了半年，小玉就辞职了。

提问：

请问

(1)请问在小玉身上有没有你的影子?

(2)你觉得这样的工作态度缺乏什么?

(3)这样的工作能取得成功吗?

案例二:小任听到闹钟响,赶紧起床梳洗,按老习惯把家里人的早餐做了,吃了些东西,又回忆了一下昨晚是否把今天需要的东西都装好了,然后匆匆出了门。早会上,在主管的帮助下,小任又把昨晚填写好的《工作日志》拿出来,对全天的拜访计划做了一个周全的安排。早会一结束,小任首先拜访已约好的城南方向的第一个客户,看看地图,小任坐上了22路公共汽车,在车上,小任又想象了去见城南方向的另外几个客户可能出现的问题以及应对措施。小任的第一个客户在听完她介绍后,决定在下周一签单。小任按计划赶到第二个客户那儿,这是上周已经约好签单的客户,很快,小任签好了这份单子,在恭喜客户的同时,小任也在心里为自己祝贺。看看时间,已到午餐时间了,小任打电话约第三个客户出来共进午餐,可是这位客户临时有事,不能来。小任简单吃过午饭,又开始整理下午的拜访思路。中午还有一些时间,小任决定去见见她的一位老同学,看她现在过得如何,如果可能就把她也叫来和自己一起干。于是,小任接通了同学的电话……

两年后,小任已是全系统闻名的优秀部门经理。

提问:

(1)小任与小玉相比有哪些优势?

(2)这些优势给她带来了什么?

(3)我们从小任身上可以学习哪些经验?

自我管理又称自我控制,是利用个人内在的力量改变行为的策略,普遍运用在减少不良行为以及增加优良行为的出现。自我管理注重的是一个人的自我教导及约束的力量,即行为的制约是通过内控的力量,而非传统的外控力量。成功的公式如图8-2所示。

管理不仅包括管理你的外在,更应该真正地把你的内在管理好(图8-3)。要想成为一个业绩最好的销售顾问,成为销售团队里最优秀的一位,必须克服自己的缺点,养成良好的习惯。随着经济的发展,各行各业都在不断的发展,市场的竞争也越来越激烈,个人与个人之间、企业与企业之间、品牌与品牌之间都存在着竞争,可以说,社会发展到今天,竞争无处不在。对于企业而言,企业之间的竞争不仅仅只在于单纯的市场地位竞争和利益的竞争,更主要的是人才的竞争。但是,在现今的大部分企业中,许多员工都对自己不负责,在工作中粗心大意、投机取巧、眼高手低,不按照公司的制度去执行。所以,现在的企业和个人面临的最重要的挑战之一便是自我管理。个人通过对自我的管理能够从意识和能力方面使自身变得更加完善,成为真正的企业需求型人才,从而实现自身和企业的共同发展。

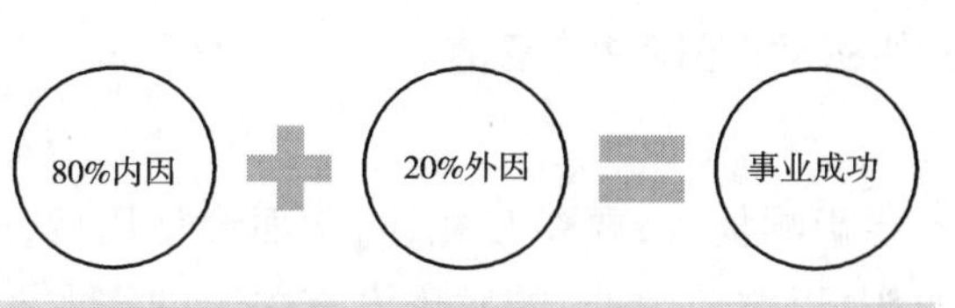

图8-2 成功的公式

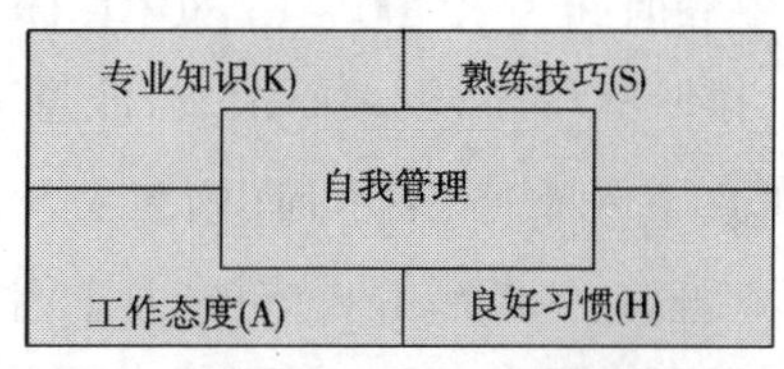

图8-3 自我管理的方向

二 汽车销售顾问工作中的自我管理

1 办公室规定

办公室内严禁吸烟、阅读报纸杂志和闲聊。汽车销售顾问的工作性质比较特殊,涉及大量的客户接待工作,有时候客户给销售顾问烟,是一种信任的交流,销售顾问在应酬客户,工作需要的前提下可以在展厅内吸烟。其他时间如果企业员工有吸烟的需求,需要到指定地点,并尽量忍耐。

1 值得注意的办公细节

(1)进入他人办公室时,必须先敲门,再进入;已开门或没有门的情况下,应先打招呼,如"您好"、"打扰一下"等词语后,获得允许,再进入。

(2)传话时不可交头接耳,应使用记事便签传话;传话给客户时,不要直接说出来,而是应将事情要点转告客户,由客户与待传话者直接联系;退出时,按照上司、客户的顺序打招呼退出。

(3)会谈中途上司到来的情况,必须起立,将上司介绍给客户;向上司简单汇报一下会谈的内容,然后重新开始会谈。

2 办公秩序

(1)上班前的注备。上班前应充分计算时间,以保证准时出勤,作为一名社会人,一名有素质的汽车销售顾问,应以文明行为出现于社会、公司;如有可能发生缺勤、迟到等现象时,应提前通知领导(最好提前一天);计划好一天的工作内容。

(2)工作时间。在办公室不要私下议论、窃窃私语;办公台上应保持清洁和办公用品的整齐;以饱满的工作态度投入到一天的工作中;离开座位时,将去处、时间及办事内容写在留言条上,以便他人安排工作(离开座位前应将机密文件、票据、现金和贵重物品存放好);离开座位时,将办公台面整理好,椅子放回办公台下。

在走廊、楼梯、电梯间走路时,要舒展肩背,不要弯腰、驼背;有急事也不要跑步,可快步行走;按照右侧通行的原则,如在反方行走遇到迎面来人时,应主动让路;遇到客户找不到想要去的部门时,应主动为其指路;在电梯内为客户提供正确引导。

3 午餐

午餐时间为12:00~13:30(具体按照各自规定执行);不得提前下班就餐;在食堂内,要礼让,排队有秩序;饭菜不浪费,注意节约;用餐后,保持座位清洁。

4 在洗手间、茶水间、休息室

上班前、午餐后等人多的时间,注意不要影响他人,要相互礼让;洗面台使用后,应保持清洁;不要忘记关闭洗手间、茶水间的水龙头,以避免浪费,如发现没有关闭的水龙头,应主动关好;注意保持洗手间、茶水间、休息室的清洁、卫生。

5 下班

下班前将第二天待处理的工作记录下来,以方便第二天工作;整理好办公台上的物品、文件(机密文件、票据和贵重物品要存放好);离开公司后,每个人都要记住自己是一位有素质的汽车销售顾问,出去的一言一行,代表着汽车销售企业的形象。

2 建立良好的人际关系

同事之间应建立良好的人际关系,这是正常、顺利工作的基本保证,因此,我们需要注意以下几点。

(1)守时守约。一个不遵守时间和遵守约定的人,往往不被他人所信任。

(2)尊重上级和老同事,与上级和老同事讲话时,应有分寸,不可过分随意。

(3)公私分明。上班时严禁接听私人电话,也不可将公共财物据为己有或带回家中使用。

(4)加强沟通、交流。工作要积极主动,同事之间要互通有无、相互配合。

(5)不回避责任。犯错误时,应主动承认,积极改正,不可回避责任,相互推诿。

(6)态度认真。过失往往是由于准备、思考不充分而引起的,如有难以把握的地方应对其再次确认检查。

3 做一名被上级信赖的部下

(1)把握上、下级的关系。公司的正常运转是通过上传下达、令行禁止维持的,上、下级要保持正常的领导与被领导关系。

(2)不明之处应听从上级指示。在工作中如遇到不能处理、难以判断的事情,应主动向上级汇报,听从指示。

(3)不与上级争辩。上级布置工作时,应采取谦虚的态度,认真听讲。

(4)听取忠告。听取忠告可增进彼此信赖。

(5)不应背后议论他人。背后议论他人表明自身的人格低下,是可耻的行为。

4 发扬团队精神

汽车销售事业能够得以顺利的发展,不只是靠每位员工的个人努力和奋斗,还靠的是集体力量。充分发扬团队精神,相互配合,相互支援,对公司的发展具有极其重要的意义(图8-4)。

在整个销售团队中,你应该谨记以下几点:问候时要热情、真诚;回答时要清晰、明了;处理事情时要正确、迅速;办公时要公私分明;听取上级意见比自己的判断更为重要;上级布置、下达命令前,应争取主动。

三 汽车销售顾问常用的自我管理办法

汽车销售工作是一项目标明确、富有挑战的工作;销售顾问是一个竞争激烈,专业性很

强的职业。汽车销售顾问的工作性质、工作环境、工作内容，都决定了其对于自身的管理尤其重要，以下几个方面是汽车销售顾问进行自我管理的常用方法。

图 8-4　团队精神

1 时间管理

美国一家调查机构充分的分析了一个人一生之中真正能运用到工作中的时间之有 3.3 年，当然因为行业不同、个人不同，分析有些苛求，但是细想不无道理，这足可证明我们创造事业能够利用的时间并不多。我们每个人都应该好好思考一下，应该如何管理时间，有哪些事情浪费了我们的时间，如何避免浪费时间。时光如梭、人生有涯，我们不能在时光流逝之后，才去感叹后悔，而是要把握现在，用有限的时间去实现更多的梦想。人生太短，只争朝夕，时间是稀有资源，稍纵即逝，一个人的成就有多大，完全取决于他怎样利用自己的每一分钟时间。不会管理时间的人，只能被时间管理，最后也只能碌碌无为。

有效管理时间的技巧：制定长期计划并编写"每日必作表"；避开工作对象的繁忙工作时间；时间立体支配；养成使用备忘录、通讯工具、交通工具等减少时间浪费的习惯；借鉴他人的成功经验；养成回避干扰的能力；立即行动，完成即止；善用工作记录对每一项工作的时间支配情况进行检查改善。

2 心态管理

好的心态决定好的事业。面对同样的工作环境，积极的和消极的两种心态带来的结果是截然不同的。一个不成功的销售，跟不良的心态有很大的关系。心态管理在销售中的重要性如图 8-5 所示。调整好心态将会使自己乐观、自信；相反，心态调整不好，就很容易产生悲观、失望的情绪。销售顾问面对的

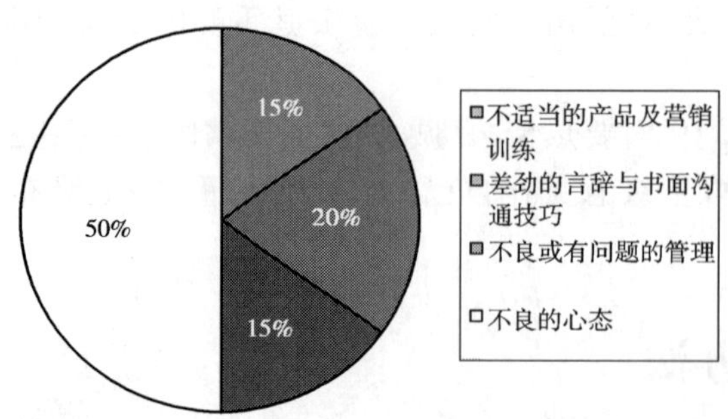

图 8-5　心态管理在销售中的重要性

情况是多变且复杂的,我们必须自己善于管理心态,才能有好的心态与他人沟通。

培养良好心态的方法:看到自己的优点;常想一想世上还有很多不幸的人;自我反省总结;主动迎接挑战;目标提示;客观面对现实,愈挫愈勇;励志书籍;找人分担,与乐观者交往;从事有益的娱乐活动;多听音乐。

警惕心态"杀手":傲慢自大,不可一世;鲁莽草率,任意行事;自私自利,牺牲别人;懒惰怠慢,不思进取;轻率寡信,过度承诺;急功近利,回避过失;孤芳自赏,远离团队;缺少宽容,苛求他人。

3 目标管理

每个销售顾问都会有销售任务和销售目标,每个人也都有自己的个人目标,而目标也分为短期目标和长期目标。目标的确立可以指明我们的工作方向,减少工作中不必要的弯路。有的人追求薪水的满足,有的人追求职位的提升,有的人追求自我的升华,但不管怎样,目标管理的第一步是确立目标,不能盲目追求目标的最大化,要认真的考虑目标的可行性、可操作性、挑战性以及期限性等。

目标管理计划的执行步骤如图8-6所示。

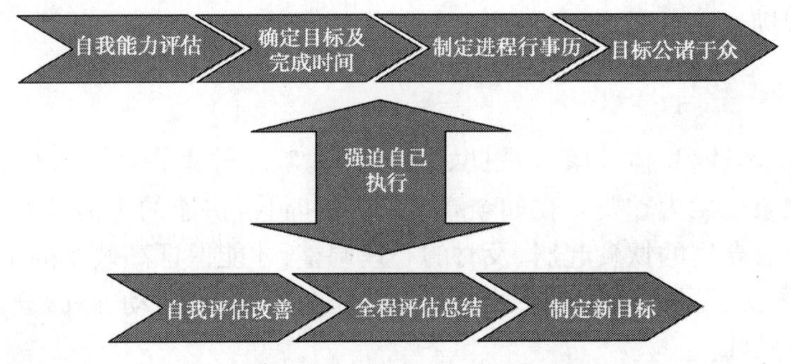

图8-6　目标管理计划的执行步骤

目标管理的注意事项:确定目标的可行性;区分近、中、远期目标;切记莫把贪欲当目标;必须具备实用性;制定具体作业方式;确定操作进程;一定要努力、坚持;进行自我跟踪评估。

4 销售管理

销售管理承载着销售顾问的工作核心,涵盖了销售顾问所有自我管理与工作管理的综合要素:市场管理、客户管理、财务管理、自我检查、公共关系、目标量的设定、目标达成计划等。

5 笔记本管理

俗话说得好,"好记性不如烂笔头"。将工作中的重点及自我的想法如实准确地记录下来,才能有效地提高自己。笔记本管理可以涉及工作的很多方面:每日工作总结、第二天工

作计划、财务支出状况、重要事件记录、工作完成计划、重要联系人等。通过笔记本管理可以给自己一个平衡工作的支点和细化标准的平台,随时记录工作中的要点和实践经验,可以迅速的提高自己的工作效率和工作能力。

6 自我形象管理

销售产品的过程也是销售自我的过程。销售工作最多的环节就是与人的沟通,销售工作也是接触的人最多、最复杂的工作。销售顾问的自身形象、自身修养、言行举止、文化素养都决定着销售最终能否成功。而对于企业来说,销售顾问是企业的窗口岗位,是企业的活动广告,销售顾问的形象就是企业的形象。为此,销售顾问在生活中要养成保持良好的自我形象的习惯,在工作中要时刻注意自我形象的管理。

7 自我财务管理

一个企业考虑的是短期的投资,长期的效益以及财务的收支合理。个人也是如此,私人财务的透支,能够直接影响到生活状况,从而影响到工作心态、工作效率。只有先管理好自己的财务,才能管理好客户的财务,帮客户出谋划策。个人财务混乱,表示个人心态浮躁、缺乏规划,目标不明确。

8 健康管理

身体是革命的本钱,身体健康也是良好工作的基础。健康管理不仅仅是我们的身体健康,我们的心理健康也尤为重要。在如今高速发展的时代,快速的生活节奏时刻压迫着我们的生活和心理,只有合理的饮食起居、及时的心理调整,才能保证高效率的工作。

健康管理的方法:了解健康常识,饮食营养搭配合理,坚持运动,睡眠充足,心态乐观,定期检查,疾病尽早治疗。

第三节　汽车销售顾问的职业生涯规划

“走好每一步,这就是你的人生。”人生之路说长也长,因为是一生意义的诠释,人生之路说短也短,因为生活的每一天都是你的人生。每个人都在设计自己的人生,都在实现自己的梦想。职业生涯规划是职业发展的核心,一个人事业的成败,很大程度上取决于有没有正确适当的目标。没有目标,如同驶入大海的孤舟,四野茫茫,没有方向;只有树立的目标,明确了职业规划,才能明确奋斗的方向,不断引导你取得事业的成功。

一 什么是职业生涯规划

有人曾问三个砌砖的工人:“你们在做什么?”

第一个工人说:“砌砖。”

第二个工人说:“我在挣工资。”

第三个人说："我正在建造世界上最独特的房子。"

同样的工作，为什么三个人会有不同的理解？

每个人不同的职业生涯规划，决定不同的工作态度和工作心情。职业生涯规划是指个人和组织相结合，在对一个人职业生涯的主、客观条件进行测定、分析、总结研究的基础上，对自己的兴趣、爱好、能力、特长、经历及不足等各方面进行综合分析与权衡，结合时代特点，根据自己的职业倾向，确定其最佳的职业奋斗目标，并为实现这一目标做出行之有效的安排。对一个年轻人而言，职业选择是否适当，将影响其将来事业的成败、一生的幸福；对社会而言，个人择业是否适当，能决定社会人力供需是否平衡。如果每个人适才适所，则不仅每个人都有发展的前途，社会亦会欣欣向荣；相反的，则个人贫困，社会问题丛生。

通俗地讲，职业规划的意思就是：你打算选择什么样的行业，什么样的职业，什么样的组织，想达到什么样的成就，想过一种什么样的生活，如何通过你的学习与工作达到你的目标。

二 为何要进行职业生涯规划

哈佛大学的专家曾经做过著名的调研，1953 年召集 100 位大学生作了目标对人生影响的跟踪调查，调查对象是那些智力、学历和环境因素基本相同的学生（图 8-7）。

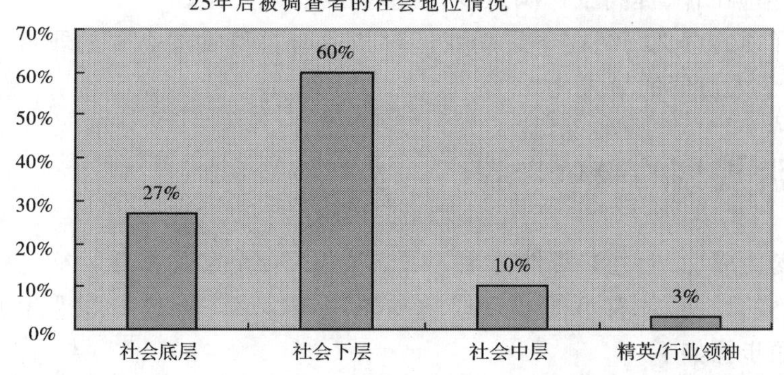

图 8-7　哈佛大学调查分析图

25 年之后，再对这些"年轻人"的生活进行调查。他们的状况如下：

3% 有清晰且长期的目标的人，25 年来几乎没有改变过自己的目标，并且向着这个目标不懈努力，最后，几乎都成为社会各界的精英、行业领袖。

10% 有着清晰，但是短期目标的人，大部分生活在社会的中上层。他们的短期目标不断通过努力得以实现，生活水平稳步提高，成为社会各个行业中不可缺少的专业人士，如著名的医生、专家、学者、律师。

60% 目标模糊的人，几乎都生活在社会的中下层面，虽然能够安稳地生活和工作，但是除此之外，没有其他特别的成绩。

27% 没有目标的人，生活在社会的底层，经常处于失业状态，靠领取失业救济维持生活，

对整个社会和世界充满怨恨。

凡事预则立,不预则废。人生需要有前进的方向和目标。没有了目标,我们就像轮船在大海里失去了航向和灯塔,会浪费大量的时间和精力。预先做好职业生涯规划,将个人生活、事业和家庭联系起来,会让以后的工作、生活充实而有条理。良好的职业生涯规划能为我们带来以下优势。

(1)以既有的成就为基础,确立人生的方向,提供奋斗的策略。

(2)突破生活的格线,塑造清新充实的自我。

(3)准确评价个人特点和强项。

(4)评估个人目标和现状的差距。

(5)准确定位职业方向。

(6)重新认识自身的价值并使其增值。

(7)发现新的职业机遇。

(8)增强职业竞争力。

(9)将个人、事业与家庭联系起来。

(10)扬长避短,发挥职业竞争力。

(11)了解就业市场,科学合理地选择行业和职业。

(12)提升个人实力,获得长期职业发展优势。

(13)加快适应工作,提高工作满意度,使事业成功最大化。

职业生涯规划的意义归结在于帮助我们寻找适合自身发展需要的职业,实现个体与职业的匹配,体现个人价值的最大化。

三 职业生涯规划的简单步骤

每个人都渴望成功,但并非都能如愿。了解自己、有坚定的奋斗目标,并按照情况的变化及时调整自己的计划,才有可能实现成功的愿望。这就需要进行职业生涯的自我规划。职业生涯规划的步骤如下。

1 自我评估

自我评估的目的是认识自己、了解自己。因为只有认识了自己,才能对自己的职业做出正确的选择,才能选定适合自己发展的职业生涯路线,才能对自己的职业生涯目标做出最佳抉择。自我评估包括自己的兴趣、特长、性格、学识、技能、智商、情商、思维方式、思维方法、道德水准以及社会中的自我等。

2 职业生涯机会的评估

职业生涯机会的评估主要是评估各种环境因素对自己职业生涯发展的影响,每一个人都处在一定的环境之中,离开了这个环境,便无法生存与成长。所以,在制定个人的职业生涯规划时,要分析环境条件的特点、环境的发展变化情况、自己与环境的关系、自己在这个环

境中的地位、环境对自己提出的要求以及环境对自己有利的条件与不利的条件等。只有对这些环境因素充分了解,才能做到在复杂的环境中避害趋利,使你的职业生涯规划具有实际意义。

环境因素评估主要包括组织环境、政治环境、社会环境、经济环境。

3 确定职业发展目标

俗话说:“志不立,天下无可成之事。”立志是人生的起跑点,反映着一个人的理想、胸怀、情趣和价值观。在准确地对自己和环境做出评估之后,我们可以确定适合自己、有实现可能的职业发展目标。在确定职业发展目标时,要注意自己性格、兴趣、特长与选定职业的匹配,更重要的是考察自己所处的内、外环境与职业目标是否相适应,不能妄自菲薄,也不能好高骛远。合理、可行的职业生涯目标的确立决定了职业发展中的行为和结果,是制定职业生涯规划的关键。

4 选择职业生涯发展路线

在职业确定后,向哪一路线发展,此时要做出选择,即是向行政管理路线发展,还是向专业技术路线发展,抑或是先走技术路线,再转向行政管理路线;由于发展路线不同,对职业发展的要求也不相同。因此,在职业生涯规划中,须做出抉择,以便使自己的学习、工作以及各种行动措施沿着你的职业生涯路线或预定的方向前进。通常职业生涯路线的选择须考虑以下三个问题。

(1)我想往哪一路线发展?

(2)我能往哪一路线发展?

(3)我可以往哪一路线发展?

对以上三个问题,进行综合分析,以此确定自己的最佳职业生涯路线。

5 制定职业生涯行动计划与措施

在确定了职业生涯的终极目标并选定职业发展的路线后,行动便成了关键的环节。这里所指的行动,是指落实目标的具体措施,主要包括工作、培训、教育、轮岗等方面的措施。对应自己的行动计划,可将职业目标进行分解,即分解为短期目标、中期目标和长期目标。其中,短期目标可分为日目标、周目标、月目标、年目标;中期目标一般为三至五年;长期目标为五至十年。分解后的目标有利于跟踪检查,同时可以根据环境变化制定和调整短期行动计划,并针对具体计划目标采取有效措施。职业生涯中的措施主要指为达成既定目标,在提高工作效率、学习知识、掌握技能、开发潜能等方面选用的方法。行动计划要对应相应的措施,要层层分解、具体落实,细致的计划与措施便于进行定时检查和及时调整。

6 评估与回馈

影响职业生涯规划的因素很多,有的变化因素是可以预测的,而有的变化因素难以预

测。在此状态下,要使职业生涯规划行之有效,就必须不断地对职业生涯规划执行情况进行评估。首先,要对年度目标的执行情况进行总结,确定哪些目标已按计划完成,哪些目标未完成。然后,对未完成目标进行分析,找出未完成原因及发展障碍,制定相应解决障碍的对策及方法。最后,依据评估结果对下年的计划进行修订与完善。如果有必要,也可考虑对职业目标和路线进行修正,但一定要谨慎考虑。

四 职业生涯规划的基本原则

个人职业生涯规划应该遵守以下基本原则。

1 择己所爱

从事一项你所喜欢的工作。工作本身就能够带给你一种满足感,你的职业生涯也会从此变得妙趣横生。兴趣是最好的老师,是成功的必要条件。调查表明,兴趣与成功几率有着明显的正比关系。在设计规划自己的职业生涯时,务必要考虑自己的特点,珍惜自己的兴趣,选择自己所爱好的职业。

2 择己所长

任何职业都会要求从业者擅长一项能力,具备一定的条件,而一个人一生中肯定不能将所有技能都掌握,各有所长,所以你在选择职业时要突出自己的特长,最大可能地发挥自己的优势。要充分分析自己能够做什么,擅长做什么,再来做职业的抉择。

3 择己所需

社会的需求不断变化,以前的市场需求不一定是现在的市场所需求,新的人才需求不断产生。所以在设计自己的职业生涯时,必须将自身的需求、市场的需求、社会的需求综合的考虑,力求目光长远,能够准确抓住市场动向,尽可能地保持事业的生命力。

4 择己所利

职业最终还是个人的谋生的手段,其目的是通过个人努力创造个人幸福。所以,你在择业时,预期的收益是重要的考虑部分。明智的考虑是在收入、社会地位、成就感和工作付出等综合因素中实现幸福最大化。

五 职业生涯路线

个人职业生涯应该如何设计?我们可以选择一些常用的设计方法:家庭事业继承法、效仿成功人士法、典型案例分析法、他人指导法、自我分析法、综合法。

职业目标确定之后,发展路线就是关键。路线不同,实现目标的途径与速度就不同。职业发展路线的设计,要遵循可行、快速、经济的原则进行。

1 职业生涯设计路线类型(表8-1)

职业生涯设计路线类型　　表8-1

专业类型	性格	兴　趣	思维能力	适合的职业	生涯路线
工具(语言、计算机、法律等)类	外向	与人打交道	直觉型,善于沟通、组织、协调	文化、教育、外贸、企业、政府文员、翻译、律师等	文员(翻译)—助理—经理(主管)—总经理(经纪人)—顾问
	内向	与事物打交道	思考型,善于从事操作性工作	语言文学研究、文学创作、文学翻译、法规研究	文字翻译—资料员—研究员—文学家(翻译家)
社科类	外向	与人打交道	直觉型,沟通、组织能力强	政府、福利、服务、事业、文化、教育调研员	公务员—政府部门主管—高级主管
	内向	与事物打交道	抽象思维能力强	社科研究,调研员、专家、学者等	助理研究员—研究员—社会科学家
研究类	外向	与自然打交道	直觉型,思维、想象能力强	天文、地质、宇宙、环境学研究	助理研究员—研究员—自然科学家
	内向	与理论打交道	逻辑思维、抽象能力强	物理、化学、数学	助理研究员—研究员—理论科学家
经营类	外向	与人打交道	判断型,善于沟通、推广、协调	经济、外贸、经营类企业职员、销售员、文员等	文员—经理助理—经理—总经理—企业家顾问
	内向	与业务打交道	思考型,善于从事操作性工作	出纳、会计、统计、管理员、质检员、策划员等	文员—经理助理—经理—总监(CFO)
管理类	外向	与人打交道	直觉型,沟通、组织、协调能力强	政府、福利、服务、文化、教育、企业等部门人力资源管理、行政管理	公务员—部门主管—主管—高级主管(CEO)
	内向	与事物打交道	思考型,学习、实践能力强	管理科学研究,专家、学者、教育工作者等	助理研究员—研究员—社会科学家—教育家
艺术类	外向	表演	情感型,艺术表演才能强	演员、歌手、乐手、舞蹈	演员—著名演员—艺术家
	内向	创作	情感型,创造性思维能力强	文艺创作、剧作家、雕塑家、画家、艺术家	创作员—剧作家—艺术评论家

2 职业生涯规划综合路线图(图 8-8)

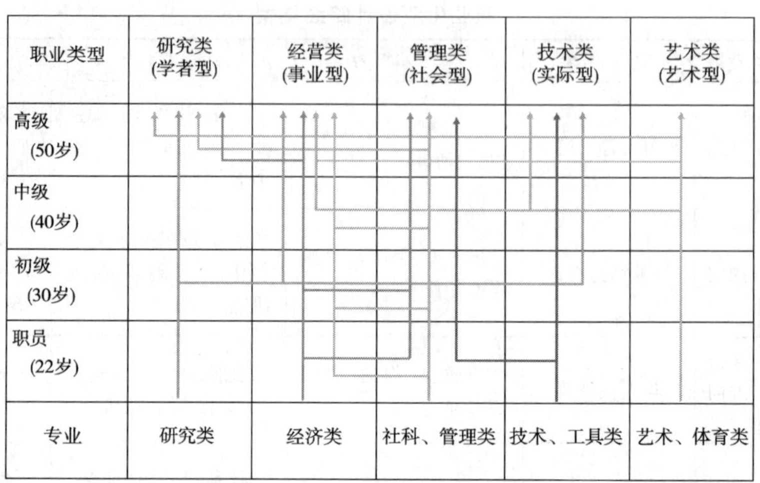

图 8-8　职业生涯规划综合路线图

3 绘出你的职业发展蓝图

(1)在大白纸上画出你的职业发展蓝图,说明各个阶段所要达到的目标及路径。

(2)标明达到各级目标的预期时间、手段和保障措施。

(3)把它挂在你的卧室里,每天早晚各看一次。早晨看时,要想今天应该做什么;晚上看时,要想今天的目标实现了吗。

(4)让它成为你行动的指路明灯。

六 汽车销售顾问的职业规划

1 选择汽车销售之前的思考

选择汽车销售顾问这个职业之前,你需要做全面考虑,具体有以下建议。

(1)良好健康的身体条件,要做好行千里路的思想准备。

(2)百折不挠,愈挫愈勇,不服输的精神和顽强的毅力。

(3)首先要是一个很好的听众,耐心倾听客户所讲的故事。一般他们都会讲他们的发家史。

(4)诚恳朴实的工作态度。让人感到你讲的话可信,没有太多水分。

(5)敏锐的洞察力。客户的一言一行,甚至于每一个细小的动作,能够感知他内心深处所思考的东西,以便于对症下药。

(6)灵活清醒的大脑。任何时候都要保持高度清醒的头脑,所以酗酒是销售人员的

大忌。

(7)良好的口才。流利的语言表达能力是每一个销售人员都应该具备的首要条件。口才好并不等于要跟客户顶牛、激辩、强词夺理。记住:客户永远是对的!他有权力选择要不要与你合作。

(8)换位思考的习惯。有时站在客户的立场去思考问题,所讲的话更容易被对方接受,让对方感到跟你合作将会是双赢的结果。

(9)良好的心态。不要总是看别人的成功,却看不到别人成功背后的故事,看到别人住豪宅、开名车心里就不平衡。盲目攀比、嫉妒、浮躁,是销售员的大忌。记住:李嘉诚在当年也是从业务员做起来的。

(10)严谨有尺,幽默有度。整天嘻嘻哈哈给人一种不办实事,不靠谱的感觉,反之,成天板着一张脸则给人一种压抑、透不过气的感觉。工作时认真,不失时机的开上几个玩笑,会让你的谈判事半功倍。

(11)不断学习的能力。市场日新月异,科技飞速发展,新的知识层出不穷,只有不断的学习提高,走在市场的最前端,才能保持销售的生命力。

2 销售职业的优势

销售可以改变你的人生。因为销售不同于其他的职业,有人说销售是世上最伟大的职业,此话一定有其道理。销售决定企业的生存,销售决定利润的实现。从事销售工作的人会收货人生发展中重要而有意义的素质品质。

(1)销售会培养人对目标导向的认识,习惯性思考、智慧决策。

(2)销售会使人树立效率第一的观念,拥有敢于竞争的优秀品质。

(3)销售会成就人多维度的人际关系,拥有合作双赢的现代观念。

3 销售的职业发展与职业机遇

(1)顺行梯队:一个高端销售的能力并不比一个部门总监能力差,工作回报也不菲。另外,销售工作也是需要战略与战术的,职业机会的增加与销售能力的提升是成正比的,销售工作也是每天都会充满挑战的,所以销售是值得做一生的职业。

(2)并行梯队:销售人员中,总有很多人由于卓越的能力、突出的业绩而被赋予更大的权力和责任,到公司的其他重要部门承担职责,比如市场部、客服部,甚至人力资源部等领域。另有诸多事实表明,销售工作培养出来的优秀人才都是商场的高手,自己创业的成功率相比其他职业要高很多。在全球500强的企业当中,大多数的CEO都是销售出身,由此可见,销售是一个充满了机遇和挑战的职业。

中国的汽车行业正在高速发展,对职业的汽车销售顾问的需求日趋旺盛,一个优秀的销售顾问将是市场供不应求的人才,在中国将拥有光明的前程。

拓展训练:

根据个人的特点进行个人自我分析,做一份10年的职业生涯规划,明确每一个阶段的任务以及达到目标的方法。

个人评估:销售顾问评估方法

一、目的

销售顾问评估问卷的目的在于帮助销售人员自我理解,作为提升自己、发展未来的参考,本项评估与销售人员的绩效考核无关。请销售人员务必真实回答评估问题。

二、评估项目(销售顾问的七个核心实力)

1. 沟通和人际关系方面的表现
2. 工作动机、学习意愿、任职准备
3. 思维敏捷(灵活性)
4. 独立和系统性行事的能力
5. 与人合作的团队协作能力
6. 个人素质
7. 运用各种销售方法的能力

三、评估标准

每项评分1~6分。(6分,优;5分,好;4分,尚可;3分,不足;2分,弱;1分,很弱)

沟通和人际关系方面的表现

序号	项　目	评　分
1	外表/举止/个性	
2	进行接触和建立关系的能力	
3	口头表述能力/手势/面部表情、身体语言	
4	组织和控制谈话的能力	
5	自尊/接纳/面对面接触/接听电话的礼仪/积极的倾听	
6	雄辩能力和展现热情的能力	

评判方法:

(1)通过对销售顾问的观察。

(2)提问:客户进展厅后,你将通过何种手段来迅速拉近与客户的距离?(请举例说明)

(3)提问:你觉得你的外表、举止、个性有哪些方面可以吸引他人?(同时进行观察)

(4)给你两分钟,讲出你作为汽车销售顾问的优势。

(5)观察(整个评判活动结束后,给出评判)。

(6)给你两分钟,请讲出你的业余爱好是什么?为什么喜欢?你要让我也喜欢。

工作动机、学习意愿、任职准备

序号	项　目	评　分
1	职业价值	
2	清晰的事业发展目标	
3	服务态度	
4	学习的意愿	
5	奉献精神/准备承担责任/主动性	

评判方法：

(1)你为什么选择汽车销售工作？什么样的销售代表才算是优秀？

(2)在汽车销售行业里，你的工作预期目标是什么？你觉得要达到最近的职业目标，你还欠缺什么？

(3)你每月成交客户的转介绍率是多少？给你两分钟，请你具体阐述一下，在不占用公司资源的前提下，如何来提升你个人的客户满意度？

(4)你们公司销售最好的销售顾问是谁？你有没有单独向他进行过请教？

(5)你最近一次帮助同事是什么时候？帮助的具体内容是什么？你当时是怎么想的？

思维敏捷(灵活性)

序号	项目	评分
1	创造能力(想象力)	
2	解决问题的能力(适应新环境)	
3	学习能力	

评判方法：

1)请你简述你从事销售以来最有创意的一次成交。

2)同时来两个客户，一个是签单，一个是交车，此时你应该怎样处理？

3)你是如何学习改进的？

独立和系统性行事的能力

序号	项目	评分
1	自我组织/运用各种方法完成任务的能力	
2	独立、自主	
3	个人的见解	
4	决策能力	

评判方法：

(1)交车前突遇车辆出现故障(例如发现漆面受损)，此时公司的领导都不在公司，请问此时你将如何处理？收到一张假钱，你如何处理？

(2)如果和同事一起去吃饭，你喜欢提出建议吗？

(3)对于销售工作，你个人有什么独到的见解？

(4)你在做销售的时候，遇到最难搞定的客户，你是如何搞定的？

与人合作的团队协作能力

序号	项目	评分
1	为实现共同利益而努力/与其他人融为一体	
2	处理分歧/接受批评的能力	
3	平衡利益/达成一致意见的能力	
4	宽容和接纳(态度)	
5	对团队工作的态度	

评判方法：

案例：最近半年内，有没有其他同事托付你帮助工作的？你具体是怎么做的？

最近半年内，你有没有拜托其他同事帮助你工作的？你具体是怎么做的？

如果你的同事拒绝或工作没有达到你的要求，或对你帮他做的事情不满意，你怎么办？

个人素质

序号	项　　目	评　　分
1	具有说服力/给人信服的印象	
2	可信/值得信赖	
3	真诚的举止表现	
4	替别人着想	
5	可靠	
6	适应性强	

评判方法：

2、3、4、5、6题的评分根据前面问题的回答，综合评分。第1题可参考下面的"影响力"评测题。

"影响力"评测题

1. 在哪种情况下，人们更有可能被缺乏说服力而不是更具有说服力的证据所说服？

A. 赶时间

B. 对该话题根本不感兴趣

C. 对该话题的兴趣一般

D. A和B

2. 假设你正试着将拥有三种不同价位的同一产品(经济型、普通型、豪华型)推销给客户。研究表明在哪种情况下，你的销售成功率会更大？

A. 从价格最便宜的产品开始，然后向上销售

B. 从价格最贵的产品开始，然后向下销售

C. 从价格适中的产品开始，然后让客户自己决定需要买哪一种

3. 研究表明，通常情况下，自尊与被说服之间的关系是________。

A. 自尊心不强的人，最容易被说服

B. 自尊心一般的人，最容易被说服

C. 自尊心强的人，最容易被说服

4. 假设你是一位理财顾问，你认为你的一位客户在投资方面太过保守。为了说服他投资风险较高、回报也较高的项目，你应该注重讲述________。

A. 与他相似的人是如何犯同样的错误的

B. 如果他在那些风险更大的项目上投资，他会得到什么

C. 如果他没有在那些风险较大的项目上投资，他会失去什么

5. 如果你有一则新消息，你会在什么时候说出它是新消息？

A. 在讲述这则消息之前

B. 在讲述这则消息当中

C. 在讲述完这则消息之后

D. 你不会提到这是一则新消息的

6. 假设你正在介绍你的方案，而且你马上就要讲到关键内容了，这一部分包括那些极具说服力的用以支持你的观点的论据。请问，讲到这一部分时，你的语速会有多快？

A. 你的语速特别快

B. 你的语速稍微快一点

C. 你的语速适中

D. 你的语速很慢

正确答案：

1. D

2. B

3. B

4. C

5. A

6. D

你做得如何？（你可以利用下列方式鼓励一下被测人员）

(1)如果你答对了6个问题，你绝对是一个让人顺从的天才。你的影响力已经足够了。

(2)如果你答对了5个问题，说明你的说服力令人印象深刻。

(3)如果你答对了4个问题，说明你很擅长说服他人。

(4)如果你答对了3个问题，说明你需要采取一些改进措施。

(5)如果你答对的问题少于3个，我想说的是，如果我是销售员，我很愿意向你推销。

运用各种销售方法的能力

序号	项　目	评　分
1	理解需求分析的能力	
2	提建议的能力	
3	谈判及达成交易的能力	
4	准备和追踪客户信息的能力	
5	运用销售工具和知识的能力	
6	有效利用资源、系统的能力	

评判方法：

(1)在需求分析时，你都会向客户提哪些问题？

(2)针对你们公司市场部的活动，你有什么好的建议？

(3)你讨厌客户跟你讨价还价吗？你的绝招是什么？

(4)你在对客户进行回访时，都是如何与客户进行沟通的？请讲述具体案例。

(5)请检查销售顾问的“销售手册”。

(6)如果你的报价比其他竞争对手高出500元，你将如何来与客户进行沟通？你们公司的售后现在有哪些优惠活动？你们的售后服务在当地有哪些优势？

参考文献

[1] 彭朝晖.汽车配件管理与营销[M].北京:人民交通出版社,2011.

[2] 王彦峰.汽车营销[M].北京:人民交通出版社,2010.

[3] 刘有星,钟声.汽车配件管理[M].北京:人民交通出版社,2010.

[4] 石虹,胡伟.汽车营销礼仪[M].北京:北京理工大学出版社,2010.

[5] 李刚.汽车及配件营销实训[M].北京:北京理工大学出版社,2009.

[6] 韩宏伟.4S店必修课之销售篇:汽车销售流程及其应用[M].北京:北京大学音像出版社,2009.

[7] 孙路弘. 汽车销售的第一本书[M].北京:中国人民大学出版社,2008.